# 民國文化與文學 研究文叢

## 六 編

李 怡 主編

## 第 11 冊

### 文藝熱點與經典作家論稿（下）

田 建 民 著

國家圖書館出版品預行編目資料

文藝熱點與經典作家論稿(下)／田建民 著 ── 初版 ── 新北市：
花木蘭文化出版社，2016〔民 105〕
目 2+180 面；19×26 公分
（民國文化與文學研究文叢 六編；第 11 冊）
ISBN 978-986-404-685-0（精裝）
1. 中國文學 2. 文藝評論
541.26208　　　　　　　　　　　　　　　　　105012789

**特邀編委**（以姓氏筆畫為序）：

| | | |
|---|---|---|
| 丁　帆 | 王德威 | 宋如珊 |
| 岩佐昌暐 | 奚　密 | 張中良 |
| 張堂錡 | 張福貴 | 須文蔚 |
| 馮　鐵 | 劉秀美 | |

民國文化與文學研究文叢
六　編　第十一冊　　　　　ISBN：978-986-404-685-0

## 文藝熱點與經典作家論稿（下）

作　　者　田建民
主　　編　李　怡
企　　劃　四川大學現代中國文化與文學研究中心
　　　　　北京師範大學民國歷史文化與文學研究中心
總 編 輯　杜潔祥
副總編輯　楊嘉樂
編　　輯　許郁翎、王　筑　美術編輯　陳逸婷
出　　版　花木蘭文化出版社
社　　長　高小娟
聯絡地址　235 新北市中和區中安街七二號十三樓
　　　　　電話：02-2923-1455／傳真：02-2923-1452
網　　址　http://www.huamulan.tw 信箱 hml 810518@gmail.com
印　　刷　普羅文化出版廣告事業
初　　版　2016 年 9 月
全書字數　316591 字
定　　價　六編 24 冊（精裝）新台幣 44,000 元

# 文藝熱點與經典作家論稿（下）

田建民　著

# 目次

**上　冊**

**第一輯　文學批評與創作**

一、文學的藝術品性與閱讀期待
　　——從小說創作的「寫什麼」和「怎麼寫」
　　談起 ...... 3

二、論當前文學批評的標準與規範 ...... 21

三、形式主義理論的意義及局限 ...... 35

四、論《講話》的實踐功能與理論建構 ...... 45

五、文學研究力戒浮躁 ...... 51

六、談現代文藝論爭的特點與趨勢 ...... 55

**第二輯　文學史寫作與文藝思潮**

一、關於文學史寫作的幾個問題 ...... 67

二、新時期文學思潮對文學史寫作的影響與得失 ...... 75

三、一部以現代性視角全景式關照現當代文學的
　　創新型史書——讀嚴家炎主編的《二十世紀
　　中國文學史》 ...... 85

四、中國現代文學研究的全面檢閱
　　——讀《中國現代文學研究史》 ...... 93

五、全球化語境下文學的機遇與挑戰 ...... 101

六、「紅色經典」的稱謂能否成立 ...... 111

七、人文精神再思考兼論作家的人文意識 ...... 117

八、胡蘭成熱引起的憂思 ...... 125

**第三輯　經典作家作品研究**

一、魯迅與傳統文化 ...... 131

二、諷刺、自嘲與解構
　　——談魯迅《我的失戀》的三重意蘊 ...... 153

三、衝殺在「集體無意識」的「無物之陣」中的
　　「精神界之戰士」——魯迅散文詩《這樣的戰
　　士》論析 ...... 167

**下 冊**

四、荒原意識與中西文化的內心糾結
　　──啟蒙視閾下的《過客》解讀 …………… 181

五、情理的兩難選擇與啟蒙先驅的內心困惑
　　──魯迅散文詩《立論》評析 ………… 203

六、奴性的批判與啟蒙的反思
　　──魯迅散文詩《聰明人和傻子和奴才》解讀
　　………………………………………………… 211

七、道德的自省與奴性的批判
　　──《狗的駁詰》論析 …………… 221

八、無形的重負與內心的隱痛
　　──魯迅散文詩《風箏》解讀 …………… 229

九、蓬勃奮飛之人格精神的禮贊
　　──魯迅散文詩《雪》解析 ………… 239

十、揭露鞭撻強權 記念謳歌戰士
　　──魯迅散文詩《淡淡的血痕中》論析 …… 249

十一、《野草》研究史略 ……………… 259

十二、重史求實、新舊兼容──從錢鍾書對胡適和
　　　周作人的批評及對文言與白話的評說談起 ‥ 271

十三、中西文化碰撞的思想火花
　　　──論錢鍾書文藝思想的形成 …………… 285

十四、站在中西文化碰撞的平臺上與西方人對話
　　　──錢鍾書英文論著初探 …………… 301

十五、論錢鍾書的個性風采 ……………… 313

十六、論錢鍾書的幽默觀 …………………… 327

十七、欲望的闡釋與理性的想像
　　　──施蟄存、徐訏心理分析小說比較論 …… 339

十八、腳踏海峽兩岸的新文學作家張我軍
　　　──在紀念臺灣作家張我軍誕辰 110 週年
　　　文學座談會的發言 …………… 351

後　記 ……………………………………… 359

# 四、荒原意識與中西文化的內心糾結
## ——啓蒙視閾下的《過客》解讀

一

　　魯迅作於 1925 年 3 月 2 日的小詩劇《過客》，最初刊發在 1925 年 3 月 9日《雨絲》周刊第 17 期，後收入散文詩集《野草》。被許多研究者稱爲《野草》的壓卷之作。《過客》的劇情極爲簡單。即在茫茫的荒原上走來一個疲憊困頓的「過客」，他迷惘而又倔強地一意向前走，遇到老翁和小女孩祖孫兩人。小女孩給他水喝並送他一塊布叫他裹傷，這叫他感激的同時也產生了負重之感。老翁勸他回轉去或息下來被他堅決地拒絕了。他又奮然向著老翁說的「墳地」而小女孩說的「有許多許多野百合，野薔薇」的西方走去。就這樣一篇只有 1500字左右的小詩劇，據說在魯迅「腦筋中醞釀了將近十年」。〔註1〕作品因爲用意象的手法描繪了帶有象徵性的環境及過客的背離世俗的怪異的言行，從而具有了無比豐富的思想蘊含，也給讀者留下了無限的想像和闡釋的空間。由此也成了魯迅研究界最熱門的話題之一。研究者們從不同的角度和側面對作品進行分析和解釋，提出各種各樣的觀點和看法。可謂見仁見智。筆者對以往的研究進行了粗略的考察和梳理，發現雖然各家都爭相標新立異，但目前眞正在學術界產生了較大影響的可以說有兩派：一是傳統的占主導地位的從社會政治視閾分析解讀作品的派別；一是 1990 年代後出現的以「私典」考證的方式從愛情婚姻的情感視角解讀作品的派別。兩派雖然在立場、觀點上大相徑庭，但在研究方法上又均有「坐實」的傾向。即前者把作品和社會政治緊密相聯，後者把作品

---

〔註1〕荊有麟：《魯迅回憶》，上海雜誌公司 1947 年版，第 63 頁。

與作家相關的人物事件緊密相聯，但均把作品中各種具有象徵性的意象一一坐實。從社會政治視閾分析作品的研究者認為：「《過客》歌頌了『過客』的勇往直前，反對舊社會，反對『回轉去』的反復辟倒退的精神。」〔註2〕「『過客』，就是一個『為了使國家復興，不惜艱苦奮鬥，尋找革命真理』的藝術形象。」〔註3〕在肯定的同時，這一派也以革命的立場和政治標準來批評魯迅「孤軍作戰」的思想弱點。認為「當時正處於大革命時期，黨所領導的群眾運動在各個方面都已經形成很大的社會力量，全國人民的革命鬥爭無論在目標上或方向上，都與魯迅在北京所進行的文化戰線上的鬥爭是一致的；而且既然都是整個人民革命力量的組成部分，客觀上也不能彼此不發生聯繫和互相支持的作用。因而從整個革命鬥爭的形勢說來，儘管黑暗勢力還仍然十分強大，但他並不是處於孤立的『遊勇』狀態。那麼他自己為什麼會有孤軍作戰的寂寞之感呢？這一方面固然是由於《新青年》的團體散掉以後，革命的文化戰線還沒有像後來左翼文化運動時期那樣的形成自己的強大的隊伍，但主要的還是由於魯迅自己當時思想上的弱點，他還不能準確地估計當時各方面的革命力量以及它們之間的聯繫。」〔註4〕這和有的研究者在解讀《這樣的戰士》時批評魯迅「存在有脫離群眾的個人主義的思想」如出一轍。在《這樣的戰士》的結尾，魯迅寫道：「在這樣的境地裏，誰也不聞戰叫：太平。／太平……。／但他舉起了投槍！」有人據此分析說：「這裡對於當時革命鬥爭形勢的反映，就只有對於當時某些落後地區、一部分青年的消沉現象和當時文藝界沒有怎樣強有力的戰鬥表現等事實來說是適合的，如果對於全國革命鬥爭的事實來說則是不正確和不真實的，甚至是完全不正確和不真實的。當時正在第一次國內革命戰爭的時期中，人民革命在中國共產黨領導之下正在南方蓬勃地發展著，在北方也有革命群眾在鬥爭，所以當時的社會完全不是聽不到「戰叫」，更不是『太平』。當時作者在北方戰鬥著，就是同南方的革命起著相呼應的作用，同時也是受著南方革命運動的鼓舞的；在客觀上，他當時也決不孤獨，而是有無數群眾在支持他的。顯然是由於作者存在有脫離群眾的個人主義的思想，這才會有孤獨和空虛的感覺。」

---

〔註2〕 李何林：《魯迅〈野草〉注釋》，見《李何林全集》第 2 卷，河北教育出版社 2003 年版，第 47 頁。

〔註3〕 李何林：《魯迅〈野草〉注釋》，見《李何林全集》第 2 卷，河北教育出版社 2003 年版，第 118 頁。

〔註4〕 王瑤：《魯迅作品論集》，人民文學出版社 1984 年版，第 132 頁。

〔註5〕這些研究者總是把作品與當時的政治鬥爭結合得太實，用政治的標尺來考量「過客」的言行，把「戰士」的戰場定位在政治鬥爭的戰場。其實，無論是茫茫荒原上的「過客」的堅毅與孤獨，還是不聞戰叫的戰場上的戰士的豪勇與彷徨，都不能定位在政治鬥爭的環境或戰場。這裡「過客」和「戰士」所表現出來的孤獨和無奈，是作者感到封建傳統文化無所不在的強大和自己個人戰鬥的無力。「在這樣的境地裏，誰也不聞戰叫：太平。太平……。」不是指的當時沒有社會政治鬥爭和群眾革命運動，而是指的當時五四落潮期的新文化戰線是「寂寞新文苑，平安舊戰場。」〔註6〕即「《新青年》的團體解散掉了，有的高升，有的退隱，有的前進，我又經驗了一回同一戰陣中的夥伴還是會這麼變化，並且落得一個『作家』的頭銜，依然在沙漠中走來走去」〔註7〕的情形。而「過客」或「戰士」無論多麼孤獨無望，但他總是毅然前行或舉起投槍，這也正是當時魯迅「兩間餘一卒，荷戟獨彷徨」的真實的形象化寫照。

從愛情婚姻的情感視角解讀作品的「私典」考證派認為：《過客》是「曲折地表現了他的愛情心理，姑娘送給『客』的布片象徵愛情，『客』起初接取過來，但考慮再三還是請她收回去，因為背在身上會成為感情的沉重負擔，無法再走了。」〔註8〕認為「女孩是個獨立的形象，暗示許廣平；女孩和過客、老翁的對話，表現的是魯迅和許廣平的戀愛；過客和老翁對女孩的愛情不同的態度，是魯迅靈魂裏對許廣平的愛情的矛盾衝突的具像化。」〔註9〕對詩劇中描寫的過客「有許多傷，流了許多血」，小女孩送他水喝並送他一塊布片叫他裹傷，有研究者解讀為「既喻指包辦婚姻的靈魂創傷，也喻指詩人在戰鬥中負傷流血和在悉心培養文學青年的過程中付出的大量心血。詩人現在傷痕累累，身心疲憊。水，是喻指人們對詩人的同情和理解，對於女性奉送給過客的水，還可以理解為由同情和理解而來的愛情。女孩送給他的一木杯水，就是一種愛的表示。」〔註10〕根據詩劇中「過客」說的「倘使我得到了誰的

〔註5〕 馮雪峰：《論〈野草〉》，見《馮雪峰憶魯迅》，河北教育出版社2001年版，第166～167頁。

〔註6〕 魯迅：《魯迅全集》第七卷，人民文學出版社1981年版，第150頁。

〔註7〕 魯迅：《魯迅全集》第四卷，人民文學出版社1981年版，第456頁。

〔註8〕 又央：《〈野草〉：一個特殊序列》，載《魯迅研究月刊》1993年第5期。

〔註9〕 胡尹強：《魯迅：為愛情作證──破解〈野草〉世紀之謎》，東方出版社2004年版，第151頁。

〔註10〕 胡尹強：《魯迅：為愛情作證──破解〈野草〉世紀之謎》，東方出版社2004年版，第160頁。

布施，我就要像兀鷹看見死屍一樣，在四近徘徊，祝願她的滅亡，給我親自看見；或者咒詛她以外的一切全都滅亡，連我自己，因爲我就應該得到咒詛。但是我還沒有這樣的力量；即使有這力量，我也不願意她有這樣的境遇，因爲她們大概總不願意有這樣的境遇。」有研究者認爲：「『兀鷹』就是魯迅的自我象徵。」「過客所詛咒的、祝願滅亡的，像兀鷹看見死屍一樣的『她』，就是指與他有關的、活著的、使他不安心的那個人，即朱安。……那麼誰又是『她們』呢？我想主要是指魯迅的母親，說包括朱安也未嘗不可。」〔註11〕總之，從愛情婚姻的情感角度解讀作品的「私典」考證派認爲作品中的「過客」是魯迅自己的寫照，送「過客」水和布片的小女孩則暗示許廣平。而過客「祝願她的滅亡，讓我親自看見」中的「她」是喻指朱安或許廣平，文中的「她們」則是喻指魯迅的母親和朱安。小女孩送的「水」和「布片」象徵的是愛情。有的「私典探秘」的研究者甚至偏執地認爲《野草》的每篇作品都是表現的愛情主題，整部《野草》都是魯迅愛的情感的抒發或愛情心理的顯現。被人批評爲「曲解文本」，「以想入非非來解釋《野草》的創作動機，恐怕只會褻瀆魯迅，誤導讀者。」〔註12〕可以看出，無論從社會政治角度還是從婚姻情感角度，如果把作品的各種具有象徵性的意象一一坐實，就難免走向偏至，把具有豐富意蘊和內涵的文學意象窄化和簡單化。筆者認爲，《過客》是魯迅對現實文化生態的體驗和對人生本質的感悟的形象化呈現。過客孤傲倔強永不妥協的個性心態，凸顯了一個具有獨立意志的眞正知識分子的超越常規與世俗的文化批判意識及強烈的社會責任感和承擔意識。

二

魯迅不是一個沉浸於書海中自得其樂的書齋型知識分子，也不是一個依附於任何政治權利、經濟權利和文化權利的工具型知識分子，更不是一個把知識作爲晉身階梯的官僚化知識分子。他具有自己獨立的意志、獨立的人格和獨立的個性，正是這種獨立性，使其超越政治派別，超越傳統藩籬和世俗倫理，始終以一個眞正知識分子的強烈的社會責任感和承擔意識對傳統文化和現存體制保持批判和不妥協的態度。這種獨立性、超越性和批判性是魯迅

〔註11〕李天明：《難以直說的苦衷——魯迅〈野草〉探秘》，人民文學出版社 2000 年版，第 149～152 頁。
〔註12〕陳漱渝：《如此「私典探秘」》，載《書屋》2002 年第 11 期。

留給現代知識分子的最寶貴的精神價值，也是我們理解魯迅及其作品的思想
理論基礎和正確的方向路徑。下面我們就在啓蒙的視閾下從魯迅的超越性、
批判性和社會承擔意識的角度來對《過客》做一解讀和分析。

　　先看魯迅的荒原意識。所謂荒原，主要是指精神文化的荒原。荒原意識
就是魯迅對現實社會文化生態及人生意義的深刻體驗和認識。作為一個啓蒙
主義思想先驅，魯迅確立了以尊重獨立人格，肯定個體價值，張揚主體個性
為主要內涵的「立人」思想並以此作為基本的評判標準對一切價值進行重估。
而傳統文化中以封建綱常禮教為核心的一整套背離人性的奴隸道德成了魯迅
批判的核心內容。歷史家筆下紛繁複雜的歷史在魯迅的審視下只是赤裸裸的
「想作奴隸而不得的時代」和「暫時作穩了奴隸的時代」。被一些人嘖嘖稱讚
的中國文明在魯迅看來「其實不過是安排給闊人享用的人肉的筵宴」。而「所
謂中國者，其實不過是安排這人肉的筵宴的廚房。」(《燈下漫筆》)滿本都寫
著「仁義道德」的史書被魯迅發現了「吃人」的實質。魯迅作為一個有強烈
的社會責任感的啓蒙先驅，以「立人」思想為旨歸，義不容辭地擔當起呼籲
「創造這中國歷史上未曾有過的第三樣時代」，「掃蕩這些食人者，掀掉這筵
席，毀壞這廚房」，(《燈下漫筆》)「毀壞鐵屋子」，「救救孩子」的歷史使命。
儘管魯迅對封建傳統文化的批判是那樣一針見血地命中本質和要害，然而，
由於幾千年來形成的以封建禮教為基礎的封建專制文化已經滲透到每個人的
潛意識，深入到骨髓，其根深蒂固的惰性力量是難以撼動的。魯迅在《〈吶喊〉·
自序》中說：「凡有一人的主張，得了贊和，是促其前進的，得了反對，是促
其奮鬥的，獨有叫喊於生人中，而生人並無反應，既非贊同，也無反對，如
置身毫無邊際的荒原，無可措手的了，這是怎樣的悲哀呵，我於是以我感到
者為寂寞。這寂寞又一天一天的長大起來，如大毒蛇，纏住了我的靈魂了。」
〔註13〕雖然魯迅豪氣滿胸真理在手，然而他義正詞嚴的批判猶如是獨自在無
邊無際的荒原上的吶喊，根本得不到關注和回應，那是一種怎樣的悲壯、悲
哀、孤傲和無奈呀！這就是魯迅在 20 世紀 20 年代對現實文化生態體驗的基
礎上形成的精神文化的荒原意識。這種荒原意識在魯迅的筆下幻化出各種不
同的具有象徵意蘊的文學意象或人物形象。諸如：《這樣的戰士》中左衝右突
執著戰鬥的戰士是如此的堅毅、清醒和豪勇，然而他所面對的是「使猛士無
所用其力」的「無物之物」和「無物之陣」。他不受「一式的點頭，各種的旗

---

〔註13〕魯迅：《魯迅全集》第一卷，人民文學出版社 1981 年版，第 417 頁。

幟，各樣的外套」的蠱惑，他清楚地知道那是「無物之物」──封建的綱常禮教的偽飾，是殺人不見血的武器。他準確地把投槍擲中了他們的心窩──從他們仁義道德的表面，揭穿他們『吃人』的實質。使得「一切都頹然倒地；──然而只有一件外套，其中無物。無物之物已經脫走，得了勝利，因為他這時成了戕害慈善家等類的罪人。」「他終於在無物之陣中老衰，壽終。他終於不是戰士，無物之物則是勝者。」〔註14〕戰士心中隱忍著多麼深廣的憂憤與悲哀、孤獨和無奈呀！這不是個人的憂憤與悲哀，這是為一個民族甚至為人類而憂憤與悲哀。《秋夜》中孤傲的棗樹「默默地鐵似的直刺著奇怪而高的天空，一意要制他的死命」。也是用棗樹與天空對抗的意象來表達作者對封建傳統文化永不妥協，堅定地揭露與批判而又感到收效甚微的一種心態與情緒。這裡棗樹所面對的「奇怪而高的天空」猶如戰士所面對的「無物之陣」，是由整個封建傳統文化長期浸潤而形成的社會習俗、社會心理，社會痼疾等等舊習慣勢力。而如「許多蠱惑的眼睛」的閃著鬼眼的星星也正像戰士在「無物之陣」中遇到的「一式的點頭」，都是作者對封建的奴性道德文化籠罩下的病態的國民和病態的社會的感受和體驗，是一種對絕望的反抗，一種清醒的憂憤和悲哀。《聰明人和傻子和奴才》中執著地要為奴隸們所住的黑洞般的房子開個窗卻被奴隸們打跑的孤身隻影的「傻子」與「庸眾」對立的意象；《求乞者》中「順著剝落的高牆走路，踏著鬆的灰土。另外有幾個人，各自走路」的「我」與「灰土世界」的意象；《復仇》中一男一女赤身裸體手捏利刃對立於曠野既不擁抱也不殺戮，直到乾枯死去，以報復那些想在觀看擁抱或殺戮中滿足好奇或尋求刺激的無聊的旁觀者──庸眾，直至這些旁觀者也在無聊中老死。而被觀看的乾枯的男女反過來「以死人似的眼光，賞鑒這路人們的乾枯」的意象；《復仇》（其二）中耶穌為拯救奴隸傳佈福音而被當權者釘上十字架，而卻受到他要拯救的同胞們的圍觀、辱罵和戲弄的意象等等。此外，一些小說的故事和人物形象也表現出了類似的情緒和傾向。如《狂人日記》中由于堅定地揭露封建文化吃人本質而被視為異類，遭到關押的「狂人」形象；《長明燈》中堅持要吹滅象徵封建傳統的「長明燈」而與吉光屯村民對峙並被關押的「瘋子」形象；《孤獨者》中抱著改良社會的目的抵制舊禮俗，宣傳新思想的魏連殳，在與舊禮俗的對立中，他忍受的是辨不清的流言和誣衊，是鄉親族人甚至他特別關愛的孩子對他的排擠與嘲笑。他被傷害得「像一匹

---

〔註14〕魯迅：《魯迅全集》第二卷，人民文學出版社 1981 年版，第 214～215 頁。

受傷的狼，當深夜在曠野中嗥叫，慘傷裏夾雜著憤怒和悲哀」的意象等等。
這些意象或形象，正是魯迅對當時社會文化生態體驗的基礎上形成的精神文
化的荒原意識的外化或形象化表述。可以看出，孤傲、悲壯、無奈甚至「怒
其不爭」的憤激是魯迅這時期一些作品的共同基調。由於感到封建文化的強
大和個人戰鬥的無力，魯迅內心被強烈的孤獨感、虛無甚至憤激的情緒籠罩
著，而啓蒙者的清醒和傲骨又使他絕不妥協和放棄，儘管帶著「明知不可爲
而爲之」的無奈與悲壯，還是永不屈服地頑強戰鬥。正像錢理群所言：「這時
候，魯迅強烈感到的是個人與外界——個人與傳統，個人與社會，個人與『庸
眾』——的隔膜，分離到對立，這構成了魯迅這一時期寂寞、孤獨感的特定
內涵。……自我與外界的隔膜，分離與對立，所引起的魯迅的心理反應，就
有兩個側面：既由孤獨、寂寞產生悲涼感，又由自我肯定產生崇高感，以及
『尊己而好戰』的迎戰激情，『獨戰多數』的豪勇與激昂。」〔註15〕

　　《過客》表現的也是魯迅的荒原意識。詩劇中過客所處的茫茫荒野其
實就是魯迅所體驗的當時的社會文化生態現狀，是精神文化上的茫茫荒
野。其中所描繪的「東，是幾株雜樹和瓦礫；西，是荒涼破敗的叢葬；其
間有一條似路非路的痕跡。」這種荒原意象與《求乞者》中描繪的灰土世
界，《復仇》中男女赤裸捏刃相向而立的曠野，《死火》中能把火焰都凍結
的冰谷，《失掉的好地獄》中的「荒寒的野外，地獄的旁邊」等意象是相通
的，均是魯迅對當時社會文化生態體驗的藝術化表達。而過客所描繪的當
時的世界是「沒一處沒有名目，沒一處沒有地主，沒一處沒有驅逐和牢籠，
沒一處沒有皮面的笑容，沒一處沒有眶外的眼淚。」這是對封建奴性的綱
常禮教文化的殘酷性和虛僞性的形象化描述，就像《這樣的戰士》中戰士
在「無物之陣」中遇到的「一式的點頭」，其實是殺人不見血的武器；所看
到的是戴著「慈善家，學者，文士，長者，青年，雅人，君子」的頭銜，
借用「學問，道德，國粹，民意，邏輯，公義，東方文明」等好聽的名目，
而維護的卻是虐殺人性的奴隸道德和專制等級制度。《秋夜》中的「奇怪而
高的天空」，「窘得發白的月亮」，閃著鬼眼的如「許多蠱惑的眼睛」的星星
等意象，均是魯迅對吃人的封建專制文化和奴隸道德及被這種文化和道德
所左右或支配的病態社會的認識、體驗和形象化的表述。而詩劇中跋涉在
茫茫荒野中永不止步的過客，也正如《這樣的戰士》中能識破各種假象，

---

〔註15〕錢理群：《心靈的探尋》，河北教育出版社2000年版，第142頁。

永遠舉著投槍在「無物之陣」中與「無物之物」戰鬥的戰士,《秋夜》中「默默地鐵似的直刺著奇怪而高的天空,一意要制他的死命」的棗樹一樣,均是魯迅這一對封建專制文化和封建禮教奴隸道德執著批判的啓蒙思想先驅的內在人格、精神和心態的外化。是作者對那病態社會的感受,是一種清醒、不屈而又悲憤無奈的心態和情緒的表露。而過客所說的不知道從哪裏來,從記得的時候起,就只一個人,不知道本來叫什麼。也不知道具體到什麼地方去,只是執著的向前走。這既是作者強烈的荒原意識和執著地走出荒原的意象表達,也是對人生終極命運的悲劇性思考。他永不停息地頑強跋涉,既是和荒原世界勢不兩立的抗爭和拼搏,也是反抗自己內心的孤獨、絕望與虛無。這就是《過客》這一散文詩劇的總體意象所表達的作者的主要的思想情感或心態體驗。下面我們就以這種啓蒙的思路或視角來對《過客》中一些有爭議的問題進行解讀。

## 三

　　《過客》中常在前面催促呼喚過客,使他息不下的聲音象徵什麼?過客說自己「有許多傷,流了許多血。」他的血不夠了,要喝些血象徵什麼?老翁和小女孩象徵什麼?小女孩送過客的水和裹傷的布象徵什麼?為什麼老翁和過客都認為感激對於過客沒有好處?對過客所說「倘使我得到了誰的布施,我就要像兀鷹看見死屍一樣,在四近徘徊,祝願她的滅亡,給我親自看見;或者咒詛她以外的一切全都滅亡,連我自己,因為我就應該得到咒詛。但是我還沒有這樣的力量;即使有這力量,我也不願意她有這樣的境遇,因為她們大概總不願意有這樣的境遇」這段話怎麼理解?這些就是研究者們在解讀《過客》時的難點和長期爭論不休的幾個問題。下面我們就對這些問題逐一進行考察、分析與解讀。

　　先看詩劇中過客常常聽到的催促召喚他前進的聲音。以往研究者對這聲音的解讀大致有以下幾種情況:1、從政治或革命角度解讀作品的研究者多認為這聲音象徵的是進步的思想、人民大眾的呼喚、革命信念或理想甚至有人直接理解為是馬列主義。諸如李何林認為「這聲音是指當時的進步思想。進步思想使他和舊社會有矛盾和鬥爭,以致『受了許多傷,流了許多血』」〔註

〔註16〕李何林:《魯迅〈野草〉注釋》,見《李何林全集》第 2 卷,河北教育出版社 2003 年版,第 115 頁。

16）衛俊秀說「這『聲音』是勞苦大眾的苦悶的聲音，這『呼喚』是勞苦大眾
掙扎的呼喚。」〔註17〕孫玉石寫道「《過客》中催促和呼喚人們前進的聲音，
實際上是魯迅對這種美好而光明未來的信念。魯迅通過過客與老翁藝術形象
的對比，熱情歌頌了堅韌不拔的探索革命道路的精神，也深刻地揭示了一個
普遍性的眞理：時時刻刻不忘先進理想的呼喚，是一切革命者能夠堅持前進
的力量源泉。」〔註18〕閔抗生斷言「那召喚過客前進的『前面的聲音』也只
能是馬克思列寧主義，而不能是別的任何思想。」〔註19〕2、從現代人道主義
角度解讀作品的研究者認爲這聲音是作者人道主義的文化思想或內心呼喚。
如胡尹強說「這在心裏或者前面不斷呼喚著過客不停息地向前走的聲音是什
麼？是魯迅的人道主義的現代文化思想。」〔註20〕李歐梵則認爲這聲音「雖
然令人不免想到基督教的『曠野的呼喚』，但從人文主義的前後文看，卻只能
解釋爲某種責任感的內心的呼喚。」〔註21〕3、從西方現代哲學的個體與世界
對立抗爭的角度解讀作品的研究者認爲這是作者絕望的抗戰。如汪暉認爲「這
聲音並不是某種外在於個體的『理想』或超越實體，而是一種發自內心的呼
喚──呼喚自己成爲眞正經過自己理性選擇的、拒絕並試圖超越舊世界的、
負有社會責任與義務的自我。……對於『過客』來說，那『呼喚』不是空洞
的精神許諾和自我安慰，不是對於一種未來生活的美妙設想，而是自願地面
對自我與世界的無可挽回的對立和分離的執著態度，是確認了自我的有限性
和世界的荒誕性之後的抗戰──絕望的抗戰。」〔註22〕從政治或革命角度解
讀作品的研究者總是把魯迅定位爲在政治鬥爭的戰場上戰鬥拼搏的政治家或
革命者，其實寫《野草》時的魯迅是一個啓蒙主義思想家和文學家，他戰鬥
的戰場是文化的戰場，他是文化批判的戰士而不是政治革命的戰士。他致力
於以文學來揭破封建專制文化的「吃人」本質，喚醒鐵屋子中沉睡的民眾。
當然他也用文學來表達他雖勇猛奮戰但卻難以撼動強大的封建專制文化的無
奈與苦悶。所以用政治或革命的思維定勢來解讀《野草》的學者，認爲過客

〔註17〕 衛俊秀：《魯迅〈野草〉探索》，泥土出版社 1954 年版，第 124 頁。
〔註18〕 孫玉石：《〈野草〉研究》，中國社會科學出版社 1982 年版，第 28 頁。
〔註19〕 閔抗生：《地獄邊沿的小花──魯迅散文詩初探》，陝西人民出版社 1981 年版，
　　　　第 107 頁。
〔註20〕 胡尹強：《魯迅：爲愛情作證──破解〈野草〉世紀之謎》，東方出版社 2004
　　　　年版，第 161 頁。
〔註21〕 李歐梵：《鐵屋中的吶喊》，河北教育出版社 2000 年版，第 96～97 頁。
〔註22〕 汪暉：《反抗絕望》，河北教育出版社 2000 年版，第 172 頁。

常常聽到的催促召喚他的聲音象徵的是革命的理想信念，甚至確認爲是馬列主義，這自然難免鑿枘不合之嫌。而把召喚過客的聲音籠統的解釋爲魯迅的「人道主義的現代文化思想」則又過於寬泛而缺少相對確定的可以把握的內涵。李歐梵和汪暉把這「聲音」解釋爲作者「內心的呼喚」是可取的，但李歐梵說的「某種責任感的內心的呼喚」同樣有難以確定的寬泛和籠統之嫌，汪暉把「內心的呼喚」解釋爲作者「確認了自我的有限性和世界的荒誕性之後的抗戰——絕望的抗戰」，這種解釋從哲學的角度把魯迅放到和整個世界對立的位置似乎也欠妥。魯迅所做的「絕望的抗戰」是精神文化層面的抗戰而不是與整個現實世界的對立或對抗。筆者認爲，就社會啓蒙的角度來說，過客常常聽到的聲音可以理解爲是魯迅這一啓蒙思想先驅的責任感、使命感和社會承擔意識對他的召喚。魯迅在《娜拉走後怎樣》中借一個歐洲的傳說，講述一個叫 Ahasvar 的人以永不安息的「走」來進行自我救贖。「耶穌去釘十字架時，休息在 Ahasvar 簷下，Ahasvar 不准他，於是被了咒詛，使他永世不得休息，直到末日裁判的時候。Ahasvar 從此就歇不下，只是走，現在還在走。走是苦的，安息是樂的，他何以不安息呢？雖說背著咒詛，可是大約總該是覺得走比安息還適意，所以始終狂走的罷。」〔註23〕Ahasvar 是背著咒詛始終狂走進行自我救贖，「過客」則是背負著啓蒙的責任與使命使他息不下而一意「走」下去。表現的是魯迅決不容身於現存的精神文化荒原而一意要走出去的堅定意志，也是以「走」來反抗自己內心的幻滅與虛無，確認自己個體的生命強力與獨立意志。

再看詩劇中有關「受傷」、「流血」和「喝血」的問題。詩劇中過客說自己「有許多傷，流了許多血。」他的血不夠了，要喝些血。對此應該如何理解？有學者把「受傷」、「流血」和「喝血」的描寫解釋爲魯迅在進步思想指引下與舊社會戰鬥的高尚的獻身精神。認爲「進步思想使他和舊社會有矛盾和鬥爭，以致『受了許多傷，流了許多血』。他應該補充些血，可是無可補充，又不願意損人利己（不願意喝無論誰的血），『我只得喝些水，來補充我的血。』這就像魯迅曾向許廣平說的：『我好像一隻牛，吃的是草，擠出的是牛奶，血。』爲了前進，過客流了不少血汗，只能以水來補充，和魯迅的精神差不多。」〔註

---

〔註23〕魯迅：《魯迅全集》第二卷，人民文學出版社 1981 年版，第 163 頁。

〔註24〕李何林：《魯迅〈野草〉注釋》，見《李何林全集》第 2 卷，河北教育出版社 2003 年版，第 115 頁。

24〕有學者從存在主義的角度對此進行解讀。其主要依據就是魯迅寫給許廣平信中的這樣一段話:「我先前何嘗不出於自願,在生活的路上,將血一滴一滴地滴過去,以飼別人,雖自覺漸漸瘦弱,也以爲快活。而現在呢?人們笑我瘦了,除掉那一個人之外。連飲過我的血的人,也都在嘲笑我的瘦了,這實在使我憤怒。」〔註25〕根據這段話,該學者認爲「『喝些血』的細節是一處超現實主義的筆法。」其中隱喻的是魯迅對他人的幫助。因爲魯迅曾經把「那些接受過他的幫助又反目爲仇的行爲斥責爲『飲』他的血,或『吮血』或『吸血』」。並得出判斷:「過客的過去是有意義的,他的過去是於他人有價值的人,而不是現在的需要喝他人血的人。」〔註26〕此外,有人從婚戀情感的角度對此進行解讀。認爲「過客『有許多傷,流了很多血』,既喻指包辦婚姻的靈魂創傷,也喻指詩人在戰鬥中負傷流血和在悉心培養文學青年的過程中付出的大量心血。詩人現在傷痕累累,身心疲憊。水,是喻指人們對詩人的同情理解,對於女性奉送給過客的水,還可以理解爲由同情和理解而來的愛情。女孩送給他的一木杯水,就是一種愛情的表示。……然而,只是由同情和理解產生的一般的愛情,還不足以醫治詩人的創傷,需要『喝些血』,是暗示比水更全心全意的理解和同情,也就是暗示以身相許的愛情,才可能治癒詩人靈魂的創傷,才可能幫助詩人掙脫『暗夜的空虛』,掙脫身心疲憊,繼續尋求。」〔註27〕以上三種解釋雖然都有自己的邏輯或道理,但均不是從思想文化的角度考慮問題,因此也都不可避免的表現出某些牽強或局限。第一種從政治或道德的層面考慮問題,把「不願意喝無論誰的血」理解爲「不願意損人利己」。那麼過客前面說的「我的血不夠了;我要喝些血。」難道可以理解爲過客想要損人利己嗎?他喝誰的血不算損人利己呢?所以這種解釋有牽強之嫌。第二種從實用的層面考慮問題,認爲魯迅把對他人的幫助比喻爲『飲』他的血,言外之意過客所說的要喝些血就是尋求幫助。並由此認爲:「過客的過去是有意義的,他的過去是於他人有價值的人,而不是現在的需要喝他人血的人。」那麼照此說來,現在執著向前一意走出荒原的過客難道是沒有意義的嗎?所

〔註25〕魯迅、許廣平:《魯迅景宋通信集──兩地書原信》,湖南文藝出版社 1984 年版,第 284 頁。
〔註26〕李天明:《難以直說的苦衷──魯迅〈野草〉探秘》,人民文學出版社 2000 年版,第 80～81 頁。
〔註27〕胡尹強:《魯迅:爲愛情作證──破解〈野草〉世紀之謎》,東方出版社 2004 年版,第 160～161 頁。

以這種解釋令人難以認同。第三種完全局限在愛情婚戀的情感角度考慮問題，而忽略了作品所包蘊的重要的思想文化內涵。筆者認為，解釋詩劇中有關「受傷」、「流血」和「喝血」的問題，從魯迅所處的堅定地反抗封建傳統文化的戰場的角度，或說從他執著地要走出精神文化的荒原的角度來理解才是一條正確的途徑。作為精神文化的先驅者的魯迅，在他看來當時中國的整個精神文化界在幾千年形成的根深蒂固的封建傳統文化籠罩下猶如一片茫茫的毫無生氣的荒原，作為精神界之戰士，他在反抗封建傳統文化的戰場上左衝右突，孤軍奮戰。雖然手握真理滿胸豪氣，但卻得不到理解和幫助，反而遭到誤解和攻擊。他奮不顧身地和代表封建傳統文化的「無物之物」搏鬥，卻被誣衊為「戕害慈善家等類的罪人」。他正義凜然地要為奴才們所住的黑洞般的屋子打開一個窗，卻被一群奴才當成強盜趕跑了。魯迅正是在這樣的反封建傳統文化的戰鬥中「受傷」和「流血」。另一方面，既然是精神文化的戰鬥，魯迅自然是以思想理論的武器來對封建文化進行揭露和批判，即用文藝的形式對國人進行思想文化的啟蒙。在長期的日以繼夜的戰鬥或寫作中，魯迅感到了思想理論的付出甚至透支，急需新的思想理論的學習、補充和吸收。這就是過客所說的「流了許多血」。感到「血不夠了」，「要喝些血」的精神文化內涵。而過客說的「可是我也不願意喝無論誰的血」，更顯示了魯迅清醒的價值選擇和取向。即那些落後保守淺薄平庸的思想或理論魯迅是不屑一顧決不採納和吸收的，他要尋求和吸納的是符合他的「立人」標準和科學民主的現代啟蒙意向的思想和理論。然而在過客所處的茫茫的精神文化荒原上，是根本無法尋找到魯迅所需要的那些先進的思想或理論的。所以過客表示「我只得喝些水，來補充我的血。」也就是說，魯迅在與封建舊文化的戰鬥中，能夠得到的只不過是一些人的些微的同情或安慰，即送給他一杯水喝，而思想理論武器還要靠自己的思考與探索，即「血」要靠自己來「造」。這就是從思想文化意義上理解的「受傷」、「流血」、「喝水」和「喝血」。

《過客》中陪襯過客登場的有兩個人物：一個是七十來歲的老翁，另一個是約十歲左右的女孩子。那麼老翁和小女孩分別象徵什麼呢？以往研究者提出的有代表性的觀點有如下幾種：1、從社會政治或進化的角度考慮問題的認為小女孩有著如花的理想和前途，而「老翁好像《在酒樓上》的呂緯甫一樣，受過一些進步思想的影響，走過一段進步的路程，現在消極了。」〔註28〕

---

〔註28〕李何林：《魯迅〈野草〉注釋》，見《李何林全集》第 2 卷，河北教育出版社

「老翁站在人生的終點，厭倦了人生；女孩站在人生的起點，面向人生，……她以樂觀的、幻想的眼睛看取人生的。」〔註29〕「那個白髮古稀的老翁，是在生活道路上跋涉過來而終於半路停頓不再前進的頹唐者。那個剛滿十歲的女孩，是未經生活風雨摧折的天眞的青年的象徵。」〔註30〕認爲老翁和女孩「各自代表著過去和未來，或者老的一代和新的一代。」〔註31〕2、有研究者從人物自我靈魂的自省與生命哲學的角度把過客、老翁和小女孩看成是魯迅不同的自我的一個聚合象徵。認爲「《過客》劇中，魯迅巧妙地將靈魂深處的這樣三個『自我』賦予女孩、過客、老翁這些人物具象上，通過人物對話，其實是人物重心的易位，實現一個『自我』對另一個『自我』的拷問。三個人物既靜態地象徵著魯迅內心世界的孤獨，矛盾和痛苦，……又動態地暗示著不同時態的魯迅自己（女孩是過客的過去，老翁是過客的將來，這將來的老翁就是魯迅所懼怕的自己身上的『鬼氣』）。」〔註32〕認爲「老翁可以被認爲是虛無主義的人生態度的象徵。與老翁形成鮮明對照，女孩象徵理想主義的人生態度。……介於老翁與女孩之間的是過客，他代表一種存在主義的人生態度，在人生舞臺上頑強地與自己的命運相搏而前行。」〔註33〕3、有研究者從婚戀情感的角度把小女孩看成許廣平或「魯迅情愛心理的象徵」。〔註34〕筆者認爲，以上各家觀點雖然各有其邏輯或道理，但均偏離了五四啓蒙的這一重要文化場來考慮問題。當時魯迅作爲啓蒙主義思想先驅，他的許多作品其實都在表現啓蒙的艱難與困境以及啓蒙者與被啓蒙者的隔閡、矛盾甚至對立。即啓蒙與被啓蒙的關係。如《狂人日記》中的「狂人」要勸轉「吃人」的人不再「吃人」，是啓蒙者，然而被啓蒙的人們雖然都是封建文化的受害者，「有給知縣打枷過的，也有給紳士掌過嘴的，也有衙役佔了他妻子的，也有

2003 年版，第 113 頁。
〔註29〕 閔抗生：《地獄邊沿的小花——魯迅散文詩初探》，陝西人民出版社 1981 年版，第 112 頁。
〔註30〕 孫玉石：《〈野草〉研究》，中國社會科學出版社 1982 年版，第 26 頁。
〔註31〕 李歐梵：《鐵屋中的吶喊》，河北教育出版社 2000 年版，第 95 頁。
〔註32〕 靖輝：《靈魂的自省：從文本的象徵意義析〈過客〉》，載《魯迅研究月刊》1992 年第 4 期。
〔註33〕 李天明：《難以直說的苦衷——魯迅〈野草〉探秘》，人民文學出版社 2000 年版，第 79 頁。
〔註34〕 李天明：《難以直說的苦衷——魯迅〈野草〉探秘》，人民文學出版社 2000 年版，第 151 頁。

老子娘被債主逼死的」，但他們都把「狂人」即「啓蒙者」看成瘋子，甚至家人和村裏的孩子也對「狂人」不理解。《長明燈》中一意要熄掉象徵封建迷信的社廟裏的長明燈的啓蒙者，被吉光屯的村民即那些被啓蒙者們當成瘋子鎖在黑屋子關了禁閉。《孤獨者》中特立獨行的啓蒙者魏連殳卻被被啓蒙的鄉民和孩子當成異類。《聰明人和傻子和奴才》中的啓蒙者傻子被一群被啓蒙的奴才趕跑了。……所以魯迅的許多作品都是在對啓蒙的艱難與困境的體驗的書寫中隱含著對啓蒙的解構或質疑。正像有學者在研究《起死》時提出小說在深層次上，還隱藏著哲學家／漢子這樣一個對立的意義結構。「這個對立結構是知識者／民眾這一意義結構的隱喻性表達。對這一意義結構的思考是貫穿魯迅一生的思想活動和精神追求。……可以說，寫在其晚年的《起死》，既是魯迅對其一生從事的啓蒙的思想追求的一種隱秘的自我反諷：對於復活的漢子來說，他所迫切需要的是衣物和食物，他根本無法也無心理解莊子所關注的那些思想；又是對所謂民眾的懷疑：那些在鐵屋中沉睡的將要死滅的人們，即使喚醒他們，又會怎樣呢？這是一個現代性的質疑。《起死》的創作就是魯迅試圖借助一個古代語境來思考這一『現代性『問題的體現。」〔註35〕《過客》中，執意要走出精神文化荒原的過客是啓蒙者，而老翁和小女孩則是被啓蒙者。與阿Ｑ、小Ｄ、祥林嫂們相比，安於現狀，對一切都莫然處之的老翁更令啓蒙者頭疼，前者只是精神的蒙昧，而後者則表現出滲透著老莊哲學精神的頑固保守的虛無主義人生態度。詩劇中設置與「過客」對立的「老翁」形象，表現出魯迅對啓蒙者與被啓蒙者之間的隔膜與對立的深刻體驗與思考。小女孩送水給過客喝，送布片給過客裹傷，自然代表了天真未鑿的孩子出於人的善良本性對啓蒙者的同情與憐憫。雖然過客在理智上拒絕這些同情與憐憫，但是在情感和心靈上得到了溫情與慰藉。從而也給了過客走出精神文化荒原的希望、決心與勇氣。「救救孩子」，把「立人」的希望寄託在下一代身上，是魯迅在啓蒙的道路上屢遭坎坷，身心困頓而又絕不放棄的精神支柱和力量源泉。

　　小女孩送過客水和裹傷的布象徵什麼？為什麼老翁和過客都認為感激對於過客沒有好處？過客說「倘使我得到了誰的布施，我就要像兀鷹看見死屍一樣，在四近徘徊，祝願她的滅亡，給我親自看見；或者咒詛她以外的一切全都滅亡，

〔註35〕鄭家建：《被照亮的世界——〈故事新編〉詩學研究》，福建教育出版社2001年版，第67～68頁。

連我自己，因爲我就應該得到咒詛。但是我還沒有這樣的力量；即使有這力量，我也不願意她有這樣的境遇，因爲她們大概總不願意有這樣的境遇。」這段話應該怎麼理解？以往學者對這些問題的解釋大致有以下三類。一類是從社會政治角度著眼，把過客定位爲一個與舊世界決絕而堅定地追求光明的革命者。「送水」是人們對革命者的「溫情厚意」，而「布片」則象徵著「下一代」寄託給革命者的希望。對「感激對於過客沒有好處」做出這樣的解釋：「老翁認爲他喝了水以後有了力氣前進，前進的結果對於他並不見得好（老翁本人就是對前進消極了的），所以說你『不要這麼感激。這於你是沒有好處的。』過客則認爲，別人的溫情厚意（給他水喝），對於他已經是一種牽扯、累贅，覺得舊社會還有可以留戀的地方；再表示感激，精神上的負擔就更重了，會妨礙他決然前行。所以回答也是『這於我沒有好處』一樣的話，表現二人不同思想和不同看法。」〔註36〕而對「倘使我得到了誰的布施……」一段話則解釋說：「倘使有人對我好，我得了他的布施，我倒希望親自看見他早日滅亡，免得像一個沒有生命的死屍活在舊社會，過著無意義的生活，忍受著舊社會的壓迫。就像兀鷹要消滅（吃掉）眞正的死屍一樣，我希望和我有關的人不要死屍似的活在世上受罪，我要親自看見他消滅，我才放心。……如果對我好的人（或與我有關的人）不滅亡，那麼，我就要詛咒她以外的一切全都滅亡，連我自己也滅亡。因爲我也是舊社會的產物，同樣應該得到詛咒。這樣，我和她以外的一切就不能欺負她了。但是，無論對她或她以外的一切，我現在沒有力量使她們滅亡。『即使有這力量，我也不願意她有這樣的境遇』，因爲像小女孩一樣的下一代（她們），『大概總不願意有這樣的境遇。』她們既然不願意滅亡，那麼就痛苦地活下去吧！」〔註37〕這種完全從現實社會政治考慮問題的解釋讀起來頗牽強。第二類是從魯迅的生命哲學的角度對此進行解釋。認爲「這段話，分爲兩層意思。前半段話的意思，大意是對於關心我或愛我的人，與我的生命，就有了不可分割的聯繫。我不願意看到她被那個黑暗的社會所吞食，也就不會嘗味那種喚醒了別人而讓他們更清醒地感到受難或死亡的痛苦。……魯迅不願意看到自己的對手嘗味自己和與自己有關的人的失敗的痛苦。……魯迅生命哲學的一個重要方面，就是反對布

---

〔註36〕李何林：《魯迅〈野草〉注釋》，見《李何林全集》第 2 卷，河北教育出版社 2003 年版，第 113 頁。

〔註37〕李何林：《魯迅〈野草〉注釋》，見《李何林全集》第 2 卷，河北教育出版社 2003 年版，第 116～117 頁。

施，而且拒絕布施，包括感激和愛。……而後半段，『或者詛咒她以外的一切全都滅亡，連我自己，因爲我就應該得到詛咒。』這是一個胸懷大愛者的生命的聲音。魯迅想到的是未來，是下一代：自己肩住黑暗的閘門，放他們（青年人）到寬闊光明的地方去。不僅這樣，他還有一種『原罪』的意識：自己是『吃人的人』中的一個。所以詛咒除她（青年）以外的『一切全部滅亡，連我自己。』」〔註38〕這裡作者注意到了魯迅「反對布施，而且拒絕布施」的重要個性特點，可惜沒有順著這一思路深入挖掘和探討，而是很快就跳回到簡單的政治或道德層面去考慮問題，所以解釋起來仍不免叫人感到有些牽強。第三類是從婚戀情感的角度來對此進行解讀。如李天明認爲文中的「兀鷹」是魯迅的自我象徵；小女孩則是「魯迅情愛心理的象徵」；「她們」是指魯迅的母親和朱安；「祝願她的滅亡」中的「她」是指朱安，因爲她是魯迅與許廣平戀愛的最大障礙。在內心深處魯迅「無法克服偶而萌發的對於朱安的恨。」「這就是爲什麼過客希望親眼看見她的滅亡的心理依據」。「在魯迅渴望他妻子滅亡的瞬間，他立即感到了內疚。道德感又迫使他轉而譴責自己：『或者咒詛她以外的一切全都滅亡，連我自己，因爲我就應該得到咒詛。』他深知詛咒妻子的滅亡，只是一種壓抑欲望的發泄，是根本無法實現的。所以讓過客繼續說：『但是我還沒有這樣的力量；即使有這力量，我也不願意她有這樣的境遇，因爲她們大概總不願意有這樣的境遇。』」〔註39〕而胡尹強則認爲：「兀鷹喻指詩人自己，死屍喻指許廣平，也就是女孩。這段過客的對話，本身就是一篇以強烈的愛情和嫉妒爲主題的散文詩篇。」認爲「女孩送給過客一木杯水，表現了她對過客已經由同情和理解而產生了愛情。」「兀鷹在她——死屍『四近徘徊』不去，是因爲她是他的美食，他愛她，離不開她。以兀鷹和死屍的關係隱喻愛情，看起來好像兀突而悖乎常情，卻顯示出這愛情的獨特的強度和力度，這正是魯迅獨特的卓爾不群的語言風格。」「愛情是自私的，具有強烈的佔有欲和排他性，容不得第三者涉足，強烈的愛情尤其如此。……於是，就不免產生出『祝願她滅亡，給我親眼看見』，也免得她落入別人的懷抱。當然，最好是『她以外的一切全都滅亡』，這世界只剩下他和她。然而，當詩人冒出這樣念頭的時候，立刻產生出沉重的負罪感，說，『她以外的一切全都滅亡』，應該『連我自己』，因爲『我就應該得到詛咒』。

〔註38〕 孫玉石：《魯迅〈野草〉重釋（六）》，載《魯迅研究月刊》1996年6期。
〔註39〕 李天明：《難以直說的苦衷——魯迅〈野草〉探秘》，人民文學出版社2000年版，第149～152頁。

『我就應該得到詛咒』有兩層意思：一是，詩人和她的戀愛是婚外戀情，詩人有沉重的負罪感；二是，由這婚外戀情生出如此強烈的嫉妒，竟然詛咒她或者她以外的一切全都滅亡，詩人意識到自己的愛情，不僅不會給她幸福，甚至反而會使她走向毀滅。……詩人是那樣愛她，怎麼會詛咒她滅亡？況且，再嫉妒，也犯不著詛咒她以外的一切全都滅亡呀！於是，『我也不願意她有這樣的境遇』。……『因爲她們大概總不願意有這樣的境遇』，這是由她而泛指姑娘們。姑娘們追求愛情是爲了使自己幸福，而不是毀滅自己。」〔註40〕李天明不聯繫整篇作品的內容和主題而只抓住個別片段來考證推斷其隱含的性愛心理難免有割裂作品主題之嫌；而胡尹強把整篇作品視爲「以強烈的愛情和嫉妒爲主題的散文詩」則在很大程度上窄化了作品的思想內容。

　　筆者認爲，要在當時啓蒙的視閾下聯繫魯迅的思想個性理解作品中「過客」的言行與情感。五四啓蒙的核心內容就是以西方的民主科學爲思想武器來揭露和批判幾千年形成的封建專制的禮教規範與迷信落後的蒙昧心態。作爲五四啓蒙的中堅和先驅的魯迅，其啓蒙思想從總體上說自然是與五四啓蒙大潮的走向順應或契合的，但又有著自己獨具的個性與內涵。具體說來，魯迅的啓蒙思想是以「立人」爲旨歸，以張揚個性反對奴性爲突出特點。而這種強調人的個體的獨立的個性與反對奴性的思想，與魯迅所接受的尼采的哲學不無關係。劉半農把魯迅爲人爲文的特點概括爲「托尼思想，魏晉文章」雖不夠全面和確切，但的確把魯迅思想上所受托爾斯泰的人道主義和尼采哲學的影響以及文章師法魏晉的風格凸顯出來。魯迅在日本留學時期（1902～1909）正是尼采哲學在日本第一次流行的高潮時期。尼采這樣一個把西方的基督教義踩在腳下，宣佈上帝死了，一切價值都要重估，以絕對獨立的精神對 19 世紀的西方文明進行猛烈批判的「文明批評家」自然引起了魯迅的特別關注。日本學者伊藤虎丸認爲：「魯迅和日本文學擁有共同的尼采形象，即批判 19 世紀西歐近代文明的『文明批評家』。尼采對 19 世紀文明的批判，現在雖然被稱爲『反近代』思想，但曾是亞洲後進國的日本，卻在尼采的第一次流行當中，從尼采那裡接受了並非『反近代』的『近代』思想。魯迅從尼采那裡學到的也正是歐洲近代的精神……魯迅把尼采稱爲『個人主義之至雄桀者』，並把尼采放在斯蒂納（1806～1856）以後『極端個人主義』序列的最高

---

〔註40〕胡尹強：《魯迅：爲愛情作證——破解〈野草〉世紀之謎》，東方出版社 2004
　　　年版，第 164～171 頁。

位置上。他和日本文學不同，並沒有把尼采同叔本華（1788～1860）、齊爾凱克爾、易卜生等人對立起來，而是把他們都當做『具有傲岸意志』（《摩羅詩力說》），『獨具我見』，『舉世譽之而不加勸，舉世毀之而不加沮，……假其投以笑罵，使之孤立於世，亦無懾也』（《破惡聲論》）的人物看待。」〔註41〕魯迅最先以文言翻譯了尼采的《蘇魯支語錄》（《察羅堵斯德羅緒言》），此後又以唐俟的筆名用白話文翻譯了《序言》的前九節，題爲《察拉斯忒拉的序言》，刊於1920年6月《新潮》雜誌第2卷第5期。可見早期魯迅對尼采的重視。而就個人氣質上看，從魯迅的無邊的孤獨和獨戰多數的豪勇也可看到尼采的心態和身影。而魯迅筆下的「過客」與尼采筆下的「查拉圖斯特拉」在思想和氣質上隱隱約約有著某種相通之處。所以要理解「過客」的不合常理的特立獨行的言行，不妨借助尼采的與世俗決絕的不合常理的特立獨行的思想。筆者認爲，魯迅的強烈的反對奴隸道德的倫理道德觀明顯受尼采倫理思想的影響。尼采在《善惡的彼岸》和《道德譜系學》中提出「主人道德」和「奴隸道德」的哲學概念。主人道德以「好」與「壞」作爲評判標準；奴隸道德以「善」與「惡」作爲評判標準。自我肯定、驕傲、主動是主人道德的主要特徵；而自我否定、憐憫、謙卑則是奴隸道德的主要特徵。尼采所讚賞和追求的是強者與強者之間的精神對話，他鄙視奴隸道德的同情與憐憫。甚至認爲「愛和憐憫都是惡德」。在尼采看來，被同情與憐憫是一種莫大的人格侮辱。而強者所渴求的是恐怖，是敵人，是能用以檢驗自身力量的勢均力敵的對手。伊藤虎丸認爲：「魯迅的進化論，並不是把人類的歷史把握爲人作爲生物適應環境的過程。而這種『倫理的進化』所預想的頂點，就是尼采的『超人』。……魯迅從以尼采爲首的19世紀歐洲個人主義文學家、思想家那裡學到的『理想的人』的性格，就具有以下特徵：第一，面對自身反省的主觀內面性（不是儒教『君子』理想的那種外表）；第二，『近乎傲慢』的強烈意志力（不是優美的情愫和放縱自然的『本能』）；第三，就像『爭天抗俗』所形容的那樣，孤立於庸眾，反抗既成的一切（不是作爲儒教之根本的那種對既成規範的恭順之德）；第四，通過這種反抗求得無限的發展和『上征』（不是宿命論式的『反覆』和東方式的停滯）。這就是魯迅所說的『眞的人』，他們和『奴隸』（『奴隸主』也一樣）尖銳對立，是魯迅從尼采那裡學到的西方近代的『神髓』（《文

〔註41〕伊藤虎丸著，李冬木譯：《魯迅與日本人——亞洲的近代與「個」的思想》，河北教育出版社2000年版，第31頁。

化偏至論》）。」〔註42〕確實，魯迅對奴隸道德深惡痛絕。在《聰明人和傻子和奴才》中，魯迅對那些逢人即訴苦尋求憐憫而根本不思反抗甚至反而做主子的幫兇的奴才和那些給予奴才們空幻的同情和安慰的聰明人都給予了徹底地否定。魯迅認爲：「馴良之類並不是惡德。但發展開去，對一切事無不馴良，卻決不是美德，也許簡直是沒出息。」〔註43〕他說「野牛成爲家牛，野豬成爲豬，狼成爲狗，野性是消失了，但只足使牧人喜歡，於本身並無好處。」〔註44〕魯迅把處於奴隸和奉行奴隸道德做了嚴格的區分。對那些處於奴隸地位而堅持反抗的奴隸，魯迅是持讚揚的態度的。而對那些不但不思反抗，反而安守奴隸道德，陶醉於奴隸生活的人，魯迅是嚴加痛斥的。他說：「自己明知道是奴隸，打熬著，並且不平著，掙扎著，一面『意圖』掙脫以至實行掙脫的，即使暫時失敗，還是套上了鐐銬罷，他卻不過是單單的奴隸。如果從奴隸生活中尋出『美』來，讚歎，撫摩，陶醉，那可簡直是萬劫不復的奴才了，他使自己和別人永遠安住於這生活。」〔註45〕魯迅認爲，如果這種奴隸道德不徹底剷除掉，則社會無論發生什麼樣的變革，也還是換湯不換藥。他說：「奴才做了主人，是決不肯廢去『老爺』的稱呼的，他的擺架子，恐怕比他的主人還十足，還可笑。這正如上海的工人賺了幾文錢，開起小小的工廠來，對付工人反而凶到絕頂一樣。」〔註46〕筆者認爲，魯迅受尼采倫理思想的影響，鄙視奴隸道德的同情與憐憫。這是他「反對布施，而且拒絕布施，包括感激和愛」的思想根源。他的反對布施，拒絕感激和愛，實際上是反對的奴隸道德。這也就是爲什麼他在《求乞者》中對乞討哀呼的孩子表示「我不布施，我無布施之心，我但居布施者之上，給予煩膩，疑心，憎惡」的緣由。當然，魯迅在理智上接受了尼采的拒絕憐憫、布施，感激和愛的倫理思想，而他自小所接受的傳統文化，特別是儒家的孝悌仁愛等等，已經內化爲憐憫同情，仁慈寬恕的道德情感，這就是魯迅在理智與情感上的矛盾。我們從這一角度來分析「過客」的一些怪異的言行，就可以理解其內在的思維邏輯了。比如《過客》中小女孩送「過客」水和裹傷的布自然象徵的是憐憫、同情和布施，

〔註42〕伊藤虎丸著，李冬木譯：《魯迅與日本人──亞洲的近代與「個」的思想》，河北教育出版社 2000 年版，第 32 頁。
〔註43〕魯迅：《魯迅全集》第六卷，人民文學出版社 1981 年版，第 81 頁。
〔註44〕魯迅：《魯迅全集》第三卷，人民文學出版社 1981 年版，第 414 頁。
〔註45〕魯迅：《魯迅全集》第四卷，人民文學出版社 1981 年版，第 588 頁。
〔註46〕魯迅：《魯迅全集》第四卷，人民文學出版社 1981 年版，第 302 頁。

出於情感上過客對布施者——女孩是很感激的，但理智又告訴他，感激是跌進了奴隸道德的陷阱，所以又不應該感激，認識到感激對他是沒有好處的。出於理智，過客說「倘使我得到了誰的布施，我就要像兀鷹看見死屍一樣，在四近徘徊，祝願她的滅亡，給我親自看見；或者咒詛她以外的一切全都滅亡，連我自己，因為我就應該得到咒詛。」因為過客知道，憐憫、布施，感激和愛都是奴隸道德，誰對自己實施憐憫和布施就是對自己人格的莫大侮辱，而自己如果接受了別人的憐憫和布施也就是認同了奴隸道德，接受了侮辱。所以他說如果接受了誰的布施，就要祝願她的滅亡，並且詛咒自己也要滅亡。但是，在內在情感上又接受不了讓對自己施以同情和幫助的人全都滅亡這樣殘酷的事實，所以他轉而又說「但是我還沒有這樣的力量；即使有這力量，我也不願意她有這樣的境遇，因為她們大概總不願意有這樣的境遇。」這種理智與情感的衝突，也正是當時魯迅難以擺脫的內在的精神矛盾。作品中女孩送給過客裹傷的小布片象徵的是憐憫、同情與布施，過客之所以一再拒絕，因為在他看來，接受了就等於認同了奴隸道德。所以他說「這背在身上，怎麼走呢？」魯迅在給趙其文的信中說：「《過客》的意思不過如來信所說那樣，即是雖然明知前路是墳而偏要走，就是反抗絕望，因為我以為絕望而反抗者難，比因希望而戰鬥者更勇猛，更悲壯。但這種反抗，每容易蹉跌在『愛』——感激也在內——裏，所以那過客得了小女孩的一片破布的布施也幾乎不能前進了。」〔註47〕這裡魯迅所說的明知是墳而偏要走的反抗絕望的勇猛悲壯的過客，與尼采所描繪的忍受著最熾烈痛苦的煎熬而把憐憫和愛視為惡德，以自身強勁的意志力傲視一切，堅定地反抗既有文明規範的「超人」有著某種思想或精神上的血脈聯繫。在魯迅看來，過客背負上沉重的奴隸道德還怎麼特立獨行的前進呢？老翁勸他不要當真，女孩勸他裝在口袋只當玩玩。都是勸他不要把問題上升到理智的倫理的高度，而只在感情層面接受就可以了。過客還是請女孩收回，老翁勸他帶去，並說「要是太重了，可以隨時拋在墳地裏面的。」就是說如果過客理智上難以接受可以隨時拋棄。最後過客帶上了布片同意把其掛在象徵生命與美麗的野百合野薔薇上。這種理智與情感的對立，實際是西方的價值選擇與中國傳統文化精神在魯迅思想中的矛盾糾結。

---

〔註47〕魯迅：《魯迅全集》第十一卷，人民文學出版社1981年版，第442頁。

# 四

　　以上筆者在五四啓蒙的視閾下對《過客》進行了解讀和分析。認爲《過客》是魯迅把當時的社會現實文化生態體驗爲精神文化的荒原。作爲一個啓蒙主義思想先驅，魯迅確立了以尊重獨立人格，肯定個體價值，張揚主體個性爲主要內涵的「立人」思想並以此作爲基本的價值評判標準，對傳統文化中以封建綱常禮教爲核心的一整套背離人性的奴隸道德毫不容情地進行揭露和批判。雖然魯迅自覺豪氣滿胸眞理在手，然而他義正詞嚴的批判猶如是獨自在無邊無際的荒原上的吶喊，根本得不到關注和回應，這使魯迅感到了戰鬥的悲壯、悲哀、孤傲和無奈。這就是魯迅在 20 世紀 20 年代對現實文化生態體驗的基礎上形成的精神文化的荒原意識。這種荒原意識在魯迅的筆下幻化出各種不同的具有象徵意蘊的文學意象或人物形象，「過客」就是其中之一。魯迅以「過客」堅定地走出精神文化荒原的孤傲倔強永不妥協的個性心態，表現出一個具有獨立意志的眞正知識分子的超越常規與世俗的文化批判意識及強烈的社會責任感和承擔意識。詩劇中過客所處的茫茫荒野其實就是魯迅所體驗的當時的社會精神文化上的茫茫荒野。過客所描繪的「沒一處沒有名目，沒一處沒有地主，沒一處沒有驅逐和牢籠，沒一處沒有皮面的笑容，沒一處沒有眶外的眼淚。」這是對封建奴性的綱常禮教文化的殘酷性和虛僞性的形象化描述。過客所說的不知道從哪裏來，從記得的時候起，就只一個人，不知道本來叫什麼。也不知道具體到什麼地方去，只是執著的向前走。這既是作者強烈的荒原意識和執著地走出荒原的意象表達，也是對人生終極命運的悲劇性思考。他永不停息地頑強跋涉，既是和荒原世界勢不兩立的抗爭和拼搏，也是反抗自己內心的孤獨、絕望與虛無。「過客」總是聽到有一種聲音在呼喚他前進。這種呼喚是源於過客自己內心的責任感、使命感和社會承擔意識及要走出精神文化荒原的堅定意志。過客說自己「有許多傷，流了許多血。」他的血不夠了，要喝些血。這是指作者在反封建傳統文化的戰鬥中「受傷」和「流血」。在對封建文化的永不停息的批判中，魯迅感到了思想理論的付出甚至透支，急需新的思想理論的學習、補充和吸收。這就是所謂的「流了許多血」。感到「血不夠了」，「要喝些血」的精神文化內涵。而「可是我也不願意喝無論誰的血」，則顯示了魯迅清醒的價值選擇取向。即他要尋求和吸納的是符合他的「立人」標準和科學民主的現代啓蒙意向的思想和理論。在無法尋找到先進的思想或理論時，過客於是「只得喝些水，來補充我

的血。」也就是說，魯迅在與封建舊文化的戰鬥中，能夠得到的只不過是一些人的些微的同情或安慰，即送給他一杯水喝，而思想理論武器還要靠自己的思考與探索，即「血」要靠自己來「造」。作品中執意要走出精神文化荒原的過客是啓蒙者，而老翁和小女孩則是被啓蒙者。與「過客」對立的「老翁」形象，表現出魯迅對啓蒙者與被啓蒙者之間的隔膜與對立的深刻體驗與思考。從魯迅的無邊的孤獨和獨戰多數的豪勇也可看到尼采的心態和身影。魯迅筆下的「過客」與尼采筆下的「查拉圖斯特拉」在思想和氣質上也有某種相通之處。魯迅的強烈的反對奴隸道德明顯受尼采倫理思想的影響。尼采鄙視奴隸道德的同情與憐憫，甚至認爲「愛和憐憫都是惡德」。這就是魯迅「反對布施，而且拒絕布施，包括感激和愛」的思想根源。魯迅在理智上接受了尼采的拒絕憐憫、布施，感激和愛的倫理思想，而他自小所接受的傳統文化，特別是儒家的孝悌仁愛等等，已經內化爲憐憫同情，仁慈寬恕的道德情感，這就是魯迅在理智與情感上的矛盾。小女孩送「過客」水和裹傷的布自然象徵的是憐憫、同情和布施，這在情感和心靈上使過客得到了溫情與慰藉。所以過客對女孩很是感激。但理智又告訴他，感激是跌進了奴隸道德的陷阱，所以又認識到感激對他是沒有好處的。出於理智，過客說「倘使我得到了誰的布施，我就要像兀鷹看見死屍一樣，在四近徘徊，祝願她的滅亡，給我親自看見；或者咒詛她以外的一切全都滅亡，連我自己，因爲我就應該得到咒詛。」因爲過客知道，憐憫、布施，感激和愛都是奴隸道德，誰對自己實施憐憫和布施就是對自己人格的莫大侮辱，而自己如果接受了別人的憐憫和布施也就是認同了奴隸道德，接受了侮辱。所以他說如果接受了誰的布施，就要祝願她的滅亡，並且詛咒自己也要滅亡。但是，在內在情感上又接受不了讓對自己施以同情和幫助的人全都滅亡這樣殘酷的事實，所以他轉而又說「但是我還沒有這樣的力量；即使有這力量，我也不願意她有這樣的境遇，因爲她們大概總不願意有這樣的境遇。」這種理智與情感的衝突，也正是當時魯迅難以擺脫的內在的精神矛盾。女孩送給過客裹傷的小布片因爲象徵了憐憫、同情與布施，所以過客一再拒絕，認爲接受了就等於認同了奴隸道德。他說「這背在身上，怎麼走呢？」也就是說背負上沉重的奴隸道德還怎麼特立獨行的前進呢？這裡過客對女孩贈與裹傷的布片的拒絕與感激的理智與情感的對立，實際是西方的價值選擇與中國傳統文化精神在魯迅思想中的矛盾糾結。

# 五、情理的兩難選擇與啓蒙先驅的內心困惑
## ——魯迅散文詩《立論》評析

　　魯迅的小散文詩《立論》，作於 1925 年 7 月 8 日，最初與《頹敗線的顫動》一起發表在 1925 年 7 月 13 日的《語絲》第 35 期，後收入散文詩集《野草》。全文僅 200 餘字，抄錄於下：

立　論

　　我夢見自己正在小學校的講堂上預備作文，向老師請教立論的方法。

　　「難！」老師從眼鏡圈外斜射出眼光來，看著我，說。「我告訴你一件事——

　　「一家人家生了一個男孩，闔家高興透頂了。滿月的時候，抱出來給客人看，——大概自然是想得一點好兆頭。

　　「一個說：『這孩子將來要發財的。』他於是得到一番感謝。

　　「一個說：『這孩子將來要做官的。』他於是收回幾句恭維。

　　「一個說：『這孩子將來是要死的。』他於是得到一頓大家合力的痛打。

　　「說要死的必然，說富貴的許謊。但說謊的得好報，說必然的遭打。你……」

　　「我願意既不謊人，也不遭打。那麼，老師，我得怎麼說呢？」

　　「那麼，你得說：『啊呀！這孩子呵！您瞧！那麼……。阿唷！哈哈！Hehe！he，he he he he！』」

表面看來，這篇以詼諧幽默的筆調寫成的散文詩，與《野草》系列散文詩中的諸如《墓碣文》、《影的告別》、《希望》等沉鬱晦澀的篇什相比，顯得簡明輕鬆而愉快，似乎就是一個略帶諷刺意味的小寓言故事，但仔細品味，卻發現並不那樣簡單，在這一簡短的寓言故事裏，其實包蘊著作者人生選擇的無奈、苦澀與困惑。由此看來，《立論》決不是隨意寫就的遊戲之作，所以值得我們認真地解讀和體味。回顧和考察以往研究者們對《立論》的解讀和分析，主要有以下四種不同的觀點或看法。

一是認爲魯迅寫這篇散文詩是批判社會上的「今天天氣，哈哈哈……」的「騎牆派」、「隨風倒」或「持中」論者的人生哲學的。最早提出這種觀點的是魯迅的「舊日學生」荊有麟，他在《哈哈論的形成》一文中認爲魯迅寫《立論》是諷刺當時的京報記者王小隱的。1924 年暑假，陝西督軍劉振華代表西北大學邀請北平各大學教授及各報社記者到西北大學講學。魯迅先生應邀前往，同去的還有當時在清華大學國學研究院任教的人類學家李濟，在北京高等師範學校任教的歷史學家王桐齡和古文字學家胡小石，北京晨報記者孫伏園和京報記者王小隱等。據荊有麟記述，「據魯迅先生回來時形容，王小隱那次是穿的雙梁鞋——即鞋前面有兩條鼻梁。當時北京官場中人及遺老多穿此種鞋。——見人面，總是先拱手，然後便是哈哈哈。無論你講的是好或壞，美或醜，王君是絕不表示贊成或否定的，總是哈哈大笑混過去。魯迅先生當時說：『我想不到，世界上竟有以哈哈論過生活的人。他的哈哈是贊成，又是否定。似不贊成，也似不否定。讓同他講話的人，如在無人之境。』於是寫了那篇《立論》。」〔註 1〕此後的研究者多從此說，只不過把荊有麟所說批評諷刺的對象王小隱擴展提升爲社會現象或人生哲學。如李何林先生認爲：「《立論》抓住了生活中常見的現象，給以揭露和批判，到現在仍有現實意義。我們要說真話，說老實話，不能做『騎牆派』、『隨風倒』、『持中論』者，實際上也做不到。『今天天氣，哈哈哈』，也不是永遠有效的。魯迅批判了這些，也就是批判了折中、騎牆的中庸之道，抨擊了孔孟之道的虛僞的市儈人生哲學。」〔註 2〕孫玉石先生也認爲：「魯迅在這個普普通通的故事裏，

---

〔註 1〕 荊有麟：《哈哈論的形成》，見孫伏園、許欽文等著：《魯迅先生二三事——前期弟子憶魯迅》，河北教育出版社 2000 年 12 月版，第 245 頁。

〔註 2〕 李何林：《魯迅〈野草〉注釋》，見《李何林全集》第 2 卷，河北教育出版社 2003 年版，第 144～145 頁。

對現實鬥爭中那些『今天天氣，哈哈哈』的『騎牆派』或『持中』論者，進行了無情的嘲諷和鞭撻，同時也就批判了這種以謊言爲眞實的現象所寄生的罪惡社會現實。」〔註3〕

　　二是主張《立論》不是諷刺「哈哈主義」的，其主旨在批判當時那難於「立論」的社會，鼓勵人們爭取言論自由。認爲對於詩作中描寫的想要「立論」而不能「立論」，不得不以「阿唷！哈哈！Hehe！he，he he he he！」的「立論」方法來授人的人，「我們應該體諒他的苦衷，不該用『哈哈主義』、『騎牆』、『隨風倒』之類的話去批評他：因爲這樣的人究竟是誠實的，到底不願去趨奉富貴，他那從鼻子裏發出的、介於『哼』『哈』之間的『Hehe！he，he he he he！』的苦笑，是伴著淚水與憤激的痛苦痙攣。因此我以爲《立論》不是攻擊所謂『哈哈主義』的，它也不是繞開現實生活中的問題不關痛癢地批判什麼道家的或儒家的哲學；而是帶著切膚之痛，聲淚俱下地控訴著那個『難』於『立論』的社會。」「《立論》的攻擊的矛頭所向，也正是那個『世』（舊社會）。因爲《立論》是一首寓言詩，又因爲『那時難於直說』，所以意思表達得比較含蓄。如果把寄寓於其中的意思說得直白些，那麼就是鼓勵人們『努力爭取言論自由』。」〔註4〕認爲「在眾人皆濁、公理正義蕩然無存的環境裏，何『論』可『立』？」「散文詩中不光是庸常眾人，就連育人者和受教育者都必須放棄個人獨立思考，堅持眞理和說眞話的權利，都必須附會謬誤和謊言，並以此作爲暴虐社會和倒逆時代安身立命的根本。這是何等的可悲。經歷了文化大革命等災難的國人應更能深刻體會《立論》深邃的寓意和作者創作的初衷。」〔註5〕

　　三是指出對社會現象的嘲諷或批判是《立論》所具有的表層的含義，而詩作的深層意旨是對「詩與眞」的藝術問題的探討與思考。認爲「《立論》是魯迅關於『作文』和『立論』問題的一次深入討論，『立論的方法』不僅關乎寫作的方式、同時也關係到寫作的態度、立場和基本觀念。……《立論》是魯迅對於自己在寫作中的『說』與『不說』的根本性困境的剖露，更是他對於『說什麼』和『怎麼說』等重大問題的深入思考。」認爲「『說眞話』絕不

─────────────

〔註3〕孫玉石：《〈野草〉研究》，中國社會科學出版社1982年版，第92頁。
〔註4〕閔抗生：《地獄邊沿的小花──魯迅散文詩初探》，陝西人民出版社1981年版，第149～150頁。
〔註5〕李天明：《難以直說的苦衷──魯迅〈野草〉探秘》，人民文學出版社2000年版，第96～97頁。

是一種簡單機械的表態，而必須通過智慧的方式。更具體到文學性寫作——如散文詩而非雜文——當中，如何『文學』地『說真話』更是一個事關『詩與真』的重大的藝術問題。如何不『瞞』不『騙』，不說假話，同時又避免簡單機械地『說真話』的負面影響，這些都是魯迅在寫作中所面臨的困境。」認為魯迅在「『說』與『不說』，『說什麼』和『怎麼說』的『困境』中矛盾和痛苦著，找不到最佳的解決辦法。外部的言論控制的因素其實還在其次，問題的關鍵仍然在於作家自身。在『事實的真實』、『內心的真實』、『文學的真實』之間，存在著非常複雜的聯繫和差別。而今天，我們讀《野草》時能讀到的，不止是他的困境，更有他的探索，這是由多種的『真實』交錯呈現出來的一種極為特殊的真實。」〔註6〕

四是有人從婚戀情感視角來解讀詩作，認為這是魯迅和許廣平的愛情進入穩定階段，兩個人開始討論如何安排今後的生活時產生了分歧。魯迅可能會向許廣平描述愛情前途的悲劇性，而許廣平認為魯迅的預測太不近情理。「於是，魯迅發生了《立論》似的『說謊的得好報，說必然的遭打』的『小感想』……隨後又寫成了這篇寓言式散文詩。」認為魯迅當時「還沒有找到切實可行的他倆今後共同生活的方式，因此也還不知道如何立論。這篇寓言式散文詩，透露出來的信息是，魯迅在熱戀中對他倆愛情前途的憂慮，顯示了魯迅性格中總是正視現實的清醒。」〔註7〕

以上我們梳理並列舉了以往研究者們解讀《立論》的幾種有代表性的觀點。分析起來，認為詩作是批判社會上的「今天天氣，哈哈哈……」的「騎牆派」、「隨風倒」或「持中」論者的人生哲學的研究者居於多數，成為一種主流的觀點。確實，簡單地就這篇寓言故事的現實層面來看，諷刺社會上的「哈哈論」者是詩作的題中之義，這在邏輯上是講得通的。並且，這也與魯迅一貫堅持的「睜開眼看」，批判和諷刺「瞞和騙」的主張相符。如魯迅在《說鬍鬚》中就寫道：「凡對於以真話為笑話的，以笑話為真話的，以笑話為笑話的，只有一個方法：就是不說話。於是我從此不說話。然而，倘使在現在，我大約還要說：『嗡，嗡，……今天天氣多麼好呀？……那邊的村子叫什麼名

〔註6〕張潔宇：《獨醒者與他的燈——魯迅〈野草〉細讀與研究》，北京大學出版社2013年版，第248～250頁。

〔註7〕胡尹強：《魯迅：為愛情作證——破解〈野草〉世紀之謎》，東方出版社2004年版，第237～238頁。

字？……』因爲我實在比先前似乎油滑得多了，——好了。」〔註8〕在《論睜了眼看》中寫道：「必須敢於正視，這才可望敢想，敢說，敢做，敢當。倘使並正視而不敢，此外還能成什麼氣候。然而，不幸這一種勇氣，是我們中國人最所缺乏的。」「中國人的不敢正視各方面，用瞞和騙，造出奇妙的逃路來，而自以爲正路。在這路上，就證明著國民性的怯弱，懶惰，而又巧滑。一天一天的滿足著，即一天一天的墮落著，但卻又覺得日見其光榮。」〔註9〕所以，把《立論》放到魯迅國民性批判的序列中來，自然是合於情理的。但是，筆者認爲，這種解讀只是對《立論》的現象式或表層的理解，而沒有深入思考其蘊藏在表象背後的作者的深層的思想和情感。正如有研究者指出的：「《立論》若以單純批判『哈哈論』這類社會現象爲主題，則在『野草』系列中就顯得分量太輕也太表面化了。」〔註10〕而主張《立論》的主旨在批判當時那難於「立論」的社會的觀點雖然也說得過去，但又顯得過於寬泛，因缺乏有針對性的研究向度而使人覺得不夠深入。此外，有研究者提出《立論》的深層意旨是魯迅關於『作文』和『立論』，即「詩與眞」的藝術問題的深入討論與思考。這一觀點新警而頗具啓示意義。不過，文學作品，特別是詩這種特殊的文學樣式，其特點是抒情而並非說理，闡釋複雜的文藝理論問題需要理性的分析和邏輯的論證，一首小散文詩是難以承載這樣的任務和使命的。至於有研究者從婚戀情感視角解讀詩作，認爲表現的是魯迅還沒有找到切實可行的他和許廣平今後共同生活的方式，因此也還不知道如何立論的觀點，顯然只是一種牽強而無法論證的推測。

　　筆者認爲，詩作表面上是嘲諷社會上的「今天天氣，哈哈哈……」的社會現象和「持中」論者的人生哲學，而深層次上卻蘊含著魯迅這一啓蒙思想先驅在啓蒙中面臨的情與理兩難選擇的內心困惑。值得說明的是，這裡的「情」不是泛指佛家所謂六根不淨的七情六欲的「情」，而是特指倫理上的所謂「人情」「世情」；「理」則重在指眞理或眞相。這裡的「情」是溫情而有柔性的，而「理」卻是客觀而剛性的。中國號稱「禮儀之邦」，在長期的綱常倫理的教化下，重人情，講義氣已經形成一種社會文化。重親情可以重到「天下無不

---

〔註8〕魯迅：《魯迅全集》第一卷，人民文學出版社1981年版，第176頁。
〔註9〕魯迅：《魯迅全集》第一卷，人民文學出版社1981年版，第237～240頁。
〔註10〕張潔宇：《獨醒者與他的燈——魯迅〈野草〉細讀與研究》，北京大學出版社2013年版，第247頁。

是底父母」，重義氣可以重到劉、關、張桃園結義，一個頭磕在地上，此後統軍治國全用「義」字當先的江湖倫理。可見，講人情，要面子已經是中國人普遍的人生準則或處事哲學。所以，對國人來說，探求真理或真相的「理」與人情面子的「情」相比，可謂無足輕重。魯迅等啟蒙思想先驅者們在這樣的國情語境中進行以傳播真理為鵠的的思想啟蒙，必然深陷「情」與「理」矛盾對立的困境之中。對此，魯迅是有深刻的體驗的。他在《吶喊•自序》中所表達的是讓「鐵屋子」中的人們不知不覺地「從昏睡入死滅」，還是喚醒他們「來受無可挽救的臨終的苦楚」的疑問與困惑，實際就是一種「情」與「理」的選擇與困惑。

其實魯迅的作品，如果我們不是簡單地以階級分析的方法和思維定式來看問題，而是把其還原到啟蒙的歷史語境中去仔細體味的話，就會發現其中許多描寫是隱含著「情」與「理」對立的含義的。如《祝福》，以前人們用社會分析的方法簡單地把魯四老爺看成殺害祥林嫂的劊子手，其實從小說描寫的內容情節看，魯四老爺一家對祥林嫂從沒有打罵或虐待，而是頗為寬容和照顧的。祥林嫂自己在魯家也是感到了安穩和滿足。至於祭祀時魯四老爺讓四嬸委婉地勸祥林嫂不要動供品，則完全是出於對祖先虔敬的一種約定俗成的「情」。這種「情」當然與封建禮教「吃人」這一清楚的「理」是對立的，但是，這種「情」又是可以叫人理解的人之常情。同樣，《孤獨者》中的魏連殳的「特立獨行」循的是改造社會的「理」，而人們包括他家族的人甚至他所特別關愛的孩子都把他看成「異類」，遵的是人情世故的「情」。這種「人情」「世情」的「情」是很難改變的。這也是在中國，啟蒙不是振臂一呼就能應者雲集的重要原因。

《狂人日記》中「狂人」看出封建禮教的仁義道德的實質是「吃人」——對人的精神的戕害和虐殺，按這一思路推斷，就連自己的哥哥和母親都曾經「吃人」，這就是令人不寒而慄的赤裸裸的真相，這就是「理」，而另一方面，「狂人」的母親、哥哥把他看為一個精神出了問題的病人，為其延醫治病，百般安慰與呵護，這就是人倫親情的「情」。而作品中「狂人」的反抗就表現為「情」與「理」的對立與衝突。這就是「愛我者的『愛』，也會成為叛逆的猛士心理上的沉重負擔。……親屬關係，以及與之密切相關的朋友等人倫關係，對中國人的思想、性格、心理有著特殊的意義。中國的一切改革者，一切『叛逆的猛士』，都必須過『家庭關』、『親友關』，這幾乎是一個

規律。」〔註11〕這裡「愛我者的『愛』」就是「情」，而作者要揭破舊禮教文化的眞相，實現由「立人」而「立國」的啓蒙理想就是「理」，實際上，魯迅在揭露批判封建禮教文化和與社會上的舊習慣勢力鬥爭中，內心一直充滿或說體驗著這種「情」與「理」的衝突與對抗。比如《過客》中小女孩送「過客」水和裹傷的布，這種憐憫、同情和布施使過客對女孩很感激，這自然表現的是「情」，但「過客」馬上又意識到，接受同情與布施會給自己形成心理的負擔，所以他說「這背在身上，怎麼走呢？」並且，他認爲感激是跌進了奴隸道德的陷阱，這是他所堅持的「理」。所以他說：「倘使我得到了誰的布施，我就要像兀鷹看見死屍一樣，在四近徘徊，祝願她的滅亡，給我親自看見；或者詛詛她以外的一切全都滅亡，連我自己，因爲我就應該得到詛詛。」按他所堅持的「理」，憐憫、布施，感激和愛都是奴隸道德，誰對自己實施憐憫和布施就是對自己人格的莫大侮辱，而自己如果接受了別人的憐憫和布施也就是認同了奴隸道德，接受了侮辱。所以他說如果接受了誰的布施，就要祝願她的滅亡，並且詛咒自己也要滅亡。而按人之常情的「情」，讓對自己施以同情和幫助的人全都滅亡，這簡直不可理喻。所以他轉而又說「但是我還沒有這樣的力量；即使有這力量，我也不願意她有這樣的境遇，因爲她們大概總不願意有這樣的境遇。」這就是「情」與「理」在魯迅內心中的激烈衝突與碰撞。魯迅在寫給趙其文的信中談「過客」時說：「無非說凡有富於感激的人，即容易受別人的牽連，不能超然獨往。我有時很想冒險，破壞，幾乎忍不住，而我有一個母親，還有些愛我，願我平安，我因爲感激她的愛，只能不照自己願意做的做，而在北京尋一點糊口的小生計，度灰色的生涯。因爲感激別人，就不能不慰安別人，也往往犧牲了自己──至少是一部分。反抗，每容易蹉跎在『愛』──感激也在內──裏，所以那過客得了小女孩的一片破布的布施也幾乎不能前進了。」〔註12〕這可以說是魯迅內心「情」與「理」矛盾交織的眞實吐露。

　　前面我們說過，魯迅是主張睜開眼看而反對「瞞」和「騙」的，但有時卻又甘願受一點溫馨的哄騙。他在《朝花夕拾・小引》中說：「我有一時，曾經屢次憶起兒時在故鄉所吃的蔬果：菱角，羅漢豆，茭白，香瓜。凡這些，都是極其鮮美可口的；都曾是使我思鄉的蠱惑。後來，我在久別之後嘗到了，也不

〔註11〕錢理群：《心靈的探尋》，河北教育出版社 2000 年版，第 100 頁。
〔註12〕魯迅：《魯迅全集》第 11 卷，人民文學出版社 1981 年版，第 442 頁。

過如此；惟獨在記憶上，還有舊來的意味留存。他們也許要哄騙我一生，使我也時時反顧。」〔註13〕魯迅有時甚至自己也要用點「瞞」和「騙」。他在《我要騙人》一文中說：「爲了希求心的暫時的平安，作爲窮餘的一策，我近來發明了別樣的方法了，這就是騙人。」於是魯迅記述了一件事：在紛亂的上海的一個冬天的早晨，魯迅遇見了一個在爲遭受水災的民衆募集捐款的十幾歲的女學生，魯迅沒有帶零錢，但又不忍讓小女孩失望，就帶她進了電影院，買過門票之後，付給她一塊錢。於是小女孩非常高興，稱讚魯迅是「好人」。魯迅明知這些捐款是到不了災民的手中的，但他爲了不使小女孩失望，還是捐款了。魯迅寫道：「中國有著叫作『水利局』的機關，每年從人民收著稅錢，在辦事。但反而出了這樣的大水了。我又知道，有一個團體演了戲來籌錢，因爲後來只有二十幾元，衙門就發怒不肯要。連被水災所害的難民成群的跑到安全之處來，說是有害治安，就用機關槍去掃射的話也都聽到過。……然而孩子們不知道，還在拚命的替死人募集生活費，募不到，就失望，募到手，就喜歡。而其實，一塊來錢，是連給水利局的老爺買一天的煙捲也不夠的。我明明知道著，卻好像也相信款子眞會到災民的手裏似的，付了一塊錢。實則不過買了這天眞爛漫的孩子的歡喜罷了。」此後魯迅假設說：「倘使我那八十歲的母親，問我天國是否眞有，我大約是會毫不躊躇，答道眞有的罷。然而這一天的後來的心情卻不舒服。好像是又以爲孩子和老人不同，騙她是不應該似的，想寫一封公開信，說明自己的本心，去消釋誤解，但又想到橫豎沒有發表之處，於是中止了，時候已是夜裏十二點鐘。」〔註14〕這裡，魯迅爲了不使孩子和老母感到失望遭到打擊而隱瞞了眞相的「理」，選擇了「謊言」的「情」。其實，這樣一個「情」與「理」矛盾碰撞交織的魯迅，才是一個眞實的活生生的魯迅。

我們以上從「情」與「理」衝突對立的思路來分析和解讀散文詩《立論》，問題就可以迎刃而解了。一家人家生了個大胖小子，高高興興地過滿月。大家來祝賀，說一番這孩子有出息，將來要發財要做官之類祝福的話。主人於是高高興興地對客人表示感謝。這是人之常情的「情」，而說「這孩子將來是要死的」，這雖然是必然的「理」，但卻因不合情理而惹得人們不高興遭到痛打。這正是魯迅這一啓蒙思想先驅在思想啓蒙中體驗到的「情」與「理」的兩難選擇的內心困惑的形象化表述。

〔註13〕魯迅：《魯迅全集》第 2 卷，人民文學出版社 1981 年版，第 229～230 頁。
〔註14〕魯迅：《魯迅全集》第 6 卷，人民文學出版社 1981 年版，第 503～506 頁。

# 六、奴性的批判與啓蒙的反思——
## 魯迅散文詩《聰明人和傻子和奴才》解讀

　　魯迅散文詩《聰明人和傻子和奴才》，作於 1925 年 12 月 26 日，最初發表於 1926 年 1 月 4 日的《語絲》周刊第 60 期，後收入散文詩集《野草》。

　　本篇散文詩在寫法上既沒有用晦澀奇崛的語言，也沒有描繪怪誕離奇的夢境，而是以平實而略帶詼諧的小說式筆調敘寫了一個含蘊象徵意義的寓言故事，刻畫出具有高度概括性和典型性的三個不同類型的人物形象，即奴才、聰明人和傻子。飽受主人欺壓和虐待的奴才心裏也有委屈和不平，但他唯一想做的而又能做的事就是尋人訴苦。以博得些微的同情與安慰。他涕泗交流悲悲切切地向一個聰明人訴說自己在主人家挨打受氣豬狗不如的悲慘生活。聰明人慘然地對他表示同情，並安慰他說「我想，你總會好起來……。」於是，他感到了滿足，並認爲是「天理沒有滅絕……。」不幾日，他又向一個傻子去訴苦。訴說他住的簡直比豬窩還不如。一間破小屋，又濕，又陰，滿是臭蟲。穢氣衝著鼻子，四面又沒有一個窗子。傻子開始止不住罵道：「混帳！」「你不會要你的主人開一個窗的麼？」隨即傻子到了奴才的屋外，動手就砸那泥牆，要打開一個窗洞來。而這時的奴才卻驚懼地大聲哭喊：「人來呀！強盜在毀咱們的屋子了！快來呀！遲一點可要打出窟窿來了！」於是一群奴才都出來將傻子趕走了。事後奴才恭敬而得勝地向主人表功說是他帶頭把強盜趕走的。得到了主人的誇獎。於是奴才很是高興，感到大有希望。

　　以往研究者多以政治或革命的視角，從分析詩作所刻畫的三個人物入手，認爲作者是藉此批判社會上虛僞的慈善家和奴才主義哲學，讚頌勇於改

革的實幹家「傻子」。如馮雪峰先生說：「作者揭露了『聰明人』的欺騙性和『奴才』的奴才性，以辛辣的諷刺否定了他們，同時肯定了一個同他們相對立的、能夠打破傳統思想和保守勢力的眞實的改革者『傻子』，這是這篇作品的戰鬥性所在。」〔註1〕孫玉石先生認爲：「魯迅辛辣地剝落了聰明人的僞善和欺騙，歌頌了傻子的執著和反抗，而對奴才的馴服和麻木給予了無情的嘲諷和鞭撻。」〔註2〕閔抗生先生表示：「這篇作品用寓言詩的形式諷刺了奴才主義和統治階級的『聰明的』幫兇，讚揚了說幹就幹的『傻子』。」〔註3〕

　　這些研究者研究的重點是對詩作塑造的三個人物形象的解讀與分析。對其中的聰明人和奴才他們是否定的。認爲聰明人是虛僞的，是統治階級的幫兇。如馮雪峰先生說：「《聰明人和傻子和奴才》中的『聰明人』和『奴才』，在當時社會上都是有典型意義的人物，而且他們都是反改革的社會勢力。『奴才』是所謂『奴才性』的概括的形象。『聰明人』其實也是一種奴才，不過是高等的奴才；他很聰明，知道迎合世故和社會的落後性，以局外人或『主子』的鄰居的姿態替『主子』宣傳奴才主義哲學，所以也是一種做得很漂亮的走狗。」〔註4〕有的研究者在否定聰明人時甚至還和現實中的一些人對號入座。如李何林先生認爲詩作中的聰明人的言行「集中而且突出地表現了這種假慈善家、主人的幫兇、山羊、叭兒狗的典型思想。這種思想到1930年的『聰明人』梁實秋也一樣有，雖然說法不同。他說：『一個無產者，假如他是有出息的，只有辛辛苦苦誠誠實實的工作一生，多少必定可以得到相當的資產。這才是正當的生活鬥爭的手段。』……所以，作爲幫兇的聰明人的思想，是他的主人（老天爺、資本家）的思想；這種地主資產階級的統治思想，傳染給了人民，叫人民『辛辛苦苦』地做犧牲，安於做奴才。」〔註5〕閔抗生先生也把聰明人看成是「往來主奴之界」的幫閒和幫兇。並且把其對奴才的「你總會好起來」的安慰

〔註1〕馮雪峰：《論〈野草〉》，見《馮雪峰憶魯迅》，河北教育出版社2001年版，第163～164頁。

〔註2〕孫玉石：《〈野草〉研究》，中國社會科學出版社1982年版，第95頁。

〔註3〕閔抗生：《地獄邊沿的小花──魯迅散文詩初探》，陝西人民出版社1981年版，第168頁。

〔註4〕馮雪峰：《論〈野草〉》，見《馮雪峰憶魯迅》，河北教育出版社2001年版，第163～164頁。

〔註5〕李何林：《魯迅〈野草〉注釋》，見《李何林全集》第2卷，河北教育出版社2003年版，第159頁。

與胡適關於「征服中國民族的心」使其不再抵抗的「條陳」掛鉤。〔註6〕

從政治或革命視角解讀作品的研究者們對奴才這一形象均持否定和批判的態度，不過有的認爲奴才是不覺悟的受害者，是「受了地主資產階級的奴才思想的毒害，一個不覺悟的被壓迫者的形象。……作者是恨他不覺悟，懷著『哀』『怒』的心情，採用幽默的筆調，給予諷刺的。」〔註7〕有的認爲奴才是剝削階級的爪牙和幫兇，認爲「剝削階級爲了維護它的剝削和統治，必須從它的剝削所得中分一杯羹來餵養它的警犬、獵犬、鬥犬、叭兒；惡奴、丁勇……。奴才們雖然有著等第的差別，如詩中那個『奴才』在還未得意時說的那樣：『他（主人）對他的叭兒狗還要好到幾萬倍』，但作爲統治群眾的『王之爪牙』或『智囊』的奴才，是剝削階級的『寵兒』。……詩裏的『奴才』在又哭又喊，率領一群奴才趕走了『傻子』之後，不是受到了『主人』的誇獎，因而『大有希望』了嗎？」〔註8〕有的則著重對其奴才思想的批判，認爲詩作中的奴才「是一個集中了全部奴才思想的一個精神典型。在他的身上概括了古今中外一切處於悲慘命運而又安於悲慘地位的奴才思想的普遍特徵。」〔註9〕

詩作中要爲奴才們開一個窗而被奴才們趕走的傻子，被從政治或革命視角解讀作品的研究者們看爲社會的改革者、舊時代的叛逆者或激進的小資產階級知識分子，在讚揚其反抗精神的同時，又以革命的政治標準批評其脫離群眾孤身奮戰的思想弱點。如馮雪峰先生說：「這個『傻子』的形象，也可以說就是對於『抗世違世情』（作者自題《吶喊》詩中的話）的作者自己的一種描寫；但當然，這形象的概括性是很大的。不過，這篇作品也反映了許多小資產階級激進派分子常常會有的那種『憤激』的情緒和有時孤立在群眾之上的傾向。」〔註10〕李何林先生認爲傻子「是一個激進的小資產階級知識分子的形象，他熱情而勇敢地要給被壓迫的奴才的悲慘生活『打開一個窗洞來』。由於他脫離群眾，未深入於奴才之中，而在他們之外，赤膊上陣，孤軍作戰，

---

〔註6〕 閔抗生：《地獄邊沿的小花——魯迅散文詩初探》，陝西人民出版社1981年版，第174頁。

〔註7〕 李何林：《魯迅〈野草〉注釋》，見《李何林全集》第2卷，河北教育出版社2003年版，第160頁。

〔註8〕 閔抗生：《地獄邊沿的小花——魯迅散文詩初探》，陝西人民出版社1981年版，第168～169頁。

〔註9〕 孫玉石：《〈野草〉研究》，中國社會科學出版社1982年版，第95頁。

〔註10〕 馮雪峰：《論〈野草〉》，見《馮雪峰憶魯迅》，河北教育出版社2001年版，第164頁。

當然要失敗了。」〔註11〕孫玉石先生認爲：「那個正直而倔強的傻子，則是革命叛逆者的象徵。他有敢於『毀壞鐵屋子』的鬥爭性格，又帶有孤身奮戰的思想弱點。」〔註12〕

以上研究者們在解讀作品時的一個共同特點就是偏離了五四啓蒙的具體語境，而把作者及作品放到革命的語境中並以革命的政治標準來分析和解讀，由此，具有人道主義精神的「聰明人」被視爲虛僞的慈善家、高等的奴才、山羊、叭兒狗、統治階級的幫兇，甚至把梁實秋、胡適這些自由主義知識分子與「聰明人」綁在一起進行批判。在對「奴才」的解讀與批判時，有的研究者不考慮五四啓蒙語境下啓蒙思想先驅對中國幾千年在專制暴力統治下形成的奴隸道德和奴才根性的揭露與批判，而用階級分析的思路上綱上線，認爲奴才是剝削階級的爪牙和幫兇。在分析「傻子」形象時，不考慮當時的啓蒙思想家在實際啓蒙中所體驗到的與啓蒙對象之間的隔閡與對立及由此產生的「哀其不幸，怒其不爭」的無奈與憤激的情緒，而是以革命的政治標準批評指責「傻子」脫離群眾，赤膊上陣，孤身奮戰的思想弱點。這種帶有強烈時代色彩的政治化解讀，難免與作品所產生的啓蒙語境有脫節之嫌。

除以上對詩作的大同小異的政治化解讀之外，胡尹強先生從婚戀情感的角度對詩作進行了「另類」的解讀。胡先生是《野草》研究者中唯一一個執著地認爲《野草》的每一篇詩作都是作者與許廣平和朱安之間婚戀糾葛和情感的記錄。（李天明先生也從情愛與道德責任的兩難選擇的角度來解讀《野草》，但他不認爲《野草》中的所有詩作都表現了這方面的內容。所以他同時還從社會政治批評及自我、人生和個人意志的哲學思考等不同的視角來解讀不同的詩作。）胡尹強先生認爲《聰明人和傻子和奴才》「這則寓言的寓意，首先是喻指詩人和許廣平的愛情的。」胡先生煞費苦心的把這個寓言演繹爲一個第三者插足的婚外戀故事。他大膽地假設詩作中的「奴才」就是魯迅自己，魯迅因爲婚姻的不幸而到處尋人訴苦。「聰明人」則喻指同情魯迅的婚姻處境，也反對封建婚姻制度，卻又以爲魯迅這一輩子只能這樣生活下去的魯迅的朋友們，他們是實際上的封建婚姻的維護者。」「傻子」則喻指許廣平。「傻子」聽了「奴才」的訴苦，不僅同情他的婚姻處境，而且還愛上了他。

〔註11〕李何林：《魯迅〈野草〉注釋》，見《李何林全集》第 2 卷，河北教育出版社 2003 年版，第 160 頁。

〔註12〕孫玉石：《〈野草〉研究》，中國社會科學出版社 1982 年版，第 95 頁。

爲「奴才」所住的又濕又陰又穢氣沖鼻的小屋子砸開一個窗洞，則喻指要給
予「奴才」婚外情。而主人則喻指封建婚姻制度、婚姻道德。「一群奴才」喻
指的是封建婚姻的維護者們。總之，按照胡先生的解讀，許廣平是不顧一切
要打破舊婚姻道德的束縛主動追求魯迅的「傻子」，而魯迅則是顧忌舊婚姻道
德害怕發生婚外戀而叫來封建婚姻的維護者們把許廣平趕走了還向「主人」
表功的「奴才」。是「既然屈服了，就把發生婚外戀的『過錯』全推諉給她——
——傻子身上，幫助維護冰谷純淨的人們，把傻子——給了他眞誠的愛的她，
趕了出去，並且藉此保全了自己恪守奴隸的婚姻道德的名聲。」〔註13〕胡先
生有令人驚異的「大膽地假設」，但卻無法做到「小心地求證」。我們說，《野
草》中的個別詩作可能包蘊著詩人婚戀的私密情感，如《臘葉》和《死火》。
但絕大多數詩作表現的是魯迅這一啓蒙思想先驅在實際啓蒙中的心態、體驗
與情感，如果每篇詩作都從戀愛心理的層面去解讀，則無疑是鑽進了弗洛伊
德「力比多」理論的牛角尖。比如胡先生在解讀詩作時，把每天只是也只能
尋人訴苦，在「傻子」要爲他的屋子打出一個窗時他哭嚷著阻止，在地上團
團地打滾的令人厭惡和鄙夷的「奴才」解讀爲魯迅自己，並猜測魯迅爲了保
全了自己恪守奴隸的婚姻道德的名聲而主動喊來其它的「奴才」——封建婚
姻的維護者們把大膽地給他帶來愛情的許廣平趕走，以把發生婚外戀的『過
錯』全推諉給許廣平。把魯迅想像得如此自私、陰暗和卑劣，用一句魯迅這
是勇於自我解剖是不足以說明問題的。因爲魯迅再怎麼嚴於解剖自己也是不
會如此作踐自己，把自己看爲自己一生最爲厭惡的奴才的。並且，就魯迅與
許廣平的眞實的戀情來看，雖然一開始許廣平表現得更爲主動，魯迅雖然有
來自自我良心和家庭責任與義務的道德的壓力，也有來自社會公眾輿論的壓
力，但他還是毅然地宣佈「我可以愛」。他在給許廣平的信中說：「看見我有
女生在坐，他們便造流言。這些流言，無論事之有無，他們是在所必造的，
除非我和女人不見面。他們貌作新思想，其實都是暴君酷吏，偵探，小人。
倘使顧忌他們，他們更要得步進步。我蔑視他們了。我有時自己慚愧，怕不
配愛那一個人；但看看他們的言行思想，便覺得我也並不算壞人，我可以
愛。……黃堅從北京接家眷來此，又將這流言帶到廈門，爲攻擊我起見，廣
布於人，說我之不肯留，乃爲月亮不在之故。……況且如果是『夜』，當然要

---

〔註13〕 胡尹強：《魯迅：爲愛情作證——破解〈野草〉世紀之謎》，東方出版社 2004
　　　　 年版，第 266～270 頁。

有月亮，倘以此爲錯，是逆天而行也。」〔註14〕在他應聘中山大學並也叫許廣平到中山大學作助教時，許廣平擔心人們會說閒話，魯迅寫信給許廣平說：「我想同在一校無妨，偏要同在一校，管他媽的。」〔註15〕可見魯迅是敢作敢爲敢於負責的，而決不是瞻前顧後、畏首畏尾，只顧保護自己而把責任和罵名推給對方的那種人。所以胡尹強先生對《聰明人和傻子和奴才》的解讀是難以令人信服的猜測。

此外，張潔宇女士在解讀詩作中的「聰明人」與「傻子」時，與魯迅這時期翻譯的廚川白村的《出了象牙之塔》中所論的「聰明人」和「呆子」相比照，指出「魯迅與廚川白村在這種類似於『國民性批判』的社會批判和文明批判的方式上，一直就是同道。翻譯本身，也是借他人酒杯澆自己的塊壘。」〔註16〕這種比較研究對理解魯迅創作這篇作品的意圖與理解詩作中的「聰明人」和「傻子」有所助益。而在對詩作的主題的解讀上，張女士聯繫魯迅同一時期的散文詩《這樣的戰士》，雜文《這個與那個》和《論「費厄潑賴」應該緩行》等來解讀，認爲詩作「是魯迅對於現實中的反抗鬥爭的一種深刻的總結與思考——既是鬥爭精神方面的總結，也是鬥爭策略和經驗方面的思考。」〔註17〕認爲詩作「深刻而清醒地表達了他的一種期待，那是對於眞正的『戰士』——而絕不僅僅是簡單粗暴的『傻子』——的殷殷期待。」〔註18〕這種解讀，是對以往從政治與革命的視角解讀作品的研究者在分析「傻子」形象時，認爲詩作表現出小資產階級知識分子的憤激情緒和孤身奮戰的思想弱點這一觀點，進行的換角度思考或糾偏。可惜作者介紹作品較多，而邏輯的理論論證沒有展開和深入。

筆者認爲，對《野草》系列散文詩的解讀，不能偏離五四啓蒙的具體語境。既不能以普通的日常生活的敘事模式來矮化魯迅，也不能以政治革命的思維模式和評價標準來拔高或批評魯迅。當時的魯迅，既不是只沉溺於個人婚戀情感中不問世事的庸人，也不是投身革命的政治家或革命者，而是一個

〔註14〕魯迅：《魯迅致許廣平書簡》，河北教育出版社1988年版，第173～174頁。
〔註15〕魯迅：《魯迅致許廣平書簡》，河北教育出版社1988年版，第166頁。
〔註16〕張潔宇：《獨醒者與他的燈——魯迅〈野草〉細讀與研究》，北京大學出版社2013年版，第282頁。
〔註17〕張潔宇：《獨醒者與他的燈——魯迅〈野草〉細讀與研究》，北京大學出版社2013年版，第278頁。
〔註18〕張潔宇：《獨醒者與他的燈——魯迅〈野草〉細讀與研究》，北京大學出版社2013年版，第288頁。

具有強烈的歷史使命感和社會責任感的激進的啓蒙主義思想家和文學家。所以他當時最主要的工作，就是以文藝爲手段來啓蒙大眾。具體來說，就是致力於對幾千年來形成的束縛、麻痺和毒害人們精神的舊傳統禮教文化，對中國人在長期的專制暴力壓迫和封建文化教育下形成的國民性痼疾進行揭露和批判。諸如：《狂人日記》，首先揭出封建禮教「吃人」的本質，發出「救救孩子」的呼聲；《阿 Q 正傳》，集中批判了中國人身上的落後的國民性弱點；《春末閒談》，批判封建統治者的愚民政策；《我之節烈觀》，揭露封建倫理道德所宣揚的「節烈」的野蠻和殘酷。等等，等等。可以說，啓蒙，是魯迅這一時期作品的總主題。而對傳統的奴隸道德和國民的奴性痼疾的批判，是啓蒙主題的一個非常重要的方面。《聰明人和傻子和奴才》的主旨就是對奴性的批判和對啓蒙的反思。

奴性這一在專制暴力的打壓與封建禮教奴隸道德教化共同作用下形成的精神性格，其根本特徵就是泯滅個人意志，只知馴順服從，把服侍主子作爲自己的義務甚至是美德。近代以來致力於社會改革的知識精英，無不把國人的這種奴性看成阻礙社會發展進步的頑疾。如梁啓超把這種奴性看爲一種「劣下之根性」。他說「我國民不自樹立，柔媚無骨，惟奉一庇人宇下之主義。暴君污吏之壓制也服從之，他族異種之羈軛也亦服從之。但得一人之母我，則不惜爲之子；但得一人之主我，則不憚爲之奴。……品格之污下賤辱，至此極矣。」〔註 19〕嚴復認爲：「蓋自秦以降，爲治雖有寬苛之異，而大抵皆以奴虜待吾民。……夫上既以奴虜待民，則民亦以奴虜自待。」〔註 20〕陳獨秀認爲：「蓋中國人性質，只爭生死，不爭榮辱，但求偷生苟活於世上，滅國爲奴皆甘心受之。外國人性質，只爭榮辱，不爭生死，寧爲國民而死，不爲奴隸而生。」〔註 21〕他在《新青年》發刊詞《敬告青年》中，號召青年脫離奴隸道德而樹立個人獨立平等之人格。他說：「等一人也，各有自主之權，絕無奴隸他人之權利，亦絕無以奴自處之義務。……我有手足，自謀溫飽；我有口舌，自陳好惡；我有心思，自崇所信；絕不認他人之越俎，亦不應主我而奴他人；蓋自認爲獨立自主之人格以上，一切操行，一切權利，一切信仰，唯

〔註 19〕　梁啓超：《論中國國民之性格》，《梁啓超全集》第二冊，北京出版社 1999 年出版，第 1078 頁。

〔註 20〕　嚴復：《原強》，《嚴復文選》，百花文藝出版社 2006 年出版，第 29 頁。

〔註 21〕　安慶市歷史學會，安慶市圖書館編：《陳獨秀研究參考資料第 1 輯》，安慶市歷史學會，安慶市圖書編印 1981 年版，第 183 頁。

有聽命各自固有之智慧，斷無盲從隸屬他人之理。非然者，忠孝節義，奴隸之道德也（德國大哲尼采〔Nietzsche〕別道德爲二類：有獨立心而勇敢者曰貴族道德〔Morality of Noble〕，謙遜而服從者曰奴隸道德〔Morality of Slave〕）；輕刑薄賦，奴隸之幸福也；稱頌功德，奴隸之文章也；拜爵賜第，奴隸之光榮也；豐碑高墓，奴隸之紀念物也；以其是非榮辱，聽命他人，不以自身爲本位，則個人獨立平等之人格，消滅無存，其一切善惡行爲，勢不能訴之自身意志而課以功過；謂之奴隸。」〔註22〕

　　魯迅對舊的奴隸道德和落後的國民性中的奴性可謂是痛心疾首，他說：「馴良之類並不是惡德。但發展開去，對一切事無不馴良，卻決不是美德，也許簡直是沒出息。」〔註23〕「野牛成爲家牛，野豬成爲豬，狼成爲狗，野性是消失了，但只足使牧人喜歡，於本身並無好處。」〔註24〕他把奴隸和奴才做了嚴格的區分。認爲奴隸是處於奴隸地位但不甘於做奴隸而心存反抗者，而奴才卻是甘於爲奴甚至還沾沾自喜者。他說：「自己明知道是奴隸，打熬著，並且不平著，掙扎著，一面『意圖』掙脫以至實行掙脫的，即使暫時失敗，還是套上了鐐銬罷，他卻不過是單單的奴隸。如果從奴隸生活中尋出『美』來，讚歎，撫摩，陶醉，那可簡直是萬劫不復的奴才了，他使自己和別人永遠安住於這生活。」〔註25〕魯迅認爲奴性之形成是中國長期專制暴力統治的結果。在與《聰明人和傻子和奴才》寫於同一年的《燈下漫筆》中他分析說：「假如有一種暴力，『將人不當人』，不但不當人，還不及牛馬，不算什麼東西；待到人們羨慕牛馬，發生『亂離人，不及太平犬』的歎息的時候，然後給與他略等於牛馬的價格，有如元朝定律，打死別人的奴隸，賠一頭牛，則人們便要心悅誠服，恭頌太平的盛世。爲什麼呢？因爲他雖不算人，究竟已等於牛馬了。……中國人向來就沒有爭到過『人』的價格，至多不過是奴隸，到現在還如此，然而下於奴隸的時候，卻是數見不鮮的。……這時候，百姓就希望有一個一定的主子，拿他們去做百姓，──不敢，是拿他們去做牛馬，情願自己尋草吃，只求他決定他們怎樣跑。……假使眞有誰能夠替他們決定，定下什麼奴隸規則來，自然就『皇恩浩蕩』了。」〔註26〕正是在這

〔註22〕陳獨秀：《敬告青年》，載《青年雜誌》創刊號，1915年9月15日。
〔註23〕魯迅：《魯迅全集》第6卷，人民文學出版社1981年版，第81頁。
〔註24〕魯迅：《魯迅全集》第3卷，人民文學出版社1981年版，第414頁。
〔註25〕魯迅：《魯迅全集》第4卷，人民文學出版社1981年版，第456頁。
〔註26〕魯迅：《魯迅全集》第1卷，人民文化出版社1981年版，第211～212頁。

種長期「將人不當人」的專制暴力下，使老百姓接受而且希望定下一套奴隸規則，以叫他們能夠暫時做穩了奴隸。這就是爲什麼國人「縱爲奴隸，也處之泰然。」〔註 27〕由此形成了奴隸道德和奴才主義。在魯迅看來，這種奴性如果不徹底剷除掉，則社會無論發生什麼樣的變革，也還是換湯不換藥。如阿 Q 暢想他革命成功後的圖景就是先用暴力殺掉小 D、趙太爺、王胡等一切不順從他的人，然後就是役使人給他搶財產和女人。幻想自己做奴隸主，別人都成爲他的奴隸。也就是說，即使這樣的革命成功，也不過阿 Q 和趙太爺的位置互換，而奴隸規則卻不會有多少改變。魯迅說：「奴才做了主人，是決不肯廢去『老爺』的稱呼的，他的擺架子，恐怕比他的主人還十足，還可笑。這正如上海的工人賺了幾文錢，開起小小的工廠來，對付工人反而凶到絕頂一樣。」〔註 28〕正是出於對奴性的批判和有感於改變根深蒂固之奴性的困難，魯迅創作了這篇《聰明人和傻子和奴才》。

詩作中寫到了四個人物，即聰明人、主人、奴才和傻子，但作者濃墨重彩突出刻畫的是奴才的形象，其它人物只起陪襯作用，或說其它人物的出場是爲了讓奴才從不同的側面展示其奴性。詩作的第一句話就簡潔明瞭地勾畫出奴才的主要精神面貌和性格特徵。「奴才總不過是尋人訴苦。只要這樣，也只能這樣。」他涕泗交流地向聰明人訴說他不幸而悲苦的生活，得到聰明人的同情和安慰。於是他感到了滿足和慰安。因爲他根本不敢也不想觸犯主人改變現實，他只是尋人訴苦，求取同情、憐憫和安慰，從而得到心理平衡而已。他找到傻子訴苦，受到傻子的大聲呵斥，並且傻子真的動手要給他的又黑又暗的小屋砸開一個窗來，這卻使奴才萬分驚恐。認爲「這不行！主人要罵的！」並且哭嚷著，在地上團團地打滾。招呼其它奴才一起把傻子趕走了。還向主人表功說是他帶頭把強盜趕走的。得到主人的誇獎還興高采烈地向人炫耀。其奴才根性和奴才嘴臉被刻畫得惟妙惟肖。

詩作中的聰明人可以看爲有人道主義思想和同情心的知識分子，他雖然只能給奴才以空洞的安慰而缺乏實際行動的勇氣和力量，但也不必就把其看成主人的幫兇，奴才或叭兒狗。從啓蒙的角度來看，傻子無疑是帶有魯迅的個性或身影的啓蒙者形象，而奴才自然是最主要的被啓蒙的對象。就詩作的內容來看，一意幫助奴才的傻子卻被奴才們趕走了，表明啓蒙者與被啓蒙者

---

〔註 27〕魯迅：《魯迅全集》第 3 卷，人民文學出版社 1981 年版，第 26 頁。
〔註 28〕魯迅：《魯迅全集》第 4 卷，人民文學出版社 1981 年版，第 302 頁。

存在著嚴重的隔閡與緊張的對立。表現這種隔閡與對立其實是魯迅本時期作品一個普遍的敘事模式。如《狂人日記》中的「狂人」與周圍人的隔閡與對立，《長明燈》中的「瘋子」與吉光屯村民的隔閡與對立，《孤獨者》中的魏連殳與鄉親族人的隔閡與對立，《藥》中的革命者夏瑜與她啓蒙的民眾、獄卒之間的隔閡與對立，《復仇（其二）》中耶穌基督與他要啓蒙拯救的同胞們的隔閡與對立等等。其實，這正是魯迅這一啓蒙思想先驅在現實的啓蒙中眞實的心理體驗與對啓蒙產生的困惑、反思與質疑。魯迅深刻地認識到啓蒙絕不是可以一蹴而就的事情，啓蒙者也絕不是人們眼中振臂一呼，應者雲集的受人們尊崇的英雄，反而往往是被人們誤解，蒙受冤屈與羞辱，充滿孤獨與寂寞，忍受悲憤與痛苦的失敗者。就像詩作中的「傻子」一樣。

總之，像本時期魯迅的小說、雜文等作品一樣，《聰明人和傻子和奴才》也表現的是啓蒙的主題，只不過它是以富於象徵意蘊的寓言故事的形式，著重批判在長期的專制暴力壓迫與封建禮教教化下形成的奴隸道德和落後的國民性中的奴性的頑疾，表現啓蒙者在啓蒙中所遭遇的尷尬與困境，從而引發了對啓蒙的反思與困惑。

# 七、道德的自省與奴性的批判——
## 《狗的駁詰》論析

　　《狗的駁詰》，作於 1925 年 4 月 23 日，與魯迅另一篇散文詩《死火》一起發表在 1925 年 5 月 4 日《語絲》周刊第 25 期。後收入散文詩集《野草》。全文只 200 來字，抄錄如下。

　　　　我夢見自己在隘巷中行走，衣履破碎，像乞食者。

　　　　一條狗在背後叫起來了。

　　　　我傲慢地回顧，叱吒說：

　　　　「呔！住口！你這勢利的狗！」

　　　　「嘻嘻！」他笑了，還接著說，「不敢，愧不如人呢。」

　　　　「什麼！？」我氣憤了，覺得這是一個極端的侮辱。

　　　　「我慚愧：我終於還不知道分別銅和銀；還不知道分別布和綢；
　　還不知道分別官和民；還不知道分別主和奴；還不知道……」

　　　　我逃走了。

　　　　「且慢！我們再談談……」他在後面大聲挽留。

　　　　我一徑逃走，盡力地走，直到逃出夢境，躺在自己的床上。

詩作記述了一個荒誕離奇的夢境，用擬人化的手法展現了「我」與狗的一場對話。「我」認為由於自己穿著破舊引得一條勢利的狗向「我」吼叫，於是站在道德的制高點上傲慢地呵斥它「住口！你這勢利的狗！」沒想到狗卻爭辯說在勢利方面「愧不如人」，並歷數人以有錢沒錢，穿著是否體面，是官還是

民，是主還是奴，來把人分爲三六九等，區別對待的種種勢利行爲作證。這反而讓「我」慚愧尷尬而無言以對，只能逃走了。狗反而佔據道德的高地得意地挽留說：「且慢！我們再談談……」與《影的告別》、《墓碣文》、《希望》等語言奇崛而晦澀的篇章相比，《狗的駁詰》似乎只是一篇平白直露的雜感式的嘲諷之作，而仔細咀嚼這場一反人們的思維習慣與價值判斷的「人」和「狗」之間的辯論，則體會到詩作並不是簡單地譏諷社會上一些人的「勢利眼」，而是蘊含了更爲複雜而深刻的情感和思想內涵。

一些研究者從社會政治視角出發，認爲《狗的駁詰》是對當時社會上像叭兒狗一樣的一些文人政客的揭露和嘲諷。如李何林聯繫魯迅的雜文《論「費厄潑賴」應該緩行》中所描繪的叭兒狗，認爲「人類中的反動統治階級的文武走狗，就是這種叭兒狗，它比『帶著野性』較爲單純的一般的狗，來得複雜，勢利得厲害。作者在本篇中是用狗來批判人類中的叭兒狗的。兩相比較，『人』不如狗。『勢利』眼，也是一切剝削階級的傳統，不只它們的叭兒狗如此。」〔註1〕閔抗生也認爲：「魯迅先生在《狗的駁詰》裏所說的那種比狗還勢利的『人』，就是後來在《論「費厄潑賴」應該緩行》中所寫的『叭兒狗』：在窮人、百姓面前，他們是『互相點頭，雍容揖讓』的『紳士淑女、文人學士，名宦高人』，在主子面前，他們便是『叭兒狗』。對這種善於僞裝的狗，魯迅先生主張要特別地痛打：『叭兒狗如可寬容，別的狗也大可不必打了』。」〔註2〕李天明雖然提出《狗的駁詰》「反映了魯迅對於人性本質特徵的思考」，但同時他認爲「散文詩寫的雖是狗對人的譴責，然而卻是通過對人性不如狗的人的影射來實現的。」〔註3〕順著這樣的思路，李天明比較詳細地梳理和分析了魯迅當時與「現代評論派」之間相互以狗取譬的攻訐與論戰。認爲「《狗的駁詰》不光是魯迅在自己痛苦的個人經驗的基礎上對人性醜惡面的一種審視，也是對他的論敵的一種反擊。季世人性都如狗，卑劣勢利，趨炎附勢，諂上欺下。……狗與人論辯的邏輯是：你說我勢利，就是你勢利；我還不知道分辨銅和銀，就是你知道分辨銅和銀；……『我逃走了』是主人公的退讓，

---

〔註1〕 李何林：《魯迅〈野草〉注釋》，見《李何林全集》第 2 卷，河北教育出版社 2003 年版，第 125 頁。

〔註2〕 閔抗生：《地獄邊沿的小花——魯迅散文詩初探》，陝西人民出版社 1981 年版，第 124 頁。

〔註3〕 李天明：《難以直說的苦衷——魯迅〈野草〉探秘》，人民文學出版社 2000 年版，第 88 頁。

也是詩人自己複雜心情的體現，與狗有什麼理可論呢？大概也是『不得已』，魯迅寫下《狗的駁詰》將別人『無端』送給他的仇貓就是狗的攻擊『先奉還』了回去。其主題大概也與《論「費厄潑賴」應該緩行》相似，用魯迅的話，就是『說社會上有神似這個東西的人』。」〔註4〕孫玉石在其早年的《〈野草〉研究》一書也持此種觀點。他說：「從目睹辛亥革命失敗，到同『現代評論派』『正人君子』們的鬥爭，魯迅認清了依附於帝國主義、軍閥勢力的文人政客吃人幫兇的本質。他們雖然打著『道德』『文明』的旗號，頂著『君子』『學者』的頭銜，而依仗權勢反對進步文化的僞善兇惡，確實並不比富人家豢養的叭兒狗高明多少。魯迅在那篇用多少烈士的血寫成的《論「費厄潑賴」應該緩行》文章中，就提出了『痛打落水狗』的戰鬥號召，其中尤其痛恨『叭兒狗』。……由於魯迅的藝術創造，叭兒狗成了針砭仰仗權勢者鼻息而生活的文人的典型形象。魯迅的雜感中就有不少聲討叭兒狗的檄文。這種一貫的戰鬥思想，在《狗的駁詰》中又有了新的創造。魯迅不再以叭兒狗的形象來類比『正人君子』，而是用狗對人的駁詰來揭露『正人君子』，兩種藝術構思，達到一個諷刺的目的，起到了異曲同工的效果。」〔註5〕不過，在近年出版的《現實的與哲學的——魯迅〈野草〉重釋》一書中，孫玉石對自己以前的觀點有了很大的修正。雖然他還堅持認爲詩作是「揭示出當時（遠不止當時！）那個社會裏，一些當政的官僚及其治下的臣民們所患的『勢利眼』病。魯迅諷刺地認爲，他們在這一點上，真的是『愧不如狗』呢！正像他在一篇雜文中所說的那樣，它們是資產階級的叭兒狗，見著富人就搖尾，見著窮人就狂吠。」〔註6〕但就詩作的總體把握與認識上，已經超越了以前認爲是嘲諷和揭露「現代評論派」的「正人君子」的局限，而從社會批判與文明批判的視角，認爲詩作本質上是詩人「以自身所堅持的人生哲學，對於菌生並流行於那個等級社會中的一種市儈主義的哲學的批判。……這種人生哲學，在當時的軍閥統治下的 20 年代中國社會中，像毒菌一樣，支配著，也侵蝕著人們的思想。魯迅在自身生活的經歷中，深深感受到這一點，他以夢境的形式，將之鎔鑄在散文詩中，表現了他所一直堅持的『社會批判和文明批評』實踐的現實性

---

〔註4〕 李天明：《難以直說的苦衷——魯迅〈野草〉探秘》，人民文學出版社 2000 年版，第 92～93 頁。

〔註5〕 孫玉石：《〈野草〉研究》，中國社會科學出版社 1982 年版，第 117～118 頁。

〔註6〕 孫玉石：《現實的與哲學的——魯迅〈野草〉重釋》，北京大學出版社 2010 年版，第 168 頁。

和戰鬥性。」〔註7〕這種認識比那種局限於嘲諷和揭露「現代評論派」的「正人君子」的觀點顯然更爲深入而富有學理性。

以上是從社會政治鬥爭的視角解讀作品的研究者們所持的研究思路和觀點。他們在論證的方法或論證的側重點上雖有不同，但在主要觀點或看法上是大致相同的，那就是均認爲詩作「是用狗來批判人類中的叭兒狗」的。這些研究者簡單地把詩作當成了一篇諷刺性的雜文來理解和分析，並把魯迅當時的論敵作爲諷刺對象而一一坐實，這就不免窄化或遮蔽了詩作所蘊含的複雜的情感和帶有普遍性意義的深刻的思想內涵。此外，在分析詩作的過程中，這些研究者置換了詩作的思路和概念。詩作的原意是「狗」在「駁詰」或批判「人」，而這些研究者把這裡的「人」置換成了「人類中的叭兒狗」，這樣就變成了「狗」在「駁詰」或批判「狗」。這與詩作的原意恐怕是不符的吧。

日本學者丸尾常喜從人的「恥」意識的視角解讀詩作，認爲作品中描寫的「狗」對「人」的譏諷，表現了魯迅對一向所信奉的人是由低級動物逐漸進化到高級動物的進化論的懷疑。他說：「《狗的駁詰》顯示出作者通過諧謔與反諷而消解了對於『從獸到人』這一圖式的絕對化信仰。」〔註8〕這種觀點雖頗新穎，但卻有過度解讀之嫌。魯迅確實在一些文章中爲了揭示和批判人性的陰暗而表達了人不如獸的思想。如在《夏三蟲》中說到蒼蠅：「但它在好的，美的，乾淨的東西上拉了蠅矢之後，似乎還不至於欣欣然反過來嘲笑這東西的不潔：總要算還有一點道德的。古今君子，每以禽獸斥人，殊不知便是昆蟲，值得師法的地方也多著哪。」〔註9〕在《無花的薔薇之二》中針對北洋軍閥政府屠殺徒手請願的學生還誣之爲「暴徒」的行徑，魯迅譴責說：「如此殘虐險狠的行爲，不但在禽獸中所未曾見，便是在人類中也極少有的，除卻俄皇尼古拉二世使可薩克兵擊殺民眾的事，僅有一點相像。」〔註10〕可以看出，魯迅這種對人性惡的揭露和批判是針對一些具體人物和事件表達的一種憤激之情，而不是真的認爲「人」不如「獸」。《狗的駁詰》中用「狗」來譏諷「人」也當作如是觀。而把其看爲是魯迅進化論思想的崩毀則不免牽強。有的研究者站在啓蒙的立場

〔註7〕 孫玉石：《現實的與哲學的——魯迅〈野草〉重釋》，北京大學出版社 2010 年版，第 168～169 頁。

〔註8〕 〔日〕丸尾常喜著，秦弓、孫麗華編譯：《恥辱與恢復——〈吶喊〉與〈野草〉》，北京大學出版社 2009 年版，第 261 頁。

〔註9〕 魯迅：《魯迅全集》第 3 卷，人民文學出版社 1981 年版，第 41 頁。

〔註10〕 魯迅：《魯迅全集》第 3 卷，人民文學出版社 1981 年版，第 262～263 頁。

從歷史上的人性善與惡的論爭的角度來解讀《狗的駁詰》，認為「主張人性善其實是一種『天不變道亦不變』論的反映，而主張人性惡者常常是激進的改革者。……魯迅推崇『惡魔詩人』，抨擊中國國民性之病根，同歷代改革者，思想家揭發人性之惡有一種內在的聯繫，《狗的駁詰》其實可以看作魯迅對中國封建社會的批判和對中國國民性的抨擊。」〔註11〕筆者認為這種觀點是比較接近魯迅這一啓蒙思想家的批判精神和詩作的原意的。

此外，胡尹強從婚戀的情感視角來解讀《狗的駁詰》。認為詩作中說：「我夢見自己在隘巷中行走，衣履破碎，像乞食者。」這表現的是「詩人在愛情面前的自卑感，詩人依然覺得自己是個愛情的求乞者。」對於「我」聽到狗的駁詰之後竟然慚愧得「一徑逃走」了。胡尹強推測說：「狗一定已經說出來了、詩人卻用省略號隱去的（難於直說）第 5 個『還不知道……』。」「省略掉的意思，只能是『新和舊』，即『還不知道分別新和舊』，解釋得更具體詳細一點，就是『還不知道分別新潮的年輕知識女性和沒有文化的舊式中年裹腳女子』。這才是使詩人慚愧得『一徑逃走』的真正原因。」〔註12〕認為「《狗的駁詰》揭開了魯迅的人格結構和道德格局尖銳的矛盾，魯迅巨大的人格力量又使這種矛盾，變得尖銳，變得難以調和、難以緩解。一個從傳統文化陰影中掙脫出來的啓蒙主義先驅、新舊文化嬗變進程中的中間人，要掙脫傳統文化的羈絆，有多麼的艱難！同一天創作的《死火》和《狗的駁詰》，是魯迅尖銳矛盾對立的人格結構和道德格局的藝術展示。如果說，《死火》的內在靈魂是啓蒙主義思想和人道主義道德準則，那麼《狗的駁詰》的內在靈魂主要就是傳統的封建道德準則。」〔註13〕這裡，研究者在解讀作品時用臆測的方式來增補原作的內容，使之符合自己的邏輯推理，即認為詩作表現的是詩人在與許廣平戀愛時情不自禁地以舊道德標準所做的自我反省。這裡所說的道德自省是沒有錯的，但是，把詩作的思想情感限定在詩人私密的婚戀情感方面卻有矮化魯迅這一啓蒙思想先驅或窄化詩作的思想意義和藝術審美品位之嫌，而且，這種以臆測的方式來增補原作的不嚴謹的論證方式也使其得出的結論大打折扣。

---

〔註11〕劉玉凱：《魯迅錢鍾書平行論》，河北大學出版社 1998 年版，第 247 頁。
〔註12〕胡尹強：《魯迅：為愛情作證——破解〈野草〉世紀之謎》，東方出版社 2004 年版，第 201 頁。
〔註13〕胡尹強：《魯迅：為愛情作證——破解〈野草〉世紀之謎》，東方出版社 2004 年版，第 202 頁。

筆者認為，《狗的駁詰》的主旨表現的是對人的道德自省與對國民性的奴性的批判。詩作的主要內容就是寫「狗」對「我」斥責它勢利進行反駁，並有理有據地對比說明「人」比「狗」更勢利而卑下，以致讓「我」無法分辯，倉皇逃離。這裡「我」的自省——當然主要是對人或說人類的道德的自省意蘊是非常明顯的。其實，在小說《一件小事》中，在敢於承擔的車夫面前，魯迅也表達了一種深刻的自省精神。說自己「突然感到一種異樣的感覺，覺得他滿身灰塵的後影，剎時高大了，而且愈走愈大，須仰視才見。而且他對於我，漸漸的又幾乎變成一種威壓，甚而至於要榨出皮袍下面藏著的『小』來。」而且「這一件小事，……教我慚愧，催我自新。」一些研究者在解讀《影的告別》和《墓碣文》等詩作時，先預設和誇大魯迅內心存在舊社會留給他的灰色思想或陰暗心理，從而認為這些詩作表現的是詩人為擺脫和消除這些內心陰影而進行痛苦的自我解剖和自我批判。在筆者看來，《影的告別》和《墓碣文》表現的是人的獨立意識，是向奴隸心理和「奴隸時代」的告別，是對封建傳統文化的揭露和批判，而並沒有明顯的自我解剖的自省意蘊。魯迅作為一個從舊營壘中走出來的堅定而清醒的啟蒙主義思想家，在對封建舊文化的揭露和批判中當然也會反思自己所受的封建文化的影響。就像他在《狂人日記》中讓狂人清醒地意識到未必無意之中不吃了自己妹子的幾片肉。但這種反思本身就是對封建舊文化的徹底地清算與批判，不會造成魯迅的陰暗心理和灰色思想。令人不解的是，為什麼這些研究者在《影的告別》和《墓碣文》中能讀出魯迅的自我解剖或批判，而對這篇《狗的駁詰》中的明顯的自我解剖或自省意識卻視而不見，認為只是揭露和嘲諷叭兒狗式的「正人君子」呢？是不是認為如果說表現的是詩人的自省就成了詩人自己認為不如狗，要為尊者諱呢？其實魯迅這種自省絲毫也不會損害自己的人格。這種自省，是對人性、人類社會文化和道德文明的理性反思。這裡通過人與狗的「換位構思，建立起的是人類的自我反省意識。」〔註14〕自文藝復興開始，人們為掙脫中世紀神權的束縛而提出以人為本的理念，強調人性的光輝。莎士比亞在《哈姆雷特》中更是把人讚頌為「宇宙的精華，萬物的靈長」。其實，人類理性的自覺與科技的進步帶來的不一定是人性的提升與道德的完善，反而可能是物欲的膨脹與信仰的迷失。人性是複雜的，在善良正義的背後也隱伏著自私與邪惡。簡單地說人「性本善」或「性本惡」都是

---

〔註14〕劉玉凱：《魯迅錢鍾書平行論》，河北大學出版社 1998 年版，第 249 頁。

武斷的。人性是融生物性、社會性和精神性於一起的一個復合體。魯迅作爲一個具有強烈的批判意識的啓蒙主義思想家，在揭露和批判封建文化的過程中使他深深地認識到舊道德的虛僞與殘酷，現實生活的體驗又使他發出「季世人性都如野狗」〔註15〕的慨歎。所以魯迅更多地關注的是人性的惡的一面。所以「作者在《狗的駁詰》中，是要剔抉出比狗更勢利的人的『叭兒狗性』。『我』之所以被『狗的駁詰』弄得狼狽逃掉，就是因爲『我』頓悟到人的醜惡甚至無臉見狗。」〔註16〕換句話說，詩人是對人性、人類社會文化和道德文明進行理性的反思與批判。尤其是重點對舊封建道德的僞飾性及中國人在長期的專制暴力和奴化教育下形成的奴性進行反省與批判。魯迅把誇飾封建道德文明的人分爲五種：「甲云：『中國地大物博，開化最早；道德天下第一。』……乙云：『外國物質文明雖高，中國精神文明更好。』丙云：『外國有的東西，中國早已有過；某種科學，即某子所說的云云，』……丁云：『外國也有叫化子，——（或云）也有草舍，——娼妓，——臭蟲。』戊云：『中國便是野蠻的好。』」〔註17〕魯迅批評這些人是掉了鼻子還要誇示於人，說是祖傳老病。認爲「中國人的不敢正視各方面，用瞞和騙，造出奇妙的逃路來，而自以爲正路。在這路上，就證明著國民性的怯弱、懶惰，而又巧滑。一天一天的滿足著，即一天一天的墮落著，但卻又覺得日見其光榮。在事實上，亡國一次，即添加幾個殉難的忠臣，後來每不想光復舊物，而只去讚美那幾個忠臣；遭劫一次，即造成一群不辱的烈女，事過之後，也每每不思懲凶、自衛，卻只顧歌詠那一群烈女。彷彿亡國遭劫的事，反而給中國人發揮『兩間正氣』的機會，增高價值，即在此一舉，應該一任其至，不足憂悲似的。自然，此上也無可爲，因爲我們已經借死人獲得最上的光榮了。」〔註18〕這種虛僞的道德，正是阿 Q 精神勝利法的文化根源。奴性則是封建等級專制制度的衍生物。魯迅指出：「專制者的反面就是奴才，有權時無所不爲，失勢時即奴性十足。孫皓是特等的暴君，但降晉之後，簡直像一個幫閒；宋徽宗在位時，不可一世，而被擄後偏會含垢忍辱。做主子時以一切別人爲奴才，則有了主子，一定以奴才自命：這是天經地義，無可動

---

〔註15〕魯迅：《魯迅全集》第 14 卷，人民文學出版社 1981 年版，第 43 頁。
〔註16〕〔日〕片山智行著，李冬木譯：《魯迅〈野草〉全釋》，吉林大學出版社 1993 年版，第 75 頁。
〔註17〕魯迅：《魯迅全集》第 1 卷，人民文學出版社 1981 年版，第 312 頁。
〔註18〕魯迅：《魯迅全集》第 1 卷，人民文學出版社 1981 年版，第 240 頁。

搖的。」〔註19〕認爲在不把人當人的專制暴力下,「我們極容易變成奴隸,而且變了之後,還萬分喜歡。」〔註20〕也就是說,國人在幾千年的漫長的封建等級專制制度下形成的奴性是根深蒂固的,已經內化爲人們的一種思維方式和行爲習性。所以,對奴性的批判是魯迅國民性批判中的重中之重。在《聰明人和傻子和奴才》中,魯迅對那只會尋人訴苦,根本不思反抗反而做主子的幫兇的奴才給予徹底地否定。魯迅認爲:「馴良之類並不是惡德。但發展開去,對一切事無不馴良,卻決不是美德,也許簡直是沒出息。」〔註21〕他說:「從奴隸生活中尋出『美』來,讚歎,撫摩,陶醉,那可簡直是萬劫不復的奴才了,他使自己和別人永遠安住於這生活。」〔註22〕魯迅之所以多次在文章中用狗來指代和譏諷自己的論敵,就是因爲狗,尤其是叭兒狗是典型的奴性的代表。且不說人們常說的「狗眼看人低」、「走狗」之類的俗語所包含的強烈的「勢利」或「奴性」色彩,就是被人們譽爲「義犬」的,也是對主人的愚忠,也是徹頭徹尾的奴性。《狗的駁詰》中,「人」在斥責「狗」勢利,而「狗」反過來譏諷「人」比「狗」還勢利。說「我慚愧:我終於還不知道分別銅和銀;還不知道分別布和綢;還不知道分別官和民;還不知道分別主和奴;還不知道……」這裡「狗」所譏諷的「人」的勢利,其實是一種在等級社會中形成的根深蒂固的奴性心態。是「剔抉出了人所存在的某種階級意識和對權力者(有錢有勢的人)獻媚的『奴隸根性』。」〔註23〕這種奴性之人根本沒有獨立的人格和平等的意識,而總是以尊卑上下的等級觀念來把人分成三六九等,或磕頭、作揖、獻媚,或頤指氣使地呵斥。其實「是骨子裏不平等、不自愛、不自信、趨炎附勢的觀念的體現。魯迅所一直批判的『臨下驕者事上必諂』,說的就是這樣的嘴臉。」〔註24〕所以《狗的駁詰》的主旨還是延續的五四啓蒙的國民性批判主題,即在對人類的道德自省的基礎上,批判國人身上根深蒂固的奴性。

---

〔註19〕魯迅:《魯迅全集》第 4 卷,人民文學出版社 1981 年版,第 414 頁。
〔註20〕魯迅:《魯迅全集》第 1 卷,人民文學出版社 1981 年版,第 211 頁。
〔註21〕魯迅:《魯迅全集》第 6 卷,人民文學出版社 1981 年版,第 81 頁。
〔註22〕魯迅:《魯迅全集》第 4 卷,人民文學出版社 1981 年版,第 588 頁。
〔註23〕〔日〕片山智行著,李冬木譯:《魯迅〈野草〉全釋》,吉林大學出版社 1993 年版,第 73 頁。
〔註24〕張潔宇:《獨醒者與他的燈——魯迅〈野草〉細讀與研究》,北京大學出版社 2013 年版,第 197 頁。

# 八、無形的重負與內心的隱痛——
## 魯迅散文詩《風箏》解讀

　　魯迅散文詩《風箏》，作於 1925 年 1 月 24 日，最初發表在 1925 年 2 月 2 日《語絲》周刊第 12 期。後收入散文詩集《野草》。作品寫作者因看到冬季的北京天空中漂浮的風箏而想起故鄉的春天，楊柳發芽，山桃吐蕾，各色風箏爭奇鬥豔的美好時光。並記起自己早年因爲認爲玩風箏是沒出息孩子所做的玩藝兒，因此不但自己不放風箏，也嚴禁弟弟玩風箏。當年，十來歲的小弟弟最癡迷風箏，但自己買不起，大哥又不許放。只得自己偷偷地動手製作。就在一個蝴蝶風箏即將製作完成的時候，被作爲大哥的「我」發現了。於是「我」粗暴地毀壞了他苦心孤詣製作的風箏，傲然地離去，留下他絕望無助地站在小屋裏發呆。多年以後，「我」理解到遊戲是兒童最正當的行爲，玩具是兒童的天使。於是憶及早年對幼小的弟弟「精神的虐殺」，內心產生了深深的內疚與懺悔。總想求得弟弟的原諒以獲得心靈的解脫。然而，當和弟弟談起此事表達歉意時，弟弟卻全然忘卻了，毫無怨恨。當然也就談不上「寬恕」了。於是「我」的心不能解脫，也只得沉重著。

　　《風箏》不同於《墓碣文》和《影的告別》那樣充滿奇崛的語言和夢幻的意境，也不像《這樣的戰士》和《希望》那樣表現作者如臨大敵的無形壓力和莫名的緊張，似乎是一篇平實的追憶性的記事散文。即記述「風箏事件」引發的兄弟間的誤解與衝突及日後的追悔與道歉，由此表現手足親情並批判封建家長式管教對兒童自由、活潑天性的扼殺，闡明「遊戲是兒童最正當的行爲，玩具是兒童的天使」這一科學的教育理念。就是基於這樣的理解，《風

箏》曾被作爲範文選進初中語文課本。以往的研究者也多持這種觀點，只不過在此基礎上重點強調魯迅的自我解剖和自我批判的精神和情操。如李何林先生說：「這一篇的主題思想，卻不是身處現實的嚴冬而嚮往故鄉的春天和逝去的童年，而是在解剖自己，在深刻地批判自己。通過自我解剖和批判，批判了一般有孔孟之道思想影響的父兄違反兒童心理、禁止兒童遊戲的愚蠢行動。」〔註 1〕王瑤先生也持這種觀點，他說：「我們讀過許多魯迅的精闢的解剖別人的文章，而像《吶喊》中的《一件小事》和《野草》中的《風箏》那種帶有深刻的自我批判性質的文字，同樣給人以難以磨滅的印象；就因爲從這種文章中我們更容易體會到一個革命者的勇於正視自己缺點的高尚品質。」〔註 2〕孫玉石先生也認爲作品是表現的魯迅嚴於自我批評自我解剖的高尚情操。他說：「這篇散文詩的中心內容，就是魯迅描寫由於在二十年前這『精神的虐殺』的一幕所引起的內疚和悔恨。在這種沉重的內疚與悔恨的感情裏，包含著魯迅對虐殺兒童天性的封建禮教的不滿，也袒露了他嚴於律己的自我批判的襟懷。」〔註3〕並由文中對兒童的「精神的虐殺」的批判引申出「魯迅賦予這個普通的故事以鮮明的戰鬥色彩。他揭示了乞求原諒錯誤與忘記別人錯處的人情美，同反對封建專制提倡科學民主精神之間的深刻聯繫，因而使得《風箏》這篇散文詩閃爍出更爲深刻的思想光輝。」〔註4〕筆者認爲，這種理解多少有些表面化，沒有抓住作品所蘊含的深層的複雜的思想和情感。首先，如果我們細讀作品，就會發覺作者表現的重點既不是親情的溫馨，也不是兒童的教育，而是作者內心的無形的重負和深深的隱痛。如作者在作品的結尾寫道：「我還能希求什麼呢？我的心只得沉重著。現在，故鄉的春天又在這異地的空中了，既給我久經逝去的兒時的回憶，而一併也帶著無可把握的悲哀。我倒不如躲到肅殺的嚴冬中去罷，——但是，四面又明明是嚴冬，正給我非常的寒威和冷氣。」這一具有詩的含蓄和象徵意蘊的結語，使我們感到記述「風箏事件」不是作品的重心，作者意在用「風箏事件」這一象徵性的喻體來表達自己複雜的人生體驗和思想情感。也就是說，《風箏》的創作意圖與主題意旨絕不像作品表面上看得那樣簡單，而是有著需要讀者仔細體味

〔註 1〕 李何林：《魯迅〈野草〉注釋》，見《李何林全集》第 2 卷，河北教育出版社 2003 年版，第 99 頁。

〔註 2〕 王瑤：《魯迅作品論集》，人民文學出版社 1984 年版，第 119 頁。

〔註 3〕 孫玉石：《〈野草〉研究》，中國社會科學出版社 1982 年版，第 68 頁。

〔註 4〕 孫玉石：《〈野草〉研究》，中國社會科學出版社 1982 年版，第 72 頁。

和考索的深層內涵。其二，以上的研究者們基本上從一種「坐實」的角度來解讀作品。也就是說，他們不是把《風箏》看成一篇藝術創作的散文詩，而是視作一篇記事性的散文。把作品中的「我」看成魯迅自己，把「風箏事件」坐實為確有其事。其事，無論是周建人還是周作人，都否認「風箏事件」的實在性。周建人說：「魯迅有時候，會把一件事特別強調起來，或者故意說著玩，例如他所寫的關於反對他的兄弟糊風箏和放風箏的文章就是這樣。實際上，他沒有那麼反對得厲害，他自己的確不放風箏，可是並不嚴厲地反對別人放風箏，這是寫關於魯迅的事情的作者應當知道的。」〔註5〕周作人也認為《風箏》「這類文章都是歌德所謂『詩與真實』，整篇讀去可以當作詩和文學看。……而這些折毀風箏等事乃屬於詩的部分，是創造出來的。事實上他對於兒童與遊戲並不是那麼不瞭解，雖然松壽喜愛風箏，而他不愛放風箏也是事實。」〔註6〕魯迅兩位弟弟的記述大致是可信的。一些研究者也認為「因為詩是『借題發揮』，所以詩的內容不一定實有其事，實有其人；抒情詩中的『我』，也不必定就是詩人自己。」〔註7〕也就是說，《風箏》不是一般性的記事散文而是蘊含著更為豐富的思想和情感的散文詩。這也是作者為什麼不把《風箏》編入回憶性散文集《朝花夕拾》而是把其編入散文詩集《野草》的緣由。所以，對《風箏》的解讀，不能局限於表面的記實性層面，而要在詩的含蓄和象徵的意義上，仔細揣摩作品所表現的作者的複雜的心態和其蘊含的深層的思想與情感。

　　一些研究者注意到了詩人描寫「風箏事件」是為了「借題發揮」，但對其「發揮」的指向和內容，即對作者的創作意圖和表達的深層的思想情感卻持有不同的見解。有研究者認為《風箏》還是延續的社會批判的主題，抒發的是作者被壓抑著的反抗的激情。如閔抗生先生說：「《風箏》中的『我』既不是魯迅先生，那麼《風箏》當然也就不是他的什麼『懺悔錄』；『我』的追悔也就不是魯迅先生的『自我解剖』了。魯迅先生不過是借一個虛構的故事，來抒發他對於正在威逼著他的『嚴冬』的憎恨，對於壓迫、摧殘正在生長的事物的舊勢力、舊教育、舊學說、舊手段的憎恨。……《風箏》所寫的就是

---

〔註5〕周建人：《略講關於魯迅的事情》，周作人、周建人著：《年少滄桑——兄弟憶魯迅》（一），河北教育出版社2000年版，第256頁。

〔註6〕周作人：《魯迅與「弟兄」》，周作人、周建人著：《年少滄桑——兄弟憶魯迅》（一），河北教育出版社2000年版，第215頁。

〔註7〕閔抗生：《地獄邊沿的小花》，陝西人民出版社1981年版，第93頁。

這樣一個在『嚴冬』發生的、平常的『吃人』的故事。用這故事，魯迅先生告訴讀者：孩子被『吃』，是無法復生的，『吃人』的錯誤是普遍的、社會的悲劇，儘管『我』已覺悟，對過去的錯誤無比悔恨，然而『四面又明明是嚴冬』，哪裏有『我』的『春天』，哪裏有孩子的『春天』呢？『我』又向哪裏去爲已到中年的小兄弟『追回』那從來不曾有過的『春天』呢？『周圍的空氣太寒冽了』，《風箏》所抒發的，是在嚴冬籠罩下，與環境極度不協調的感情，它的主題是對『嚴冬』的控訴，而不是什麼『自我解剖』。對『嚴冬』的憎恨，以及由此而生的『無可把握的悲哀』是全篇的基本情調。」〔註8〕這種從社會批判和文化批判角度的解讀雖然符合魯迅當時揭露批判舊文化和舊習慣勢力的啓蒙的總趨向，有一定的合理性，但又顯得過於寬泛或籠統，因缺乏有針對性的研究向度而使人覺得不夠深入。我們知道，魯迅當時的絕大多數作品都是立足於啓蒙或表達對啓蒙的認識或體驗的，但是，每篇作品都會從一個特定的角度來說明問題，給人以不同的啓發或思考，以不同的體驗表達不同的思想或情感。研究者就是要找到作者在每篇作品中選擇的特定角度來分析作品表現的特定的思想和情感，這樣分析起來才能深入，才能得出既符合邏輯又合於情理的結論。有的研究者從魯迅內在心理的層面解讀《風箏》，認爲表現的是作者內心的虛無感。如張潔宇女士認爲：「《風箏》所要表達的，不再是對於兒童的認識，而又是魯迅自己內心中的蒼老與虛無。那個被破壞了的風箏，其實只是一切複雜情緒的象徵。曾經的衝突、憤怒、後來的悔恨、彌補，都已如那個風箏一樣，消失在時間的隧道中。在魯迅的心裏，希望、絕望都是虛妄的，悔恨、仇恨、憤怒、寬恕之類的情感其實也一樣。這個故事，不是一個甜蜜的關於童年的回憶，甚至也不是一個成熟的人對於曾有的經歷的追悔，而是一個非常蒼老甚至蒼涼的心靈中的一種深入骨髓的虛無感的表達。這是魯迅思想中非常獨特也非常重要的部分。他把這種『沉重』寫到了極致，把每一個讀者都拉到這樣一個絕境中來，來體會他所體會到的那個虛無的人生。」〔註9〕值得肯定的是張女士有著很好的感悟力，對魯迅在啓蒙中體驗到的虛無心理描繪得細膩而形象。虛無感也確是當時魯迅的一種人生體驗之一。不過，《風箏》的主旨是否意在表現這種虛無感，如果是

〔註8〕 閻抗生：《地獄邊沿的小花》，陝西人民出版社1981年版，第96～98頁。
〔註9〕 張潔宇：《獨醒者與他的燈——魯迅〈野草〉細讀與研究》，北京大學出版社2013年版，第143頁。

的話，又是怎樣表現的，作者在這方面缺乏充分的邏輯論證。作為學術研究，只憑散文化的感悟是不夠的。此外，胡尹強先生是執著的從婚戀情感維度解讀《野草》的學者。他認為《風箏》也是因作者和許廣平的愛情而引發的「小感想」。他說：「既然已經在感覺上強烈地意識到在和她戀愛，而且也下了『一擲我身中的遲暮』的戀愛決心，雖然成功還是不成功還在未定之天，然而靈魂裏湧動著的愛情湍流，對另一股感情──『兄弟悒悒』和『兄弟失和』，自然就摻進一種新的頗為微妙的感情信息。《風箏》正是隱晦曲折地表現了這種新的微妙的感情信息的。」〔註10〕這種只憑臆測而不是在邏輯論證的基礎上得出的結論不僅牽強，而且其學術含量也會大打折扣。

　　以上我們對以往學者們對《風箏》的解讀的主要觀點做了大致的梳理與評析。下面我們來具體分析這篇散文詩究竟表現了作者怎樣複雜的心態、思想和情感。筆者認為，《風箏》這篇散文詩，是作者借「風箏事件」而表現自己承受的無形的重負與內心的深深的隱痛。魯迅在文中突出強調他的「心只得沉重著」，「肅殺的嚴冬」帶給他「寒威和冷氣」。也就是說，作者要表達的是自己精神或心靈上承載的一種無形的重負。那麼，這種無形的重負到底是什麼呢？其實，這種無形的重負就是當時魯迅這一啓蒙思想先驅面對強大的舊傳統文化和習慣勢力所感受到的重壓，是對啓蒙者與被啓蒙者的無法溝通的隔閡的體驗，是「獨有叫喊於生人中，而生人並無反應，既非贊同，也無反對，如置身毫無邊際的荒原，無可措手的了」（《吶喊‧自序》）的無奈與悲哀。我們知道，魯迅以強烈的歷史使命感和社會責任感毅然棄醫從文，立志以文藝的手段啓蒙大眾，來醫治國民精神上的「病」。然而，以封建禮教為核心的專制文化和奴隸道德已經滲透到每個人的潛意識，積澱為落後的「集體無意識」，內化為每個人的思維模式和行為習慣，形成根深蒂固難以改變的惰性力量。所以魯迅在啓蒙的道路上並不像他預想的那樣只要真理在手，就能振臂一呼，應者雲集。而是猶如陷入由「無物之物」布成的「無物之陣」。雖然自己左衝右突，奮力搏殺，槍槍致命，但卻於事無補，最後「無物之物則是勝者」。這就是魯迅在啓蒙的實踐中所體驗到的重負、「寒威」與「冷氣」。而最使魯迅感到悲哀、無奈和沉重的，是啓蒙者與被啓蒙者的無法溝通的隔閡。魯迅的很多作品其實都在表現這種隔閡。《狂人日記》中的「狂人」，《長

---

〔註10〕　胡尹強：《魯迅：為愛情作證──破解〈野草〉世紀之謎》，東方出版社 2004年版，第 135 頁。

明燈》中的「瘋子」，《孤獨者》中的魏連殳，《復仇（其二）》中的耶穌，《聰明人和傻子和奴才》中的傻子，《藥》中的夏瑜等，都是啓蒙者的形象，而他們在啓蒙的過程中，都不被他們啓蒙的對象所接受和理解。「狂人」的家人和吉光屯的村民把他們的啓蒙者當成瘋子關押起來；魏連殳被人們看成「怪人」、「異類」受到排擠和嘲弄；耶穌被他要拯救和啓蒙的同胞們百般地辱罵、戲弄和譏諷；傻子被他要啓蒙和幫助的一群奴才打跑了；夏瑜被他要啓蒙和拯救的人打了嘴巴還被罵作「賤骨頭」。可以想像，魯迅在描寫這些啓蒙者受那些被啓蒙的人們的迫害與侮辱時內心的憤激、無奈與沉重。如果說以上的啓蒙是啓蒙者以居高臨下的俯視姿態而不易被接受的話，那麼，當啓蒙者把啓蒙的解剖刀轉向自身，以一種源於「原罪」意識的虔誠而掏出自己的心來讓被啓蒙的人們看，以期被接受和理解的時候，如果還不能被接受和理解，甚至被漠視，啓蒙者內心的無奈、悲哀與沉重就更可想而知了。就像《狂人日記》中的「狂人」在勸轉「吃人」的人的同時，反思自己也曾經「吃人」。就《風箏》來說，有學者從中國文化特點考慮，認爲作品「借一個小故事，道出了覺醒者的魯迅、也是中國文化的一個終極悖論：在中國的一元秩序裏，罪感的產生幾乎是不可能的，然而，如果一個人有了罪的自覺，他將找不到懺悔的對象，也終將得不到寬恕！」〔註11〕這一觀點有其合理性。但筆者更傾向於從啓蒙的角度看，那就是借「風箏事件」這一現身說法，以近於「原罪」意識的虔誠來表現啓蒙者就是掏出自己的心來讓被啓蒙的人們看，被啓蒙者也是會淡然視之，這就是魯迅在散文詩《風箏》中所感到的內心的悲哀與重負。這種悲哀與重負其實是魯迅這一啓蒙思想先驅的強烈的歷史使命感和社會承擔意識的聚現。

以上我們對《風箏》所含蘊的作者在精神或心靈上感到的擠壓和重負的內涵從啓蒙的維度進行了分析，下面我們再來看作品流露出的作者內心的深深的哀傷與隱痛。

前面我們談到，周作人和周建人對《風箏》都認爲不是記實而是虛構的文學創作。但是，對魯迅另一篇以兄弟情義爲題材的小說《弟兄》則都認爲寫的是實情。小說寫公益局職員張沛君以爲弟弟染上了流行病猩紅熱，非常著急，爲弟弟請了最好的醫生，後來知道弟弟是出疹子而不是猩紅熱，弔起的心才放

---

〔註11〕汪衛東：《探尋「詩心」：〈野草〉整體研究》，北京大學出版社2014年版，第76頁。

了下來。周作人在《魯迅與「弟兄」》中說：「這篇既然是小說，論理當然應該是詩的成分加多了，可是事實卻並不如此，因爲其中主要關於生病的事情都是實在的，雖然末後一段裏夢的分析也帶有自己譴責的意義，那卻可能又是詩的部分了。」〔註12〕在文章中，周作人還抄出自己的日記與小說所寫的情節相印證。周建人在《魯迅與周作人》中也說：「他的小說《弟兄》，是在 1925 年，被逐出八道灣，兄弟怡怡的幻想破滅之後寫的。他回憶了自己對周作人疾病的憂慮，請醫生來診治的事實，還表示了『鶺鴒在原』的意思。……魯迅通過小說，是向周作人伸出熱情的手，表示周作人如有急難，他還願像當年周作人患病時那樣救助。」〔註 13〕魯迅的摯友許壽裳在《關於〈弟兄〉》一文中對這篇小說的真實性表述得更詳細。他說：「《弟兄》這篇寫張沛君爲了兄弟患病，四處尋醫，種種憂慮奔走的情形，大部分是魯迅自身經歷的事實。大約在 1917 年的春末夏初罷，他和二弟作人同住在紹興會館補樹書屋，作人忽而發高熱了。那時候，北京正在流行著猩紅熱，上年教育部有一位同事且因此致死。這使魯迅非常擔憂，急忙請德醫狄普耳來診，才知道不過是出疹子。第二天他到教育部，很高興地對我詳述了狄醫生到來之遲，和他的診斷之速，並且說：『起孟原來這麼大了。竟還沒有出過疹子』。……沛君的生活就是魯迅自己生活的一面。所寫的環境，如公益局辦公室裏缺口的唾壺，折足的破躺椅，以及滿室的水煙的煙霧，都是北京教育部社會教育司第一科裏的實在情形。……所以這篇小說的材料，大半屬於回憶的成分，很可以用回憶文體來表現的，然而作者那時別有傷感，不願做回憶的文，便做成這樣的小說了。」〔註 14〕我們看，周建人的文章明確認爲《弟兄》是因魯迅與周作人「兄弟失和」而寫，是魯迅「向周作人伸出熱情的手」。許壽裳的文章也隱晦地指出魯迅創作《弟兄》是因爲「那時別有傷感」。其實這「別有傷感」就是指「兄弟失和」給魯迅帶來的難以言說的心靈痛苦或精神創傷。也可以在很大程度上認爲就是在《風箏》中魯迅所說的「無可把握的悲哀」。周作人雖然只述事實而不涉及「兄弟失和」的事，但他晚年在《不辯解說下》一文中則把《弟兄》和《傷逝》都看作是因「兄

---

〔註12〕 周作人：《魯迅與「弟兄」》，周作人、周建人著：《年少滄桑——兄弟憶魯迅》（一），河北教育出版社 2000 年版，第 216 頁。

〔註13〕 周作人、周建人著：《書裏人生——兄弟憶魯迅》（二），河北教育出版社 2000 年版，第 285 頁。

〔註14〕 許壽裳：《摯友的懷念——許壽裳憶魯迅》，河北教育出版社 2000 年版，第 104～106 頁。

弟失和」而作。他說:「《傷逝》這篇小說很是難懂,但如果把這和《弟兄》合起來看時,後者有十分之九以上是『眞實』,而《傷逝》乃是全個是『詩』。詩的成分是空靈的,魯迅照例喜歡用《離騷》的手法來做詩,這裡又用的不是溫李的辭藻,而是安特來也夫一派的句子,所以結果更似乎很是晦澀了。《傷逝》不是普通的戀愛小說,乃是借了男女的死亡來哀悼兄弟恩情的斷絕的。……我有我的感覺,深信這是不大會錯的。因爲我以不知爲不知,聲明自己不懂文學,不敢插嘴來批評,但對於魯迅寫作這些小說的動機,卻是能夠懂得。我也痛惜這種斷絕,可是有什麼辦法呢,人總只有人的力量。」〔註15〕可以肯定的是,「兄弟失和」確實造成了魯迅內心的無法彌合的創傷。我們知道,由於祖父周致福在 1893 年浙江省的科舉考試中替兒子及親友行賄案發,被光緒皇帝欽定爲「斬監候」而鋃鐺入獄,父親周伯宜不堪承受如此打擊而臥病早逝。少年的魯迅就作爲長子長孫而挑起了家庭的重擔。對兩個弟弟盡到了關愛、呵護和教育的責任。尤其是對二弟周作人,更是照顧有加。長兄如父用在魯迅和周作人兄弟兩身上可以說恰到好處。周作人追隨魯迅先到南京求學,再到日本留學,回國後又到北京謀職。兩人同吃同住,一起學習,一起寫作,一起翻譯。可以說是親密無間,兄弟怡怡。以致當時新文化界有「周氏兄弟」之稱。尤其是魯迅,爲了周作人,可以不計自己的名和利。因爲周作人在日本留學時就結了婚,需要經濟的支持,魯迅自己提前回國去浙江兩級師範學堂教書,從經濟上接濟周作人。甚至還一直資助周作人的岳父母和妻弟妻妹。把自己輯成的《會稽郡故書雜集》用周作人的名字出版。俞芳曾經回憶魯迅的母親魯瑞說:「你們大先生一向以長兄自居,他不惜犧牲自己,照顧弟弟,把一家的重擔放在自己肩上。他回國後拿到薪金,確實是全家合用的;那時你們二先生在日本讀書,大學沒有畢業就結婚了,官費不夠用,大先生就放棄在國外的學習研究,回國找了工作,寄錢去接濟他,甚至還接濟羽太信子一家人。後來賣去紹興的老屋,三兄弟商定定居北京,同住在一個院子裏。你們大先生就在北京買進八道灣的房子,辦理手續,修繕房屋,購置傢具,奔走借貸,都由他一人承擔。他對這所屋子的設計,都是從侄兒侄女們的發育成長考慮的,同時也照顧日本人的居住習慣。只是這一點,就可以看出大先生的品德了。」〔註16〕然而,1923 年 7

---

〔註15〕周作人:《周作人散文全集》第 13 卷,廣西師範大學出版社 2009 年版,第 603～604 頁。

〔註16〕蕭紅、俞芳等著:《我記憶中的魯迅先生——女性筆下的魯迅》,河北教育出版社 2000 年版,第 229 頁。

月 18 日所發生的事，可以說在兄弟二人心中都留下了深深的「傷痕」。當天上午，周作人送給了魯迅一封絕交信。信中說：「魯迅先生：我昨天才知道，──但過去的事不必再說了。我不是基督徒，卻幸而尚能擔受得起，也不想責誰，──大家都是可憐的人間。我以前的薔薇的夢原來都是虛幻，現在所見的或者才是真的人生。我想訂正我的思想，重新入新的生活。以後請不要到後邊院子裏來，沒有別的話。願你安心，自重。」〔註17〕魯迅約周作人想問問明白遭到周作人拒絕。兄弟自此決裂。於是魯迅搬出八道灣，先暫租住磚塔胡同，後買下西三條胡同的房子（現在北京的魯迅故居）居住。1924 年 6 月 11 日，魯迅回八道灣取自己的書和器物，遭到周作人夫婦的詈罵毆打。此後魯迅再也沒有踏進他親自購買、設計、修繕的八道灣。「兄弟怡怡」的至親手足為什麼會大打出手，水火不容。這是許多研究者感興趣然而又誰也說不清的事。因為當事人對此都幾乎避而不談，三緘其口。人們多猜測矛盾的起因是由於周作人的日本夫人羽太信子生活鋪張浪費，魯迅對其規勸使其心存不滿，於是在兄弟間播弄是非，甚至說魯迅對她有輕浮之舉。而周作人則「心地糊塗，輕信婦人之言，不加體察。」〔註18〕筆者本文不是要探究這清官都難斷的家務事，而是要說明「兄弟失和」給魯迅造成的心理陰影和巨大的哀傷與隱痛。「兄弟失和」後魯迅曾大病一場。此後他對周作人不是仇視，還是時常惦念，為其擔憂。他常對三弟周建人說：「八道灣只有一個中國人了」。擔憂周作人在羽太信子等一幫日本人中受氣。在魯迅看來，「八道灣是天威莫測的，不下於張作霖，而周作人是在這樣統治下的惟一臣民。」〔註19〕在「華北事變」之後，魯迅擔心周作人走上歧途，特意讓周建人轉告周作人：「遇到抗日救國這類重大事件，切不可過於退後。」〔註20〕周作人晚年看到魯迅曾為他的《五十自壽詩》辯護，認為其「誠有諷世之意」時，頗為動容地說：「對於所謂五十自壽的打油詩，那已經是那事件的十多年之後了，當時經胡風輩鬧得滿城風雨，獨他一個人在答曹聚仁楊霽雲的書簡中，能夠主持公論，胸中沒有絲毫蒂芥，這不是尋常人所能做到的了。」〔註21〕其實魯迅所恨的只是周作人的昏聵。周建人記述說：「魯

〔註17〕 朱正、陳漱渝著：《魯迅史料考證》，河北教育出版社 2000 年版，第 196 頁。
〔註18〕 許壽裳：《摯友的懷念──許壽裳憶魯迅》，河北教育出版社 2000 年版，第 35 頁。
〔註19〕 周作人、周建人著：《書裏人生──兄弟憶魯迅》（二），河北教育出版社 2000 年版，第 285 頁。
〔註20〕 朱正、陳漱渝著：《魯迅史料考證》，河北教育出版社 2000 年版，第 206 頁。
〔註21〕 周作人：《周作人散文全集》第 13 卷，廣西師範大學出版社，2009 年版，第 602 頁。

迅沒有講過周作人的不好，只是對周作人有一個字的評價，那便是『昏』。有幾次對我搖頭歎氣，說：『啓孟眞昏！』他在給許廣平的信（1932 年 11 月 20 日）中，也說：『周啓明頗昏，不知外事……』」〔註22〕可見魯迅對周作人只是恨其輕信婦人之言，不明事理的「昏」，而在內心還是有割捨不斷的手足之情的。他在 1933 年寫給日本反侵略鬥士西村眞琴博士的詩《題三義塔》中有名句「度盡劫波兄弟在，相逢一笑泯恩仇。」也許在潛意識中表現了對兄弟重回歸於好的期待。總之，「兄弟失和」給魯迅造成一生中無法撫平的心理創傷。雖然周作人和周建人只是談到了《弟兄》和《傷逝》與「兄弟失和」的關聯，但寫於同一時期的《風箏》，描述的又是「風箏事件」引發的兄弟間的誤解與衝突及日後的追悔與道歉，自然更能引發人們對「兄弟失和」的聯想。如李天明說：「無論風箏事件的眞實與否，都可以認爲散文詩的題旨與周氏兄弟的失和有關。……《風箏》寫於 1925 年的農曆新年。這是闔家團圓的傳統節日。而魯迅兄弟卻不能團聚，儘管他們當時都在北京。此時此刻回憶一個以往的失錯，道出自己由衷的懺悔是極自然的事。」〔註23〕胡尹強也認爲：「《風箏》在結尾之前表現的是兄弟反目前的感情，結尾則是含蓄地透露出詩人現在對兄弟重歸於好的感情信息，也許還可能是對許廣平曾經旁敲側擊探詢兄弟重歸於好的可能性的含蓄的回應。」〔註24〕筆者認爲，《風箏》確實與「兄弟失和」而造成的魯迅心理的壓抑和哀傷有關，但詩人不一定是有意識地對「兄弟失和」進行懺悔或向周作人拋出「橄欖枝」，而是隱隱中借「風箏事件」來抒發自己因「兄弟失和」而造成的「無可把握的悲哀」和內心深深的隱痛。

　　總之，筆者認爲，《風箏》表面上是記述「風箏事件」引發的兄弟間的誤解與衝突及日後的追悔與道歉，批判封建家長式管教對兒童自由、活潑天性的扼殺並由此表現魯迅的自我解剖和自我批判的高尚情操，而深層面上卻是借「風箏事件」而表現魯迅這一啓蒙思想先驅面對強大的舊傳統文化和習慣勢力，面對啓蒙者與被啓蒙者的無法溝通的隔閡體驗到的無奈與重壓，抒發因「兄弟失和」而造成的「無可把握的悲哀」和內心巨大的隱痛。

〔註22〕周作人、周建人著：《書裏人生──兄弟憶魯迅》（二），河北教育出版社 2000年版，第 285～286 頁。

〔註23〕李天明：《難以直說的苦衷──魯迅〈野草〉探秘》，人民文學出版社 2000 年版，第 73～74 頁。

〔註24〕胡尹強：《魯迅：爲愛情作證──破解〈野草〉世紀之謎》，東方出版社 2004年版，第 137 頁。

# 九、蓬勃奮飛之人格精神的禮贊——
## 魯迅散文詩《雪》解析

　　魯迅散文詩《雪》，作於 1925 年 1 月 18 日，最初發表在 1925 年 1 月 26 日《語絲》周刊第 11 期。後收入散文詩集《野草》。全文 600 多字，抄錄如下。

　　暖國的雨，向來沒有變過冰冷的堅硬的燦爛的雪花。博識的人們覺得他單調，他自己也以爲不幸否耶？江南的雪，可是滋潤美豔之至了；那是還在隱約著的青春的消息，是極壯健的處子的皮膚。雪野中有血紅的寶珠山茶，白中隱青的單瓣梅花，深黃的磬口的臘梅花；雪下面還有冷綠的雜草。胡蝶確乎沒有；蜜蜂是否來採山茶花和梅花的蜜，我可記不真切了。但我的眼前彷彿看見冬花開在雪野中，有許多蜜蜂們忙碌地飛著，也聽得他們嗡嗡地鬧著。

　　孩子們呵著凍得通紅，像紫芽薑一般的小手，七八個一齊來塑雪羅漢。因爲不成功，誰的父親也來幫忙了。羅漢就塑得比孩子們高得多，雖然不過是上小下大的一堆，終於分不清是壺盧還是羅漢；然而很潔白，很明豔，以自身的滋潤相黏結，整個地閃閃地生光。孩子們用龍眼核給他做眼珠，又從誰的母親的脂粉奩中偷得胭脂來塗在嘴唇上。這回確是一個大阿羅漢了。他也就目光灼灼地嘴唇通紅地坐在雪地裏。

　　第二天還有幾個孩子來訪問他；對了他拍手，點頭，嘻笑。但他終於獨自坐著了。晴天又來消釋他的皮膚，寒夜又使他結一層冰，化作不透明的模樣；連續的晴天又使他成爲不知道算什麼，而嘴上的胭脂也褪盡了。

　　但是，朔方的雪花在紛飛之後，卻永遠如粉，如沙，他們決不黏連，撒在屋上，地上，枯草上，就是這樣。屋上的雪是早已就有消化了的，因爲屋里居人的火的溫熱。別的，在晴天之下，旋風忽來，便蓬勃地奮飛，在日光中燦燦地生光，如包藏火焰的大霧，旋轉而且升騰，彌漫太空；使太空旋轉而且升騰地閃爍。

　　在無邊的曠野上，在凜冽的天宇下，閃閃地旋轉升騰著的是雨的精魂……

　　是的，那是孤獨的雪，是死掉的雨，是雨的精魂。

只看詩作的前兩個自然段，似乎是一篇美輪美奐的寫景散文。江南大地被瑞雪覆蓋，潔白滋潤如極壯健的處子的皮膚。血紅的寶珠山茶，白中隱青的單瓣梅花，深黃的磬口的臘梅花及冷綠的雜草點綴其間，成群的蜜蜂鳴唱飛舞。再加上孩子們興致勃勃地塑出潔白、明豔目光灼灼嘴唇通紅的大雪羅漢。眞是一個色彩繽紛、生氣盎然的美的世界。把江南的雪景之美及給人們帶來的歡快的生活情趣寫到了極致。可在詩作的第三自然段，作者不再繼續這種美的渲染和描繪，而是描寫雪羅漢經不起日夜的消蝕不幾天就變得面目全非而「不知道算什麼」了。此後作者更是筆鋒一轉，開始描繪朔方的雪如粉、如沙、決不黏連的獨立個性及蓬勃奮飛，彌漫太空，在日光中燦燦生光的雄渾壯美。稱讚其是「雨的精魂」。對朔方的雪的描寫雖然從篇幅上看占不到全文的三分之一，但這種描寫已經不是通常的寫景，而是用象徵的手法賦予描寫對象某種精神或人格，達到統攝全篇，畫龍點睛的效果。從而也決定了整篇《雪》不是簡單的寫景散文，而是一篇意蘊豐富、思想深邃的散文詩。由此也使人們從不同的角度去認識、解讀或研究，提出了諸多不同的觀點或看法。筆者把有代表性的觀點歸納如下。

　　多數研究者認爲《雪》表現了作者對於所處的「朔方的冬天」的現實環境的否定及對江南的春天的懷念和嚮往。如馮雪峰認爲詩作對比地寫了兩種冬天和兩種雪：北方的冬天即現實的冬天是凜冽荒寒孤獨的，而江南的春天卻是美麗而充滿生機的；北方的雪是孤獨的，而江南的雪則是滋潤美豔的。並由此認爲「《雪》的現實背景是北方的冬天；而跟這個現實相對立、并且支配著全篇的情緒的，是對於雖在冬天也有如春天似的江南（同時也對於童年時代）的懷念和嚮往。……作者在當時『朔方的冬天』一般的現實裏是感到了『凜冽』和『孤獨』的，於是叫出了這種『凜冽』和『孤獨』，而且反抗著

這樣『凜冽』的多天——這是這篇作品所流露的作者的態度和主要精神。在那樣的現實裏反抗著『冬天』，是不能不像那在無邊曠野的空中旋轉著、升騰著的如沙如粉的雪一樣，要感到孤獨的；但還有那『滋潤美豔之至』的江南的雪的存在，有江南的雪野和山茶花、梅花、臘梅花、冷綠的雜草、蜜蜂以及孩子們存在——這些都是眞眞實實地存在而不可否認的，都是強烈地令人懷念和嚮往的。這裡分明表現了作者的一種樂觀。很明白，他用一個他所向往的『江南』跟目前的『朔方的多天』對立起來，固然更加反襯出了目前的『凜冽』和『孤獨』，但這主要的是他對於『朔方的多天』一般的現實的否定。因此，這篇作品告訴我們，雖在冷酷的『多天』，作者的心地中是存在著春天和光明的。」〔註1〕孫玉石認爲作者「是由北方落雪的自然現象引起感興，而想起了南國的溫暖，曲折地對於使『暖國的雨』變成『冰冷的堅硬的燦爛的雪花』的北方的凜冽的嚴冬，表示了自己內心的不滿。……魯迅在自然景物描寫中寄託了自己的愛憎感情，嚮往江南雪景溫暖的春天一般的美好理想，而憎惡把朔方的雪花變成孤獨和冰冷嚴酷的多天，就是魯迅在這篇散文詩中所寄寓的幽深的情懷。」〔註2〕李關元也認爲：「作者借江南和朔方的雪景的描寫，表現了作者對生活中美好事物的緬懷和對冷酷現實的否定。『滋潤美豔』的南雪寄寓了作者的理想和憧憬。『蓬勃奮飛』的北雪抒發了作者戰鬥的情懷。南雪和北雪都有其不幸的一面，但現實的冷酷扼殺不了作者對美好生活的憧憬，詩篇雖流露出淡淡的哀愁，但主旋律卻是明朗樂觀的，表現了作者雖身處嚴寒肅殺的多天，但追求的卻是春天和光明。〔註3〕

　　與以上觀點相反，有學者認爲魯迅喜愛北方的宏大氣象，而對江南，雖然承認其秀麗，但不滿於它的「小氣」。《雪》是用朔方的雪如粉、如沙、決不黏連來對比出江南的雪的「黏連」和「依戀」，並由雪羅漢的結局說明這種「『黏連』、『依戀』使它不能像朔方的雪那樣『蓬勃地奮飛』，而被冰結、被消釋、被遺忘、冷落而『終於獨自坐著』。……魯迅先生神往的是象徵著戰鬥精神的朔方的雪，而不是柔弱纏綿的江南的雪。因此魯迅先生對江南的雪的描寫，絕不是表現他『對故鄉風物的眷念之情』，恰恰相反，魯迅先生是用它

〔註1〕　馮雪峰：《論〈野草〉》，見《馮雪峰憶魯迅》，河北教育出版社2001年版，第160～161頁。

〔註2〕　孫玉石：《〈野草〉研究》，中國社會科學出版社1982年版，第57頁。

〔註3〕　李關元：《優美和壯美相結合——關於〈野草·雪〉》，《揚州師院學報》1986年第3期。

和朔方的雪比較，表現他對一無眷戀地投身於戰鬥的幸福的神往。因此他讚揚了朔方的雪的『決不黏連』和『蓬勃地奮飛』，同它一起神鶩天宇。」〔註4〕由此認爲「《雪》的主題是反對黏連、依戀，主張無掛礙的戰鬥。」〔註5〕

有研究者認爲《雪》表現了魯迅對孤獨與死亡的體認和選擇，甚至有人認爲詩作中顯露的是自殺意向或情結。如張潔宇聯繫《野草》中的「戰士」、「棗樹」、「過客」、「死火」等一系列形象和意象，認爲《雪》中作者所寫的孤獨、不黏連、奮飛、升騰的朔方的雪，是魯迅的戰士的性格和精神的象徵。「魯迅強調的是他對於孤獨的體認和選擇。這種孤獨，首先是戰士的孤獨，而不是弱者的孤寂。同時，這更不是被動地被人遺棄，而是一種主動的選擇，是戰士自己的『決不黏連』的性格所造就的。因此，這種孤獨也是一種倔強的孤獨，是將自我置之絕地之後所產生的孤獨感。它面向死亡、向死而生，因而更加懂得生的意義和生的責任。它因此有升騰的靈魂，有堅定的形態，它永遠不會像江南的雪那樣，融化了又結成水晶模樣，到最後『成爲不知道算什麼』的東西。……魯迅的筆最終落在了一個他自己的核心題目上：『孤獨』和『死亡』。但這『孤獨』和『死亡』是與『精魂』深刻地聯繫在一起的。或許可以說，不經歷孤獨，不面向死亡，人就永遠無法到達一個精神上的峰頂。魯迅本人，其實就一直處於這樣一種精神『修煉』之中。他自己的『精魂』也正體現在這個方面。」〔註6〕而汪衛東則認爲詩作中描寫的「南國的雨」、「江南的雪」和「朔方的雪」這三者的自然形態構成一個梯級系列，而區別就在於所含水分的多少。由前者到後者其實就是一個水分逐漸喪失的過程，而水是生命的象徵。作者棄絕「水」，即棄絕「南國的雨」和「江南的雪」而願作「死掉的雨」，即「朔方的雪」，表現了自殺的意向。「這裡的自殺的意向，與《影的告別》開始的這一意向一脈相承，這裡厭棄『江南的雪』的不雨不雪，正如《影的告別》中對『不明不暗』的厭棄，爲此魯迅都毅然做出自身存在的斷念與抉擇。絕望中的寫作者已經厭棄了長期在或此或彼中的不選擇狀態，希望在矛盾纏身中脫身而出，歸結爲生與死的決斷，無論是生是死，都

〔註4〕 閔抗生：《地獄邊沿的小花——魯迅散文詩初探》，陝西人民出版社1981年版，第85～86頁。

〔註5〕 閔抗生：《地獄邊沿的小花——魯迅散文詩初探》，陝西人民出版社1981年版，第88頁。

〔註6〕 張潔宇：《獨醒者與他的燈——魯迅〈野草〉細讀與研究》，北京大學出版社2013年版，第132～133頁。

強於不生不死的狀態，因爲那首先就不是生存。悖論出現了，只有死亡才能證實自己的生存。……對美麗與溫情的拒絕，不是厭棄美麗與溫情本身，而是對可能的牽掛和留戀的徹底摒棄，絕情，然而無奈。」〔註7〕

　　從婚戀情感視角解讀《野草》的研究者認爲《雪》表現的是魯迅對許廣平在愛情面前逡巡不前的含蓄的不滿。認爲「『江南的雪』的美，是陰柔的美，女性的美，是含蓄地象徵她的。用魯迅作品中罕見的華美熱烈的文字，如『滋潤美豔之至』、『隱約著的青春的消息』、『極壯健的處子的皮膚』描寫『江南的雪』，表現的正是詩人對她的美的讚賞。而在雪野裏出現的一組象徵愛情的花朵的意象，如『血紅的寶珠山茶』、『白中隱青的單瓣梅花』、『深黃的磬口的臘梅花』、想像中的『許多蜜蜂們忙碌地飛著』，則是暗示她熱烈的愛情和旺盛的生命欲望。」接下來寫好景易逝，雪羅漢消融的「這段『包含了魯迅的惋惜與無可如何的感情』的文字，和《希望》裏的『難道連身外的青春也都逝去，世上的青年也多衰老了麼？』是一脈相承的。它含蓄地表現了魯迅對她在愛情面前顧慮重重、逡巡不前的含蓄的不滿，並且提出委婉的勸說。生命不是爲了討人喜歡、供人欣賞和娛樂；生命應該有自己的意志，太希望討人喜歡，太顧忌旁人的議論，沒有自己的意志的生命形態，最後還將淪爲虛度年華的可悲。」而詩作末尾「『朔方的雪』所象徵的理想生命形式和人格形式，是對詩人自己的激勵，也是對她的激勵。」〔註8〕

　　除以上幾種不同的學術觀點之外，有人完全站在政治或革命的立場，牽強附會地認爲《雪》表現的是當時的革命鬥爭或魯迅的革命理想。就像孫玉石所批評的：「他們機械地把詩中關於江南雪景的描寫，完全與當時南方革命形勢聯繫起來，認爲這些描寫說明魯迅當時已經『把希望寄託在廣大人民群眾身上，寄託在中國共產黨身上，寄託在南方』，這時候，『魯迅已經透過江南的雪看到了中國美好的明天，看到了青春的消息。』散文詩中『朔方的雪』是『雨的精魂』本來是詩的比喻，也被主觀臆測地引申或曲解，說：『本來雨和雪是可以互相轉化的，魯迅利用這一點，巧妙地寄寓了自己對廣東革命根據地的嚮往、歌頌之情，而且把自己在北方的革命鬥爭與廣東革命根據地的鬥爭緊緊地聯繫起來』了。從這個前提出發，魯迅筆下兒童塑雪羅漢的情景，

---

〔註7〕　汪衛東：《探尋「詩心」：〈野草〉整體研究》，北京大學出版社 2014 年版，第70～71 頁。

〔註8〕　胡尹強：《魯迅：爲愛情作證──破解〈野草〉世紀之謎》，東方出版社 2004 年版，第 127～130 頁。

便是『寄寓作者嚮往的中國革命勝利的景象』，而雪羅漢的消融，又『告訴人們鬥爭的征途中還會有反覆和變化』等等。……這種索引式的理解，就不能不說是已經完全離開了《雪》的藝術形象客觀的抒情內涵，而走到了近於主觀唯心主義的說夢了。」〔註9〕筆者完全同意孫玉石對此的批評。

以上是對以往解讀或研究《雪》的主要看法和觀點進行的大致的梳理和概括。雖然各種觀點的提出都有研究者自己的解讀視角和思考邏輯，但《雪》作爲散文詩，把其理解爲是以江南和朔方雪景的對比，來表現對現實的否定和對美好生活的追憶與憧憬，或認爲是否定江南的雪的黏連、依戀而主張無掛礙的戰鬥都不免失之簡單；而認爲《雪》表現了魯迅的自殺意向或對許廣平的讚美及對她在愛情面前逡巡不前的含蓄的不滿，則不免令人覺得有過度解讀或撇開五四啓蒙的社會現實而刻意揭秘作者的私人情感之嫌。

筆者認爲，解讀像《雪》這樣的散文詩，關鍵要抓住意象或情節之間的內在的邏輯關係，從整體上把握詩作所抒發的思想情感。其實，散文詩一般是通過蘊含象徵意味的意象、人物或情節來形象地暗示或顯露作者的某種心態、情感或思想。表面上看，這些具有象徵意蘊的物象或情節與作者所要表達的心態、情感或思想若即若離，而在內在邏輯上，二者卻是吻合的。也就是說，作者由生活中的某些物象或事件而引發感觸，這種感觸經過思考過濾而逐漸形成一種思想或情感形態，要把這種思想或情感形態形象而詩意地表達出來，作者於是尋找或創造與這種思想或情感形態吻合的意象或情節，形成一個有內在邏輯關係的意象或情節鏈，即一篇完整的散文詩。這是一個完整的創作過程。只是一兩個意象或情節構不成一篇完整的散文詩。比如魯迅在創作散文詩《死火》之前所寫的《火的冰》，作者由火焰形如珊瑚而想到了火焰冰結爲「死火」這一奇異的意象，並由這一奇異的意象想到了自己的熱烈的激情被壓抑和冷落而消沉，就如烈火受冷結爲冰凍的「死火」一樣成了「火的冰的人！」但這還只能說是一個奇妙的意象片段或作者的一點小感觸，到《死火》時，作者寫出了「死火」形成的環境和原因，並加上了一段「我」與「死火」的對話，形成了一個有內在邏輯關係的完整的意象鏈，以「畫夢」的意象象徵的詩意化方法表現了作者從充滿熱烈的改造社會的青春激情到陷入苦悶沉默到再次燃起激情重新投入戰鬥的一段特殊的思想變化歷程。同樣，散文詩《雪》其實也有一個逐步認識與深化的構思過程。寫《雪》

〔註9〕孫玉石：《〈野草〉研究》，中國社會科學出版社 1982 年版，第 59～60 頁。

之前魯迅早就對江南的雪與北方的雪做過細緻的觀察，在 1924 年所作的小說《在酒樓上》中，爲了襯托主人公「我」孤寂的心情，作者就寫了從酒樓的後窗眺望樓下廢園的雪景的段落。「幾株老梅竟鬥雪開著滿樹的繁花，彷彿毫不以深冬爲意；倒塌的亭子邊還有一株山茶樹，從暗綠的密葉裏顯出十幾朵紅花來，赫赫的在雪中明得如火，憤怒而且傲慢，如蔑視遊人的甘心於遠行。我這時又忽地想到這裡積雪的滋潤，著物不去，晶瑩有光，不比朔雪的粉一般乾，大風一吹，便飛得滿空如煙霧。」這裡的描寫只是寫景的片段，客觀地描繪江南與朔方雪景的不同特點。沒有形成一個有內在邏輯的意象鏈，也不能象徵或表現一種完整的思想或情感形態。之後，江南與朔方兩種雪景總在魯迅腦海中映現，而 1924 年 12 月 31 日北京出現的「大風吹雪盈空際」〔註10〕的壯美景象給了他很大的觸動。朔方如粉如沙的雪，「蓬勃地奮飛，在日光中燦燦地生光，如包藏火焰的大霧，旋轉而且升騰，彌漫太空；使太空旋轉而且升騰地閃爍。」朔方雪的這種「決不黏連」的獨立奮進的特性，這種旋轉太空的強力，與魯迅這一啓蒙文化戰場上的「精神界之戰士」「『尊己而好戰』的迎戰激情，『獨戰多數』的豪勇與激昂」〔註11〕的決不妥協的精神人格相契合。於是魯迅以讚頌這種獨立奮飛的精神爲主旋律，把「朔方的雪」、「江南的雪」和「暖國的雨」這幾個被作者賦予了象徵意蘊的意象組織在一起，形成一個具有內在邏輯聯繫的完整的意象鏈，完成了這篇華美壯麗而意蘊深永的散文詩《雪》。

那麼，《雪》的內在邏輯是什麼呢？也就是說，作者是出於什麼考慮把「暖國的雨」、「江南的雪」和「朔方的雪」這三種意象連接在一起的，或者說作者分別對這三種意象賦予了什麼有內在關聯的象徵意義？筆者認爲，作者把「暖國的雨」、「江南的雪」和「朔方的雪」人格化，用這三種不同的意象象徵人生的三個階段或三種境界。在作者的筆下，「暖國的雨，向來沒有變過冰冷的堅硬的燦爛的雪花。博識的人們覺得他單調，他自己也以爲不幸否耶？」這裡，「向來沒有變過冰冷的堅硬的燦爛的雪花」的「暖國的雨」象徵的是人生童少年的伊甸園時期，即還沒有經歷任何社會的風雨坎坷和人生的磨礪，還處於童蒙未開的幼稚期而不知什麼是真正的人生。對這樣的人生境界當然

─────────────────

〔註10〕　魯迅：1924 年 12 月 31 日日記，見《魯迅全集》第 14 卷，人民文學出版社 1981 年版，第 524 頁。

〔註11〕　錢理群：《心靈的探尋》，河北教育出版社 2000 年版，第 142 頁。

已經經歷過人生的「博識的人們覺得他單調」，而他自己卻還不能意識到自己的「幸」與「不幸」。作者顯然認為這種人生的童蒙期不是理想的人生境界。

「江南的雪」象徵的是人生的青春時期。人們一般認為青春韶華，是人生最美好的時光。諸多文人墨客留下了數不清的讚美青春的名言佳句。新文化運動的先驅者如陳獨秀、李大釗，把改革社會的希望寄託在青年人身上，對青年與青春給予激情讚頌。陳獨秀在《青年雜誌》發刊詞《敬告青年》中讚頌「青年如初春，如朝日，如百卉之萌動，如利刃之新發於硎，人生最可寶貴之時期也。」〔註 12〕李大釗在《青春》中也說「俾以青年純潔之躬，飫嘗青春之甘美，浹浴青春之恩澤，永續青春之生涯，致我為青春之我，我之家庭為青春之家庭，我之國家為青春之國家，我之民族為青春之民族。」〔註 13〕魯迅對象徵著青春的「江南的雪」也滿懷深情地加以讚美。稱讚其「滋潤美豔之至」。用「極壯健的處子的皮膚」來比喻其柔嫩細膩、潔白而光澤。用「雪野中有血紅的寶珠山茶，白中隱青的單瓣梅花，深黃的磬口的臘梅花；雪下面還有冷綠的雜草」及蜜蜂們的忙碌紛鬧來表現江南雪景中「隱約著的青春的消息」。用天真爛漫的孩子們高高興興地塑雪羅漢來展現青春的歡快。可謂寫盡了江南雪景之美，也寫盡了青春之美。然而，在魯迅看來，這種青春之美還不是人生的理想境界。青年人有理想，有朝氣，有活力，有熱情，但他們還缺少磨礪，還幼稚而脆弱，容易在挫敗中受到傷害。他們還缺少獨立的思想、信仰和個性，因此容易依附、盲從而被人利用。由此，魯迅在著力描繪江南雪景的美輪美奐之後，轉而寫明麗、光鮮而巍峨的雪羅漢經不起日夜的銷蝕不幾天就變得面目全非而「不知道算什麼」了。

「朔方的雪」象徵著人生的成熟，是作者心中人生的理想境界。在作者筆下，「朔方的雪」「永遠如粉，如沙，他們決不黏連」。這是一種獨立的精神或性格的寫照。而其「在無邊的曠野上，在凜冽的天宇下」，「蓬勃地奮飛，在日光中燦燦地生光，如包藏火焰的大霧，旋轉而且升騰，彌漫太空；使太空旋轉而且升騰地閃爍。」這又顯示了一種面對殘酷惡劣的環境決不屈服，永遠奮進的大無畏的戰鬥精神和能夠旋轉乾坤的強大力量。最後，作者讚揚「朔方的雪」「是雨的精魂」。是的，既然「暖國的雨」、「江南的雪」和「朔方的雪」象徵的是人，那麼，「朔方的雪」才表現了作為一個真正的人的精神

---

〔註 12〕陳獨秀：《敬告青年》，《青年雜誌》創刊號，1915 年 9 月 15 日。
〔註 13〕李大釗：《青春》，《新青年》2 卷 1 號，1916 年 9 月 1 日。

和人格,即人的「精魂」。當然,作品中表現出的「能夠旋轉乾坤的強大力量」不是指的通常人們理解的社會力量,而是一種眞理與正義必定戰勝強權與邪惡的道義的力量。可以看出,魯迅心中理想的成熟的脫掉奴性的人,應該是歷盡社會風雨和人生磨難,有自己獨立的思想、意志和人格,不畏強暴,奮發進取的戰士。就像他在《淡淡的血痕中》所呼喚的出於人間的「叛逆的猛士」。「他屹立著,洞見一切已改和現有的廢墟和荒墳,記得一切深廣和久遠的苦痛,正視一切重疊淤積的凝血,深知一切已死,方生,將生和未生。他看透了造化的把戲;他將要起來使人類蘇生。」魯迅所希望的這種人生境界,不正是他自己的獨立精神和戰士人格的寫照嗎。其實,詩作中「無邊的曠野」與「凜冽的天宇」就像《這樣的戰士》中的「無物之物」與「無物之陣」,《秋夜》中的「奇怪而高的天空」,《希望》中的「空虛的暗夜」,這種種意象,都是籠罩在詩人心頭無法擺脫和驅散的舊傳統文化和社會習慣勢力所幻化的陰影。而在狂風嚴寒的惡劣環境中奮飛升騰的朔雪,與在「無物之陣」中勇猛衝殺的戰士、「默默地鐵似的直刺著奇怪而高的天空,一意要制他的死命」的棗樹及《希望》中用「希望的盾,抗拒那空虛中的暗夜的襲來」的「我」一樣,都是魯迅這一啓蒙文化戰場上的「精神界之戰士」,面對舊傳統文化和社會習慣勢力的重重圍困而堅持戰鬥,決不屈服妥協的精神人格的詩意化呈現。所以,《雪》的內在立意和主旨,是對蓬勃奮飛的人格精神的禮贊。

　　總之,《雪》是把「暖國的雨」、「江南的雪」和「朔方的雪」人格化,用這三種不同的意象象徵人生的童少年時期、青春時期和成熟時期這三個人生階段或三種人生境界。以童蒙未開的幼稚期和激情美麗但不免幼稚脆弱的青春期來襯托作者心中人生的理想境界。以朔雪的「決不黏連」、「蓬勃地奮飛」的意象,來謳歌和禮贊一種戰士的獨立精神和戰鬥人格。這也是魯迅這一啓蒙文化戰場上的「精神界之戰士」面對舊傳統文化和社會習慣勢力的重重圍困而堅決戰鬥,決不妥協的精神人格的詩意化呈現。

# 十、揭露鞭撻強權　記念謳歌戰士——
## 魯迅散文詩《淡淡的血痕中》論析

　　魯迅散文詩《淡淡的血痕中》，作於 1926 年 4 月 8 日，最初與另一篇散文詩《一覺》一起發表在 1926 年 4 月 19 日《語絲》周刊第 75 期。後收入散文詩集《野草》。全文僅 500 來字，抄錄如下。

淡淡的血痕中
——記念幾個死者和生者和未生者

　　目前的造物主，還是一個怯弱者。

　　他暗暗地使天地變異，卻不敢毀滅一個這地球；暗暗地使生物衰亡，卻不敢長存一切屍體；暗暗地使人類流血，卻不敢使血色永遠鮮穠；暗暗地使人類受苦，卻不敢使人類永遠記得。

　　他專爲他的同類——人類中的怯弱者——設想，用廢墟荒墳來襯托華屋，用時光來沖淡苦痛和血痕；日日斟出一杯微甘的苦酒，不太少，不太多，以能微醉爲度，遞給人間，使飲者可以哭，可以歌，也如醒，也如醉，若有知，若無知，也欲死，也欲生。他必須使一切也欲生；他還沒有滅盡人類的勇氣。

　　幾片廢墟和幾個荒墳散在地上，映以淡淡的血痕，人們都在其間咀嚼著人我的渺茫的悲苦。但是不肯吐棄，以爲究竟勝於空虛，各各自稱爲「天之僇民」，以作咀嚼著人我的渺茫的悲苦的辯解，而且悚息著靜待新的悲苦的到來。新的，這就使他們恐懼，而又渴欲相遇。

　　這都是造物主的良民。他就需要這樣。

　　叛逆的猛士出於人間；他屹立著，洞見一切已改和現有的廢墟和荒墳，記得一切深廣和久遠的苦痛，正視一切重疊淤積的凝血，深知一切已死，方生，將生和未生。他看透了造化的把戲；他將要起來使人類蘇生，或者使人類滅盡，這些造物主的良民們。

　　造物主，怯弱者，羞慚了，於是伏藏。天地在猛士的眼中於是變色。

魯迅自己說：「段祺瑞政府槍擊徒手民眾後，作《淡淡的血痕中》，其時我已避居別處。」（《二心集‧〈野草〉英文譯本序》）這裡說的「段祺瑞政府槍擊徒手民眾」即指震驚世人的「三一八」慘案。1924 年 10 月 21 日，馮玉祥發動北京政變，成立國民軍，組成中華民國臨時政府，段祺瑞任中華民國臨時執政。1925 年底，張作霖率奉軍南下入關，挺進京津。1926 年 3 月 12 日，日本軍艦掩護奉軍軍艦駛進大沽口，炮擊國民軍遭到堅決還擊。日本竟以《辛丑和約》海口不得設防為藉口，聯合英、美、法、意、荷、比、西等國，於 3 月 16 日向段祺瑞政府發出最後通牒，提出撤除津沽防務的無理要求。3 月 18 日，數千北京學生和市民在天安門前集會抗議，要求拒絕八國通牒。會後群眾到鐵獅子胡同東口的執政府門前廣場請願。執政府衛隊向請願群眾開槍，當場打死 47 人，傷 200 餘人。魯迅的學生劉和珍、楊德群慘遭殺害。慘案發生後執政府當即通電謂本日慘案乃徐謙等鼓動所致，下令通緝徐謙、李大釗、李石曾、易培基、顧孟餘五人。3 月 26 日的《京報》披露了執政府要再次通緝的人員名單，其中包括魯迅。在親友的勸說下，魯迅於 3 月 26 日避居莽原社。3 天後轉到山本醫院。後又到德國醫院和法國醫院。這就是魯迅說的「其時我已避居別處」。在「三一八」慘案發生的當天，魯迅寫了《無花的薔薇之二》，稱這一天「是民國以來最黑暗的一天」。警告劊子手們：「這不是一件事的結束，是一件事的開頭！」「墨寫的謊說，決掩不住血寫的事實。血債必須用同物償還。拖欠得愈久，就要付更大的利息！」3 月 25 日，針對有人誣稱愛國青年「激於義氣，鋌而走險」，魯迅又寫了《「死地」》予以駁斥說：「倘以為徒手請願是送死，本國的政府門前是死地，那就中國人真將死無葬身之所，除非是心悅誠服地充當奴子，『沒齒而無怨言』」。26 日魯迅又寫了《可慘與可笑》，指斥「三月十八日的慘殺事件，在事後看來，分明是政府布成的羅網，純潔的青年們竟不幸而陷下去了，死傷至於三百多人。這羅網之所以布

成，其關鍵就全在於『流言』的奏了功效。」4 月 1 日魯迅寫《記念劉和珍君》，表示自己「已經出離憤怒了」。讚頌「真的猛士，敢於直面慘淡的人生，敢於正視淋漓的鮮血」。直言「慘象，已使我目不忍視了；流言，尤使我耳不忍聞。」第二天魯迅寫了《空談》，指出「這回死者的遺給後來的功德，是撕去了許多東西的人相，露出那出於意料之外的陰毒的心，教給繼續戰鬥者以別種方法的戰鬥。」這一系列的雜文，或對軍閥政府及其幫兇進行血淚的控訴和憤怒的聲討；或對死難的烈士進行沉痛的悼念。都是直接的抒情釋憤之作。而散文詩《淡淡的血痕中》，則是詩人悲憤的情感與哲理的思考反覆交融發酵後的思想與藝術的昇華。魯迅在《記念劉和珍君》中說：「長歌當哭，是必須在痛定之後的」。錢鍾書也認為：「情可生文，而未遽成文……作文之際，生文之哀樂已失本來，激情轉而為凝神，始於覺哀樂而動心，繼乃摹哀樂而觀心、用心。古希臘人謂詩文氣湧情溢，狂肆酣放，似口不擇言（as if frenzied），而實出於經營節制，句斟字酌；後世美學家稱，藝術表達情感者有之，純憑情感以成藝術者未之有也；詩人亦嘗自道，運冷靜之心思，寫熱烈之情感。時賢每稱說狄德羅論伶工之善於表演，視之若衷曲自然流露，而究之則一顰一笑、一舉一動莫非鎮定沉著之矯揉造作。」〔註1〕《淡淡的血痕中》就是魯迅在痛定之後，由濃烈的悲憤轉為凝神靜思的用心經營節制之作。詩人從一起具體的槍殺慘案揭示出社會的本質與人生的哲理，並以詩的凝練、概括和形象象徵的藝術方式表現出來。由此，《淡淡的血痕中》表現的思想情感就比那些直接地抒情釋憤式的雜文更為蘊藉和深邃。也就是說，這篇散文詩的創作雖然是由「三一八」慘案而觸發的，但是作家由此思考的問題已經遠遠超出了事件的本身，所以，我們在解讀詩作的時候如果被「三一八」這一事件所拘圍，那就不能理解和把握詩作所蘊含的深刻的思想與哲理內涵。下面我們就試著來對詩作進行解讀。先就詩作的幾處難以理解的特別的表達方式和象徵指涉問題進行一下辨析。如對詩作的副標題「──記念幾個死者和生者和未生者」如何理解？詩作中的「造物主」、「造物主的良民」各象徵的是什麼？「造化的把戲」指什麼？「叛逆的猛」指什麼？

　　先看詩作的副標題「──記念幾個死者和生者和未生者」。在《野草》所收的 23 篇詩作中，《淡淡的血痕中》是惟一加了副標題的一篇。而且這個副標題的表達方式又是如此的特別。一般人認為這裡的「記念」等同於「紀念」。

〔註 1〕 錢鍾書：《管錐編》，中華書局 1986 年版，第 1190～1191 頁。

如李天明在書中就直接把這一副標題寫為「紀念幾個死者和生者和未生者」。〔註2〕汪衛東也認為這篇詩作「紀念了亡者和未亡者，並殷切地提出了對『未生者』——『叛逆的猛士』的期望。」〔註3〕「紀念」最常用的意思是追思或懷念。追思或懷念「亡者」是合於常情的，而說追思或懷念「生者和未生者」就使人費解了。所以這裡需要搞清楚，魯迅是習慣上把「紀念」寫成「記念」呢，還是在魯迅看來「紀念」與「記念」有不同的含義呢？「紀念」與「記念」詞義相近但又有所差別。兩詞都表示對人或物的留戀或懷念，但「紀念」更多的表示緬懷思念之意，而「記念」則含記掛、惦念之意。魯迅用詞相當精確講究而富於個性。他對「紀念」與「記念」兩個詞的使用是有自己的考慮的。魯迅在文章中用「記念」一詞，多表示思念、記掛、惦念之意，而不是通常意義上的懷念。而用「紀念」一詞時則明確表示懷念。如：《為了忘卻的記念》中寫道：「我早已想寫一點文字，來記念幾個青年的作家。」「他的心情並未改變。想學德文，更加努力，也仍在記念我。」「只得選了一幅珂勒惠支夫人的木刻，名曰《犧牲》，是一個母親悲哀地獻出她的兒子去的，算是只有我一個人心裡知道的柔石的記念。」這些例句中的「記念」均可理解為思念、記掛、惦念。如理解為「懷念」，說柔石「也仍在記念我」就不妥了。在《憶韋素園君》一文中，魯迅既用了「記念」也用了「紀念」。從中可以看出魯迅用這兩個詞的區別。他評價韋素園說：「但對於我們，卻是值得記念的青年。」這裡的「記念」可理解為思念、惦記。而另兩個例句：「現在，有幾個朋友要紀念韋素園君，我也須說幾句話。」「我只能將一本《外套》當作唯一的紀念。」這裡都用的一般意義上的「紀念」，即「懷念」之意。辨別清了魯迅使用「記念」和「紀念」的區別，我們再來分析《淡淡的血痕中》的副標題「——記念幾個死者和生者和未生者」，就不再覺得那樣難以理解了。魯迅這裡不是用的「紀念」，也就是說他表達的不是對「幾個死者和生者和未生者」的懷念之情，而是「記念」，即表達的是對這些人的思念、記掛、惦念甚至想望之情。這樣的情感則無論對於死者和生者和未生者都是可以的。這裡說的「幾個死者」無疑是指在「三一八」慘案中犧牲的劉和珍、楊德群等烈士，而「生者和未生者」又是指什麼人呢？閔抗生認為：「至於要記念的『生

〔註2〕 李天明：《難以直說的苦衷——魯迅〈野草〉探秘》，人民文學出版社2000年版，第33頁。

〔註3〕 汪衛東：《探尋「詩心」：〈野草〉整體研究》，北京大學出版社2014年版，第121頁。

者』和『未生者』，也就是《記念劉和珍君》中說的，希望烈士的流血犧牲，能使『苟活者（不是本詩第二段中『天之戮民』一類的『苟活者』，而是《記念劉和珍君》中自謙的『苟活到現在的我』一類的『生者』）在淡紅的血色中會依稀看見微茫的希望；真的猛士，將更奮然而前行。」〔註4〕張潔宇認為：「出於『記念』，卻不僅僅寫給逝者，而是將視線同時投向了『生者』，因此他要做的是通過逝者的『死』為生者找到新的『生路』，讓這樣的『死』不再發生；最後，他還要寄語『未生者』，也就是為那些過去的、現在的和未來的戰士們，寫出他的心聲。」〔註5〕汪衛東認為「『生者』可以理解成慘案中的傷者等未亡人」。〔註6〕筆者認同汪衛東對「生者」的解讀。認為這裡的「生者」，其實就是魯迅在《空談》中說的「教給繼續戰鬥者以別種方法的戰鬥」的「繼續戰鬥者」，即還活著的戰士。張潔宇對「生者」的解釋過於寬泛，而閔抗生說的指「『苟活到現在的我』一類的『生者』」可能在魯迅看來也是不值得「記念」的。至於「未生者」則是指詩作中的「叛逆的猛士」，即未來的理想的戰士。張潔宇把「未生者」解釋為「那些過去的、現在的和未來的戰士」從邏輯上講也欠妥當。筆者認為，魯迅明確表示「記念幾個死者和生者和未生者」。這裡魯迅「記念」的都是戰士，即犧牲了的戰士，還活著的戰士和未來的理想中的戰士。這就是魯迅的邏輯。

理解詩作中的「造物主」的象徵指涉是解讀詩作的一個關鍵點。對此，研究者們有不同的看法。多數研究者把詩作直接和製造「三一八」慘案的軍閥政府掛鈎。如衛俊秀認為「『造物主』，便是直指萬惡禍首段祺瑞而言。」〔註7〕李何林認為詩作：「表面說的是自然界或宇宙的造物主（天、神），實際是比喻當時中國的統治者。」〔註8〕閔抗生說：「詩一開頭，魯迅先生就把他的矛頭直指段祺瑞政府，而且刺向他的要害——『怯弱』。」〔註9〕李天明說魯

〔註4〕閔抗生：《地獄邊沿的小花——魯迅散文詩初探》，陝西人民出版社1981年版，第186頁。
〔註5〕《獨醒者與他的燈——魯迅〈野草〉細讀與研究》，北京大學出版社2013年版，第307頁。
〔註6〕汪衛東：《探尋「詩心」：〈野草〉整體研究》，北京大學出版社2014年版，第119頁。
〔註7〕衛俊秀：《魯迅〈野草〉探索》，泥土出版社1954年版，第198頁。
〔註8〕李何林：《魯迅〈野草〉注釋》，見《李何林全集》第2卷，河北教育出版社2003年版，第167頁。
〔註9〕閔抗生：《地獄邊沿的小花——魯迅散文詩初探》，陝西人民出版社1981年版，第187頁。

迅「用『造物主』反諷地指代軍閥殺戮者」。〔註 10〕胡尹強說：「『目前的造物主』喻指軍閥政府的殺戮者，即《記念劉和珍君》中的段政府殺人者。」〔註 11〕這種理解有點過於直接，過於坐實。窄化了詩作所蘊含的深刻的思想與哲理內涵，把其等同於一般的直接諷喻批判性的雜文。有的研究者把詩作中的「造物主」理解爲自然界或天神。如孫玉石認爲：「把『造物主』不看爲統治者而看做自然界或天神的稱呼。我以爲此種理解，更接近魯迅作品的原來意義。……這裡的『造物主』，即《記念劉和珍君》中的『造化』。魯迅在那裡說：『然而造化又常常爲庸人設計，以時間的流逝，來洗滌舊跡，僅使留下淡紅的血色和微茫的悲哀。』這裡的『造化』，顯然不是直接指統治者，而是指客觀的自然界。」〔註 12〕其實自然界是客觀存在，天神是人們想像出來的超然的萬物的主宰，作者憤怒地抨擊和揭露自然界或超然的天神的殘暴、怯懦、愚民等似乎有些難合情理。並且，把「然而造化又常常爲庸人設計」中的「造化」理解爲「客觀的自然界」也值得商榷。這裡的「造化」理解爲事物的創造演化可能更合於文章的原意。張潔宇認爲文中的「造物主」「並不是具有宗教色彩的神的形象，而是一種類似命運的力量的象徵。」〔註 13〕「一種類似命運的力量的象徵」的說法則有些過於寬泛，難以讓人聯想殘暴怯懦的「造物主」。筆者認爲，詩作中的「造物主」象徵的是包括段祺瑞軍閥政府在內的一切強權統治者，他們自認爲是世界或人類的主宰，他們用強權來維持其專制統治，必然暴露出他們殘暴的本性，而在眞理與道義面前，他們又是怯懦的。這就是一切強權統治者的本質特點。

詩作中的「造物主的良民們」是指處於奴隸地位而不思反抗的渾渾噩噩生活的愚昧的民眾，這是統治者長期專制統治、愚民政策和奴化教育的結果，是統治者的「治績」。詩作中說叛逆的猛士「看透了造化的把戲」。這裡的「造化」不是指客觀的自然界，也不是指事物的創造演化，而是指人們常說的「命運」或「天意」。詩作中的「叛逆的猛士」是詩人理想中的戰士，他像《這樣的戰士》中的戰士那樣清醒而勇猛，但他比《這樣的戰士》中的戰士更爲堅

〔註 10〕李天明：《難以直說的苦衷——魯迅〈野草〉探秘》，人民文學出版社 2000 年版，第 34 頁。

〔註 11〕胡尹強：《魯迅：爲愛情作證——破解〈野草〉世紀之謎》，東方出版社 2004 年版，第 283 頁。

〔註 12〕孫玉石：《〈野草〉研究》，中國社會科學出版社 1982 年版，第 39～40 頁。

〔註 13〕《獨醒者與他的燈——魯迅〈野草〉細讀與研究》，北京大學出版社 2013 年版，第 307 頁。

毅和自信。前者雖能夠看穿一切敵人的假面並勇猛無畏地戰鬥，但面對強大的敵人感到孤寂和無奈，最後「在無物之陣中老衰，壽終」。而後者除有前者的清醒和無畏之外，還具有了眞理和正義必定能戰勝強權的堅定的信念、必勝的信心和壓倒一切敵人的氣勢。最後「造物主，怯弱者，羞慚了，於是伏藏。天地在猛士的眼中於是變色。」李天明認爲：「猛士的作爲實際上反映著魯迅的人道主義的觀點，它只代表一種感情和道義上的復仇。它只能喚起讀者情感上的悲痛和道義上的義憤。在有效地改變社會方面這也許是無力的，但從終極的觀點，在眞理和正義的意義上，這可能又是強大無比的。叛逆的猛士在眞理和正義上，高於造物主而終於戰勝它。」〔註14〕

　　以上我們辨析了詩作中的幾個難解的問題。下面我們來具體解讀分析詩作。

　　詩作的主題是對強權統治者殘暴而怯懦的本質的揭露和鞭撻，對反抗的戰士的記念、期望和謳歌。

　　詩作共七個自然段，可以從邏輯上分爲四部分。第一、二自然段是第一部分。揭露「造物主」即一切強權統治者殘暴而又怯懦的本質。強權統治者們爲維持強權統治而暗暗地使天地變異，生物衰亡，人類流血和受苦。這是他們兇狠殘暴的本性。但面對眞理和道義，他們又不敢公然地毀滅人類，而總想抹去殘暴犯罪的痕跡，以讓人們忘卻他們的罪惡。這是他們在道義上的怯懦。

　　詩作的第三自然段是第二部分。描寫強權統治者爲維護其強權統治而實施的奴化教育和愚民政策。他們「用廢墟荒墳來襯托華屋，用時光來沖淡苦痛和血痕」。即用利誘和打殺的兩面手段來培育民眾的奴性。聽他們的話甚至爲他們效力的可以得到官爵華屋，而反抗者則被打殺住進廢墟或埋入荒墳。讓被打殺者慢慢地忘記痛苦和仇恨。此外他們「日日斟出一杯微甘的苦酒，不太少，不太多，以能微醉爲度，遞給人間，使飲者可以哭，可以歌，也如醒，也如醉，若有知，若無知，也欲死，也欲生。」即統治者用愚民政策來麻醉大眾。魯迅在雜文《春末閒談》中，以細腰蜂給小青蟲注射毒液使其處於不死不活的狀態，以便它的小蜂吃起來毫無危險又鮮美可口，來比喻統治者的愚民政策就是想讓民眾處於不能思想而又可以被役使的狀態。這就是統

──────────

〔註14〕李天明：《難以直說的苦衷──魯迅〈野草〉探秘》，人民文學出版社 2000 年版，第 34～35 頁。

治者們所要的理想的統治狀態。對此魯迅反諷道:「於是我們的造物主——假如天空眞有這樣的一位『主子』——就可恨了:一恨其沒有永遠分清『治者』與『被治者』;二恨其不給治者生一枝細腰蜂那樣的毒針;三恨其不將被治者造得即使砍去了藏著的思想中樞的腦袋而還能動作——服役。三者得一,闊人的地位即永久穩固,統御也永久省了氣力,而天下於是乎太平。今也不然,所以即使單想高高在上,暫時維持闊氣,也還得日施手段,夜費心機,實在不勝其委屈勞神之至⋯⋯。」

詩作的第四、五自然段是第三部分。描寫統治者實施奴化教育和愚民政策的效果就是使得民眾愚昧無知,不思反抗,日日以「咀嚼著人我的渺茫的悲苦」而苟活。「幾片廢墟和幾個荒墳散在地上,映以淡淡的血痕,人們都在其間咀嚼著人我的渺茫的悲苦。但是不肯吐棄,以爲究竟勝於空虛,各各自稱爲「天之僇民」,以作咀嚼著人我的渺茫的悲苦的辯解,而且悚息著靜待新的悲苦的到來。新的,這就使他們恐懼,而又渴欲相遇。」對此,孫玉石解釋說:「這裡的『人們』,就是前面所說的『人類中的怯弱者』。他們果然實現了造物主的『設想』。他們成了眞正的精神上麻木的『庸人』。爲人類前程奮鬥的死者的『廢墟』和『荒墳』冷落了,烈士與前驅者的鮮血淡漠了,這些,只成了這群『庸人』們咀嚼人我『悲苦』的材料,即魯迅所最憎惡的『戲劇的看客』茶餘飯後的『談資』。他們以能有此『談資』爲勝於自身生命的『空虛』;而且,自稱爲『天之僇民』,以自身之有罪作爲咀嚼人我的悲苦的辯解。他們是一群馴服的奴隸。在自我的辯解中還等待著『新的悲苦』的到來。這新的『談資』,新的咀嚼的材料,『使他們恐懼,而又渴欲相遇』。因爲怯弱,故感到恐懼,因爲慣作看客,故又『渴欲相遇』。」〔註15〕這種理解是頗爲到位的。這些愚昧的民眾被統治者奴化愚弄到自認爲是「天之僇民」,即天生的罪人。只能安於奴隸地位,只配在咀嚼和玩味自己和同類的悲苦中苟活。這也正是造物主——強權統治者所希望的「良民」。

詩作的最後兩個自然段是第四部分。表達的是詩人的期望和理想。即期望人間出現「叛逆的猛」。「他屹立著,洞見一切已改和現有的廢墟和荒墳,記得一切深廣和久遠的苦痛,正視一切重疊淤積的凝血,深知一切已死,方生,將生和未生。他看透了造化的把戲;他將要起來使人類蘇生,或者使人類滅盡,這些造物主的良民們。」這個「叛逆的猛」是如此的清醒、堅毅而

---

〔註15〕孫玉石:《現實的與哲學的》,《魯迅研究月刊》,1996 年 12 期。第 29 頁。

自信。他能洞察歷史的眞相，正視現實淋漓的鮮血，預見社會未來的發展。他看透了統治者所說的「命運」或「天意」的把戲。他要喚醒那些似醒似睡似醉處於不死不生的人們而「使人類蘇生」，否則寧願「余及汝偕亡」，即「使人類滅盡」。也即要徹底掀掉這「安排給闊人享用的人肉的筵宴」。「掃蕩這些食人者」，毀壞這做人肉筵宴的廚房。推翻這有史以來的「暫時坐穩了奴隸」與「想做奴隸而不得」的不合理的時代，「創造這中國歷史上未曾有過的第三樣時代。」（《燈下漫筆》）「叛逆的猛」以擁有眞理和正義而無所畏懼，而強權統治者——「造物主」，在眞理和正義面前怯弱了，羞慚了，「於是伏藏」。「天地在猛士的眼中於是變色。」天地變色即詩人所理想的「中國歷史上未曾有過的第三樣時代」在「叛逆的猛」眼中的呈現。

　　以上我們對詩作進行了解讀與分析。可以看出，《淡淡的血痕中》這篇由「三一八」慘案的觸發而創作的散文詩，是魯迅悲憤的情感與哲理的思考反覆交融發酵後的思想與藝術的昇華。他站在眞理與正義的制高點上，揭露強權統治們普遍的政治上的殘暴和道義上怯懦；批判「造物主的良民」們不思反抗苟且偷安的奴性，即民眾愚昧落後的國民性；希望人間出現洞察一切的清醒無畏而有堅定信念的「叛逆的猛士」，來揭穿這所謂「造化的把戲」，從而「使人類蘇生」，使天地變色。

# 十一、《野草》研究史略

　　魯迅的《野草》，是用象徵手法創作的一部最能體現作者的個性心態和思想情感的散文詩集。開創了中國現代「獨語」式散文詩的一種新的藝術形式。作品以想像的奇特、意象的奇崛、思想情感和文化意蘊的複雜和豐富而顯現出獨特的隱晦幽深的藝術魅力，在啓迪讀者思想和心靈的同時，也留給讀者廣闊的想像和闡釋的空間，所以《野草》問世以來，一直是現代文學研究領域乃至整個中國文化界的重要研究課題，並不斷地由此引發出學術研究的前沿或熱點問題。

　　早在上世紀 20 年代中期《野草》系列散文詩在《語絲》雜誌陸續發表時，與魯迅接觸較多並深受魯迅影響的一些文學青年如張川島、孫伏園、章衣萍、許廣平、高長虹等，就開始關注、談論或試著評價這些別具一格的小散文詩了。如章衣萍的《古廟雜談》（五），是第一篇有關《野草》的讀後感式的短文，其中的「魯迅先生自己卻明白的告訴過我，他的哲學都包括在他的《野草》裏面」〔註1〕這句話，是此後以哲理的視角研究《野草》的源頭。此外高長虹在《狂飆》周刊發表的系列文章中，多處談到《野草》，認爲《野草》寫得「深刻」，記述魯迅自己說「他像他所譯述的 Kúprin 的一篇小說的主人翁，是一個在明暗之間的彷徨者。」〔註2〕說他讀《野草》散文詩「既驚異又幻想。驚異者，以魯迅向來沒有這樣的文字也。幻想者，以入於心的歷史，無從證

---

〔註1〕 章衣萍：《古廟雜談》（五），載《京報副刊》1925 年 3 月 31 日。
〔註2〕 高長虹：《走到出版界‧寫給彷徨》，載《狂飆》周刊第 1 期，1926 年 10 月 10 日。

實置之不談。」〔註3〕這些記述與感悟是客觀而能給讀者啓發的。只因他之後與魯迅反目而被譏諷爲「謬託知己，舐皮論骨」。而許廣平與魯迅通信中討論「過客」執意前行時說：「雖然老人告訴他是『墳』，女孩告訴他是『許多野百合，野薔薇』，兩者並不一樣，而『過客』到了那裡，也許並不見所謂墳和花，所見的倒是另一種事物，——但『過客』也還是不妨一問，而且也似乎值得一問的。」〔註4〕被 1990 年代後興起的從婚戀情感視角研究《野草》的學者們看成是許廣平向魯迅投放愛的信號的證據。

《野草》單行本於 1927 年出版以後，方壁（沈雁冰）發表《魯迅論》，文中他以《這樣的戰士》爲例，認爲魯迅「專剝落別人的虛僞的外套，然而我們並不以爲可惡，就因爲他也嚴格地自己批評自己分析呵！」讚揚魯迅的「不餒怯，不妥協」〔註5〕的戰鬥精神。這是此後從韌性戰鬥精神和內心自我解剖角度研究《野草》的發端。最早從整體上對《野草》進行分析和評價的是錢杏邨和劉大杰。錢杏邨在《死去了的 Q 時代》一文中，站在「左」的激進的革命立場上，把《野草》與《吶喊》《彷徨》放在一起進行分析。提出「超越時代」是作家「唯一的生命」，認爲魯迅「不但不曾超越時代，而且沒有抓住時代。」甚至「不曾追隨時代」。認爲魯迅的思想在清末就停滯了，所以他的這些作品除極少幾篇能代表五四時代的精神外，大部分是沒有表現現代的。作者把《野草》看成是魯迅小資產階級思想與心靈的自白。從分析《希望》得出魯迅「不存一點希望了，他的意思是說希望也是同樣的空虛，還不如沒有希望的好」。以《影的告別》得出表現的是魯迅的「任性」、「不願認錯」、「疑忌」等小資產階級「惡習」。認爲魯迅「用雪人象徵整個人生的灰暗，他用墓碣文來說明人生的自戕，他又用頹敗線的顫動來說明人之一生的痛苦，他覺得人生是沒有絲毫的光明的。……展開《野草》一書便覺冷氣逼人，陰森森如入古道，不是苦悶的人生，就是灰暗的命運；不是殘忍的殺戮，就是社會的敵意；不是希望的死亡，就是人生的毀滅；不是精神的殺戮，就是夢的崇拜；不是詛咒人類應該同歸於盡，就是說明人類的惡鬼與野獸化……一切一切，都是引著青年走向死滅的道上，爲跟著他的青年們掘了無數的墳墓。」

〔註3〕 高長虹：《走到出版界‧1925，北京出版界形勢指掌圖》，載《狂飆》周刊第 5 期，1926 年 11 月 7 日。

〔註4〕 魯迅、許廣平：《魯迅、景宋通信集——兩地書原信》，湖南文藝出版社 1994 年版，第 10 頁。

〔註5〕 方壁：（沈雁冰）：《魯迅論》，載《小說月報》第 18 卷 11 號，1927 年 11 月。

〔註6〕總之，作者認爲《野草》是「時代落伍者」的精神產物。錢杏邨是以政治革命的視角研究《野草》的始作俑者。劉大杰發表《吶喊與彷徨與野草》，把《野草》與《吶喊》《彷徨》進行比較研究，認爲《吶喊》《彷徨》是現實主義的，而《野草》卻表現出神秘的象徵情調。這種就作品的風格的把握是不錯的，但是，他卻把這種風格變化的原因歸結爲魯迅生命力和創造力的衰退。認爲魯迅「由《彷徨》到了《野草》，由壯年到了老年，由寫實時代到了神秘時代了。在《野草》裏很強烈地現出詩的感傷與病的色彩來。」認爲「由《吶喊》而至於《彷徨》，由《彷徨》而至於《野草》中的墳墓，這是魯迅作品的內心移動的過程。魯迅的心是老了，是到了晚年了。」〔註7〕雖然這種以年齡來評判作品成敗的方法和標準是片面而缺乏科學性的，但是，此文是首次把《野草》作爲直接研究對象的，在《野草》研究史上具有開拓性的意義。

到上世紀 30 年代，隨著「左聯」的成立，原創造社和太陽社的作家們對魯迅的態度發生了轉變，他們對魯迅作品的評價也明顯由否定與批判轉變爲多是肯定與讚揚。如錢杏邨一改過去對魯迅和《野草》的批判與否定的態度，他在 1930 年 2 月發表《魯迅》一文，在分析《野草·題辭》中「地火在地下運行」一段話時，就肯定魯迅說：「他的心是日夜爲被封建勢力殘害的大眾燃燒著，他很堅決的體驗得封建勢力必然而不可避免地要崩潰，同時，也『朦朧』的認識了新時代的必然到來。」〔註8〕此外，一些研究者開始注意到《野草》在現代文學史上的意義與價值。如李素伯在《小品文研究》中稱讚《野草》「是貧弱的中國文藝園地裏的一朵奇花」。認爲「魯迅先生的描寫深刻，具有諷刺情趣的雜感文和神秘的象徵的詩的散文也還沒有第二人能及。」〔註9〕這時期值得注意的魯迅研究著作是李長之的《魯迅批判》（上海北新書局，1935 年版）一書。該書第四部分「魯迅之雜感文」中有專門論《野草》的一節。並對《影的告別》、《希望》、《立論》、《這樣的戰士》、《復仇（其二）》、《死後》、《淡淡的血痕中》等篇作品進行了簡要的分析。如認爲《影的告別》「是一篇表現嚮往和捨棄的，但卻帶上了一層甚深的悲哀的色彩，還有一種幽怨的光景。」《立論》是「在爲言論爭自由的，它將幽默與諷刺，合二爲一。」《這樣的戰士》是「描繪一個理想的奮鬥人物，他有魯迅所常談的韌性。……

〔註6〕錢杏邨：《死去了的 Q 時代》，載《太陽》月刊第 5 期，1928 年 5 月。
〔註7〕劉大杰：《吶喊與彷徨與野草》，載《長夜》第 4 期，1928 年 5 月。
〔註8〕錢杏邨：《魯迅》，載《拓荒者》第 2 期，1930 年 2 月。
〔註9〕李素伯：《小品文研究》，新中國書局 1932 年版，第 89 頁。

技巧像內容一樣，是毫無空隙的樸實淵茂的一首戰歌。」《復仇（其二）》是「借耶穌的故事，說人們對改革者的迫害的，……篇幅雖小，是一篇頗爲偉大的作品。其莊嚴，沉痛，壯美，應當認爲魯迅有數的傑作之一。」此外，李長之認爲《野草》是「散文的雜感」而不是散文詩。他認爲《野草》「重在攻擊愚妄者，重在禮贊戰鬥，諷刺的氣息勝於抒情的氣息，理智的色彩幾等於情緒的色彩，它是不純粹的，它不是審美的，所以這不是一部散文詩集。」雖然其觀點有值得商榷之處，但其既有對《野草》集的整體把握，又有對具體作品的具體分析，這是對《野草》研究的深入。此外，開始有人專門評價《野草》的藝術特點。如趙豔如的《諷刺性十足的〈野草〉》。分析了《野草》的「譏諷的巧的筆調」，認爲《野草》的語言「字字珠璣」。〔註 10〕

　　魯迅逝世至建國前夕，《野草》研究在殘酷的戰爭環境中頑強的開展並不斷深入。1940 年 10 月，聶紺弩發表《略談魯迅先生的〈野草〉》。從魯迅的心態和抒情特點來分析認識《野草》。認爲：「《野草》中間所表示的絕望，是眞實的絕望以上的絕望；表示的憎恨，是眞實的憎恨以上的憎恨；而他所看見的黑暗，也是眞實的黑暗以上的黑暗；所感到的寂寞，更是眞實的寂寞以上的寂寞。……覺得天下事無一可爲，也不知如何爲，而偏又不能不爲。爲則四面碰壁。扶得東來西又倒，甚至連自己也被淹埋在唾罵中；不爲又目擊一般『造物的良民們』，生而不知如何生，死不知如何死，生不如醉，死不如夢，而人類的惡鬼則高居在這些活的屍骨，死的生命上饕餮著人肉的宴席。而自己偏是這些良民中間的一個，而自己偏是這些良民中間的覺醒者！婉轉呻吟，披髮大叫，遍體搔抓，捶床頓足，自己也不知道在幹什麼，爲什麼，要什麼。……《野草》是魯迅先生爲自己寫，寫自己的書，是理解他的鎖鑰，是他的思想發展的全過程中一個重要的樞紐；不過，同時也是整個中國文化思想不能不向前邁進一大步的忠實的反映。」〔註 11〕把魯迅這一有著強烈的歷史使命感和社會責任感的啓蒙思想先驅面對強大的封建傳統文化和舊的社會習慣勢力時的絕望、憎恨、寂寞與無奈以及明知不可爲而爲之的情感與心態描摹得深刻而到位，揭示出《野草》的抒情特點並把魯迅思想的發展同整個中國文化思想的變化聯繫起來。1945 年 9 月，荃麟發表《魯迅的〈野草〉》

〔註 10〕趙豔如：《諷刺性十足的〈野草〉》，載《中國新書月報》第 2 卷 6 號，1932
　　　　年 6 月。
〔註 11〕聶紺弩：《略談魯迅先生的〈野草〉》，載《野草》月刊第 1 卷 3 期，1940 年
　　　　10 月。

長文，站在社會發展進程與魯迅思想發展的角度來分析《野草》。讚揚《野草》寫得「精美堅實，在中國文學史上，實無人足以比擬。」認為「這集子裏所收的每一篇，都可以說是最眞實的詩篇，是作者從當時個人生活所遭受的慘痛和激動中所直接抒發的思想情感的結晶。在這裡，我們所感到的是種熱辣辣的火與劍的情感，一個單槍匹馬在重重黑暗包圍中堅韌不屈地戰鬥者的戰士底情感。」「作者銳利的筆不僅直刺入到這個民族最致命傷的地方，作著無情的刺擊和剖抉，而同時也刺入到他自己的靈魂深處，在剖抉著自己。」認為《野草》所表現的思想情緒：「第一是對於迫害者決絕的憎惡與仇恨和對於被迫害者人性被歪曲與麻痺底悲憫與憤怒；第二是在孤軍作戰中戰士的絕望底悲痛；第三是鬱積著底戰鬥熱情與希望。」認為「在《野草》中間我們感受的那種憤怒，絕望，悲痛，與其說是魯迅先生個人的憤怒與悲痛，無寧說是歷史的憤怒與悲痛。這些燦爛的火花與其說是從魯迅先生個人的思想情感中間迸發出來的，無寧說是從歷史矛盾的鬥爭中迸發出來。《野草》使我們看到了中國從麻木到甦醒過程中那種痙攣的狀態。」〔註12〕文章把20年代沈雁冰提出的「不妥協」的戰鬥精神和「嚴格地自己批評自己分析」明確為反封建的社會批判和靈魂的自我解剖。此文是建國前站在馬克思主義社會發展學說的立場對《野草》進行系統研究的一篇有代表性的文章，為建國後直至新時期的《野草》研究定下了基調。為紀念魯迅逝世10週年，杜子勁寫了《魯迅先生的〈野草〉》，文章比較詳盡地論證了《野草》獨特的思想與藝術價值，提出《野草》「是『五四』之後，用現代語言寫成的第一部散文詩」。〔註13〕這是對《野草》在散文詩文體上的開創性地位的確定。

1948年，王士菁的《魯迅傳》由上海新知書店出版，該書設專門章節對《野草》進行解析與評價。認為《野草》中的悒鬱、憤怒、憎恨與哀愁表現的是魯迅對於舊社會的不滿和抗爭。他說：「作為一個戰士的魯迅，他的生活並不曾和現實的社會脫了節，他的悒鬱和悲哀正是大多數中國人民的悒鬱和悲哀，他的憤怒和憎恨正是大多數中國人民的憤怒和憎恨。」〔註14〕這是對錢杏邨批評魯迅「不曾追隨時代」的糾偏。

---

〔註12〕荃麟：《魯迅的〈野草〉》，載《國文雜誌》第3卷4期，1945年9月。
〔註13〕杜子勁：《魯迅先生的〈野草〉》，見茅盾、許景宋等著：《魯迅研究》上集，嘉陵江出版社1946年版。
〔註14〕王士菁：《魯迅傳》，上海新知書店1948年版，第346頁。

　　建國以後，研究者們致力於以辯證唯物主意和歷史唯物主義的立場、觀點和方法來研究《野草》。1954 年，泥土出版社出版了衛俊秀的《魯迅〈野草〉探索》，這是《野草》研究史上第一部研究《野草》的專著。該書從革命敘事角度，與魯迅的其它作品相互參照，逐一分析《野草》所收的每篇散文詩的思想內容和藝術特點。由於作者把《野草》定位爲「『革命人』在戰鬥中的抒情詩」，所以在具體分析中有時帶有「左」的時代印痕。不過，這部解析性的著作在幫助一般讀者理解作品上的價值是不容抹殺的。1955 年，馮雪峰的長篇論文《論〈野草〉》在該年《文藝報》第 19 和第 20 期連載。該文把《野草》所收作品分爲三大類進行逐篇評析。在讚頌魯迅積極的批判和戰鬥精神的同時，也指出在《野草》中表現出了作者的「暗淡情緒和思想矛盾」。這種矛盾產生的直接客觀原因是「感到目前的黑暗勢力很雄厚，而對於將來又覺得有些渺茫。」而就魯迅自身主觀的思想根源看則是由於「以他當時的世界觀，他已經不能正確地把握當時的現實發展，明確地認識革命的前途。……作者當時由於只有片面性的辯證法，還沒有馬克思主義的唯物辯證法，沒有歷史唯物主義的觀點，還站在革命知識分子或小資產階級激進派的立場上，因此，對無產階級及在無產階級領導之下的人民群眾的革命力量，就不能有明確的、充分的認識和估計。應該說，作者前期世界觀的局限性主要就表現在這裡。他有時會感到孤獨和空虛的思想的主要原因，也就在這裡。……《野草》中這些作品所表現的這種矛盾的思想狀況，非常鮮明地反映著作者當時所體驗的深刻的思想苦悶和強烈的自我思想鬥爭。而且，這些作品中所反映的寂寞、空虛和矛盾的痛苦，也包含著由於他當時同革命的主力還沒有建立起具體的眞正聯繫而來的寂寞和不安。……作者所感到的空虛和失望，從思想上說，是由個人主義的思想而來的。作者的矛盾和痛苦，反映著個人主義的思想基礎和立場在他那裡發生著動搖以及他自己對個人主義思想的鬥爭。」這些帶有強烈時代政治印痕的觀點在當時被學界認爲是《野草》學理研究上的突破性的成果。實際是開了以革命的政治標準先把魯迅「拔高」爲「革命人」，然後再以此標準來批評他的進化論和個性主義的思想局限的先河。

　　捷克學者別爾查‧克列布索娃在 1956 年 10 月《文藝報》第 20 期附冊發表《魯迅和他的〈野草〉》，文章認爲《野草》是面向詩人內心的作品。作者把《吶喊》與《野草》相比較，提出「可以把兩部作品當作是當時魯迅的兩面：一面是面向世界，觀察並分析外界的現實；一面是面向內心，探討自己

內心所存在的問題。」許欽文在 1959 年的《文藝報》第 24 期發表《〈野草〉探索》，文章批評了別爾查·克列布索娃把魯迅分爲兩面的觀點，認爲《野草》的戰鬥精神始終是熱烈的，其中「有大半篇幅是『面向世界』而不是『面向內心』的」。所以就其戰鬥性上看並不下於《吶喊》。由兩部作品簡單地把魯迅分爲不同的兩面自然是不可取的，而用革命精神和戰鬥性來「拔高」或取代《野草》所包蘊的獨特而豐富的思想和情感內涵則顯然失之簡單。

1973 年，陝西人民出版社出版了李何林的《魯迅〈野草〉注解》，這是在學術荒蕪的「文革」浩劫時期《野草》研究的一個意外收穫。該書不僅對《野草》每篇散文詩難懂的詞句進行詳細的注解和說明，而且對每篇作品進行逐句逐段地分析講解，把研究者們不同的觀點引述出來加以分析或評判。雖然一些地方帶有那個特殊年代的「左」的印痕，但所做的大量務實而基礎的研究工作對推動《野草》研究功不可沒。

新時期以來，《野草》研究呈現出勃發的勢頭，發表或出版了一大批《野草》研究的論文和著作。不僅傳統的從社會分析和歷史分析的思想藝術研究有較大的開拓和深入，而且出現了從心理學、哲學、比較影響及婚戀情感等不同的視角研究《野草》的多元趨向。

就傳統的思想藝術研究來說，老作家許傑在粉碎「四人幫」後連續發表《魯迅〈野草〉精神試論》、《〈野草·題辭〉詮釋》、《釋〈墓碣文〉》等研究論文。其《論魯迅〈野草〉的藝術特色》一文，認爲評價作品不能把「政治標準第一，藝術標準第二」作爲僵化的教條。提出「對《野草》的藝術性、藝術傾向和藝術造詣的研究，應該說，是《野草》研究的重要課題之一。」〔註15〕這不僅對以往《野草》研究的重思想而輕藝術有糾偏的作用，而且顯示了《野草》乃至整個學術界的思想解放。1981 年，陝西人民出版社出版了閔抗生的《地獄邊沿的小花——魯迅散文詩初探》，這是新時期的第一部《野草》研究的專著。該書採用文本互證的方式，大量聯繫魯迅的雜文逐篇分析論證作品的主題，旨在讚頌魯迅的革命性和戰鬥精神，雖然帶有明顯的「左」的時代印痕，但仍不失爲新時期初期《野草》研究的重要收穫。1982 年，中國社會科學出版社出版了孫玉石的《〈野草〉研究》，這是新時期以來一部具有標誌性的《野草》研究專著。該書分「韌性戰鬥精神的頌歌」、「心靈自我解剖的記錄」和「針砭社會錮弊的投槍」三個單元，對《野草》所收的 23 篇散

---

〔註15〕許傑：《論魯迅〈野草〉的藝術特色》，載《文藝理論研究》1980 年第 1 期。

文詩逐一分析解讀。並從藝術構思、語言美、藝術探源等方面詳細論述和分析《野草》的藝術成就。該書使分散的《野草》研究邁向了體系化的系統研究。此外，石尚文、鄧忠強的《〈野草〉淺析》、王吉鵬的《〈野草〉論稿》、肖新如的《〈野草〉論析》等，也均是新時期後《野草》研究的有分量的成果。2013 年，北京大學出版社出版了張潔宇著的《獨醒者與他的燈——魯迅〈野草〉細讀與研究》，該書在繼承前輩學者李何林、孫玉石解讀作品的成果的基礎上，在作品的互文性解讀上有所開拓和深入。2014 年，汪衛東的專著《探尋「詩心」：〈野草〉整體研究》出版。該書認為《野草》是魯迅陷入第二次絕望時生命追問的一個過程，一次穿越絕望的行動，它伴隨著情感、思想和人格驚心動魄的掙扎與轉換的過程。這是一個由厭棄、哀傷、矛盾、終極悖論、絕望、懷疑、掙扎、解脫、歡欣等等組成的極為沉潛的情思世界。《野草》並非一般意義上的單篇合集，而是一個整體，《野草》中存在一個自成系統的精神世界和藝術世界。《野草》處在魯迅人生與文學的最後轉折點的位置上，經過《野草》，魯迅終於完成對自我與時代的雙重發現，將後期的人生，投入與現實直接搏擊的雜文式生存中。該書「與以往研究的不同之處，在於其不是孤立的文本透視，而是對魯迅思維方式與詞語方式的探索。汪衛東從具體文本出發，描述作為戰士與思想者的魯迅的內心變化過程。前後期有所照應，連帶著雜文、小說、譯文，可謂對魯迅思想與詩學的全景透視。」〔註16〕

從心理學角度對《野草》進行研究和解讀的有一批學者，如李希凡、錢理群、李玉明、王景山、彭定安、閻慶生、劉彥榮、龍子仲等。這些研究者從靈魂拷問的角度關注作家的心態和創作心理。較有影響的研究成果如王景山的《悲涼悲壯的心音——〈野草〉心讀》、劉彥榮的《奇譎的心靈圖影——〈野草〉意識與無意識關係之探討》、龍子仲的《懷揣毒藥衝入人群——讀〈野草〉札記》等。標誌性的研究成果如 1988 年上海文藝出版社出版的錢理群的《心靈的探尋》，該書雖然不是專門研究《野草》的，但卻多以《野草》為例證從文化心理角度剖析魯迅的精神世界，讓人們感受到魯迅心脈的顫動與靈魂的搏鬥。其對魯迅思想心態研究所達到的水平至今還無人超越。李玉明的《拷問靈魂——魯迅〈野草〉新釋》（濟南出版社 1998 年版），該書從心理學視角並輔以哲學和美學視角對《野草》進行解讀，也比較深入地揭示了魯迅創作的心靈世界。

〔註16〕孫郁：《序二：在詞語的迷宮裏》，見汪衛東著《探尋「詩心」：〈野草〉整體研究》，北京大學出版社 2014 年 10 月版。

　　20 世紀 80 年代以來，一些學者開始從人生哲學、生命意識、宗教等哲學層面來對《野草》進行研究。如李萬均、李希凡、李玉昆、王乾坤、汪暉、孫玉石、劉新華、孫舒民等。較有影響的研究成果如郜元寶的《〈野草〉別解》、閻眞的《〈野草〉對現代生存論哲學母題的穿透》、李玉明的《論魯迅〈野草〉的原罪意識》等。汪暉的《反抗絕望——魯迅及其文學世界》和王乾坤的《魯迅的生命哲學》雖然不是專門研究《野草》的，但均以《野草》爲重要分析對象切入對魯迅的「生命哲學」的探究，闡釋了魯迅這位思想文化巨人的生命哲學所獨有的文化內涵、精神意蘊和價值取向。2010 年 11 月，北京大學出版社出版了孫玉石著《現實的與哲學的——魯迅〈野草〉重釋》，該書是作者於 1996 年連載於《魯迅研究月刊》的系列論文的合集。作者從魯迅所生存的社會現實出發，來解讀和分析魯迅的生命或人生哲學的體驗，挖掘其哲學思考的深層內涵。這是從哲學視角研究《野草》的一部標誌性的著作。

　　比較影響研究也是新時期以來《野草》研究的一個重要方面。閔抗生、吳小美、哈迎飛、盧洪濤、王吉鵬、薛偉等學者，從不同的角度考察了廚川白村、尼采、波特萊爾、夏目漱石、屠格涅夫、安德列耶夫、莎士比亞等作家的作品與《野草》之間的影響或聯繫。如盧洪濤的《魯迅〈野草〉與夏目漱石〈十夜夢〉比較論》、《影響與超越——魯迅〈野草〉與屠格涅夫散文詩比較論》、薛偉的《野草新論》、王吉鵬、李紅豔的《魯迅〈野草〉與但丁〈神曲〉之比較》等。閔抗生的專著《魯迅的創作與尼采的箴言》（1996 年 9 月陝西教育出版社出版），對魯迅與尼采的個性思想進行了深入的比較，這是第一部關於《野草》的微觀比較研究的著作，推進了《野草》的比較影響研究走向深入。

　　從婚戀情感維度研究《野草》始於 1993 年又央在《魯迅研究月刊》第 5 期發表的《〈野草〉：一個特殊序列》，此文將魯迅與許廣平的戀愛過程及心理變化，作爲魯迅創作《好的故事》、《過客》、《死火》、《臘葉》等散文詩的直接因素，認爲它們已經構成了《野草》中一個帶有連續性的情感起伏的「特殊序列」。2000 年人民文學出版社出版了加拿大籍學者李天明的《難以直說的苦衷——魯迅〈野草〉探秘》。該書認爲魯迅散文詩的隱秘主題是情愛與道德責任之間的情感兩難。由此引發了上世紀 90 年代後期到 21 世紀初期從婚戀視角研究《野草》的熱潮及爭鳴。如胡尹強此後發表了一系列從婚戀角度解讀《野草》的論文，並於 2004 年由東方出版社結集出版《魯迅：爲愛情作證

——破解〈野草〉世紀之謎》一書。鄒範平出版了《新發現的魯迅：讀幾本魯迅著作的札記》（黑龍江人民出版社 2005 年版），該書致力於挖掘《野草》、《狂人日記》、《祝福》、《在酒樓上》、《孤獨者》等作品中隱含的魯迅的潛意識和潛臺詞。胡尹強用婚戀的視角解讀了《野草》中的所有的散文詩，碰到無法解釋圓通的文本，他就將其冠之以「一片鐵甲」和「障眼法」的名稱，使《野草》研究走入了「愛情論」的偏執。引起了學術界的爭鳴。裴春芳的《「私密探典」的獨創與偏至》、王瑩整理的《〈野草〉能確證是愛情散文詩集嗎？》、李今的《研究者的想像和敘事讀〈魯迅：爲愛情作證——破解〈野草〉世紀之謎〉想到的》、劉進才的《文本闡釋的有效性及其限度——近年來〈野草〉研究的偏至》等文章，批評了從婚戀視角解讀《野草》的作品存在的問題，但肯定這種解讀是使封閉的文本內部研究走出其狹小格局的有效路徑。

除以上幾個方面的《野草》研究之外，新時期以來一些學者致力於用文化學、美學、現象學、敘事學、倫理學、原型理論、存在主義、解構主義等理論和方法對《野草》進行研究。也有學者注意了《野草》學術史的研究。王雨海的《生命的吶喊與個性的張揚——魯迅〈野草〉的文化解讀》和張夢陽的《〈野草〉學史》是《野草》的文化解讀和學術史研究的代表性成果。因篇幅所限對這些研究不再詳加論述。

國外學者對《野草》的研究情況，前面談到了捷克學者別爾查·克列布索娃的研究論文和加拿大籍華人學者李天明的研究專著。此外，美國哈佛大學華人學者李歐梵的《鐵屋中的吶喊》一書的第五章，即「《野草》：希望與失望之間的絕境」，通過細緻分析魯迅的創作心理，揭示出魯迅內在的深刻悖論與矛盾。爲 20 世紀末的《野草》研究增添了一抹亮色。國外《野草》研究的重鎮在日本。日本的片山智行、竹內好、伊藤虎丸、丸山昇、木山英雄、丸尾常喜等一批學者多年致力於《野草》研究。出版或發表了一批有影響的《野草》研究的專書或專論。如片山智行的《魯迅〈野草〉全釋》（中文版見李多木譯，吉林大學出版社 1993 年版），這是日本第一部《野草》研究著作，也是中國第一部《野草》研究譯著。從《野草》具有「文學」性這一根本特點對作品進行分析解讀，顯示出獨具的特色。丸尾常喜的《恥辱與恢復——〈吶喊〉與〈野草〉》（中文版見秦弓，孫麗華編譯，北京大學出版社 2009 年版），該書以日本文化語境中的「恥意識」理論來分析和闡釋魯迅及其作品中一系列與「恥意識」相關的文學意旨與生命體驗。此外，木山英雄的《〈野草〉

解讀》、《〈野草〉主體建構的邏輯及其方法──魯迅的詩與哲學的時代》，藤井省三的《復仇的文學》等，均在《野草》研究界產生了一定的影響。日本學者在《野草》研究上顯示了在「文獻」和「實證」方面的優長。

　　以上對國內外《野草》的學術發展史和研究動態進行了簡略地梳理和描述。可以說，《野草》研究經過 80 多年幾代學者的努力，已經逐漸發展爲「魯迅學」中的重要分支──「野草學」。《野草》研究雖然已經取得了豐碩的成果，但《野草》研究是開放的、發展的，隨著社會的發展和人們思想水平和認識能力的提高，《野草》研究也將不斷地豐富和深入。

# 十二、重史求實、新舊兼容——
## 從錢鍾書對胡適和周作人的批評及對文言與白話的評說談起

　　錢鍾書在給同學好友鄭朝宗的信中明確表示:「弟之方法並非比較文學,而是求打通,以打通拈出新意」。〔註1〕受此影響,把錢鍾書的治學方法概括為在時間上打通古今,在地域上打通中西,在學科上打通文史哲各人文學科的「打通說」已成錢學研究者們的共識。以至於說起錢鍾書人人都談「打通」。其實「打通」是錢鍾書對自己治學方法、經驗和心得的高度抽象的概括或總體的原則,並不能代替他在研究具體問題時所堅持或採用的具體的方法和原則。或許,打通中外古今及各個不同的學科,這也只有錢鍾書這樣學貫中西、博古通今的學術大師能夠敢想敢做而且做得成打得通。至於一般的研究者,還是多研究點具體的問題,少談「打通」為好。所以本文僅就錢鍾書對胡適和周作人的批評及對文言與白話的評說來看錢鍾書重史求實、新舊兼容這一具體的學術原則與治學方法。

一

　　由於家學的淵源,青少年時的錢鍾書已經打下了國學的牢固根基。上中學時就「常為父親代筆寫信」,甚且開始為父輩學者的書作序。〔註2〕交遊問

〔註1〕 鄭朝宗:《海濱感舊集》,廈門大學出版社 1988 年版,第 124～125 頁。
〔註2〕 楊絳:《楊絳作品集》2 卷,中國社會科學出版社 1993 年版,第 147 頁。

學於唐文治、錢穆、徐景銓等老派學者之間，〔註3〕以舊體詩與當時的文壇名
宿陳衍酬唱應和，並與其縱論天下文人文章之得失，成爲學術上的忘年交。
陳衍贊其「世兄詩才清妙，又佐以博聞強誌。」〔註4〕其父錢基博也公開稱讚：
「兒子鍾書能承余學，尤喜搜羅明清兩朝人集，以章（學誠）氏文史之義，
抉前賢著述之隱。發凡起例，得未曾有。」〔註5〕如上種種記述當然可見錢鍾
書國學的成熟、精深與完備，但也容易給人造成一種假象：似乎錢鍾書當時
就是一個遠離新文學而沉湎於舊學的舊式學者。實際情況卻絕非如此。除家
學和傳統舊學外，錢鍾書因爲接受了嚴格的新式學校教育和受域外文化的影
響使其能青出於藍而勝於藍，無論在學術視野還是在理論、方法與創作上都
已經超越了父輩學者。如果說秦氏小學和東林小學期間他所接受的還是舊式
的傳統教育，而自入桃塢中學他就開始接受嚴格的西式教育，這不僅培養了
他的外語能力，而且也爲他接受西方的治學方法和思想觀念奠定了基礎。〔註
6〕此後在清華大學外文系更是得以系統地學習、接受、研究和掌握了西方文
化、文學和學術思想。清華的華籍教師如王文顯、吳宓、陳福田、葉公超等
均是學貫中西的大家，而外籍教授溫德（R.Winter）、瑞恰慈（I.A.Richards）
等均是西方聲名顯赫、能成一家之言的學術大師。他們的言傳身教，使錢鍾
書獲益匪淺。瑞恰慈是把西方近代新批評理論帶到中國來的第一人。他教授
的文學批評課程對錢鍾書產生了直接而深遠的影響。錢鍾書高度評價瑞恰慈
的《文學批評原理》，認爲「確是在英美批評界中一本破天荒的書」。〔註7〕他
還徵引瑞恰慈的觀點來解釋「俗氣」的本質：「批評家對於他們認爲『傷感主
義』的作品，同聲說『俗』，因爲『傷感主義是對於一樁事物的過量的反應』
（a response is sentimental if it is too great for the occasion）——這是瑞恰慈

〔註3〕 錢鍾韓：《我所瞭解的唐文治先生》，《江蘇文史資料選輯》第 19 輯；錢穆：
《八十憶雙親　師友雜憶》，三聯書店 1998 年版，第 133 頁；錢鍾書：《哭管
略》七律二首，載《國風》半月刊 1934 年 7 月 1 日第 5 卷第 1 期。
〔註4〕 錢鍾書：《石語》，《錢鍾書集》，三聯書店 2002 年版，第 478～485 頁。
〔註5〕 錢基博：《讀清人集別錄》，載《光華大學半月刊》1936 年 3 月 4 卷 6 期。
〔註6〕 桃塢中學是一所由美國教會所辦的學校。校長由外國傳教士擔當。主要課程
都用英語授課。據陳次園回憶，「這裡，不會講英語的最好免開尊口。聽吧，
連早操、軍訓、遊戲、吵架……都用英語；中國地理教科書卻用美國人諾頓
著的原版西書；二十六個字母的發音，美國校長梅乃魁要親執教鞭正它幾個
星期；初一年級第一次小考後，凡英語不及格的，一律退到補習班去。」陳
次園：《一些回憶與思索》，《崑山文史》1990 年第 9 輯。
〔註7〕 錢鍾書：《美的生理學》，載《新月月刊》1932 年 12 月 1 日第 4 卷第 5 期。

（I.A.Richards）先生的話，跟我們的理論不是一拍就合麼？」〔註8〕就是在清華就讀期間，他發表了《一種哲學的綱要》、《休謨的哲學》等一系列介紹西方哲人或思想的文章和《中國新文學的源流》、《落日頌》兩篇專門關注新文學的書評。可見錢鍾書在與舊派學者們交遊酬唱的同時眼睛卻在關注著世界的文化思潮與新文學的發展動向。所以錢鍾書絕不是一個沉湎於舊學而對新文化與新文學不聞不問的人。下面先從他對胡適的批評來分析他的學術原則與治學方法。

二

　　胡適以《文學改良芻議》一文揭開了五四文學革命的序幕，此後的《歷史的文學觀念論》、《建設的文學革命論》、《白話文學史》和《五十年來之中國文學》等，或為白話文和新文學的發展建設進行預設和規劃，或為其存在的合理性尋求歷史的根據並進行理論的辯護。可以說胡適為五四新文學提供了最基本的思想理論資源。錢鍾書比胡適小 19 歲。當胡適蜚聲文壇時他還是一個跟從伯父讀書識字的少不更事的孩童。到他才華橫溢在文壇嶄露頭角已經是五四落潮後的 1930 年代，胡適早已是文壇名宿。年齡和志趣的差距使二人雖曾謀面但卻沒有直接的深入交往。據楊絳回憶，錢鍾書在合眾圖書館查書時遇到過胡適，兩人就舊體詩的話題有過簡短的交談。胡適 1949 年離開大陸前到上海造訪他留美時的老同學任鴻雋和陳衡哲夫婦，錢氏夫婦應陳衡哲之邀參與了在任宅為胡適舉辦的「家常 tea」，錢氏夫婦、任氏夫婦和胡適曾有一次親近而隨意的聚談。此後錢鍾書還參加了一個送別胡適的宴會。〔註9〕然而，對胡適而言，他所瞭解的錢鍾書的才名是在做舊詩上，這和他反對舊詩提倡白話詩的志趣是相悖的，志趣的不投使他無法接受錢鍾書成為他的忘年交。而對錢鍾書而言，以他恃才傲物的個性，自然也不會主動攀附胡適這一文化名宿的。況且錢基博曾明確警告兒子，「我望汝為諸葛公、陶淵明；不喜汝為胡適之、徐志摩！」〔註10〕此外，錢鍾書對胡適語言和文學革新的一些態度和做法是持保留意見的，曾點名或不點名地對胡適多有批評。這些批評

〔註 8〕錢鍾書：《論俗氣》，載《大公報·文藝副刊》1933 年 11 月 4 日。
〔註 9〕楊絳：《懷念陳衡哲》，《楊絳作品精選》，人民文學出版社 2004 年版，第 219
　　　　～223 頁。
〔註10〕錢基博：《諭兒鍾書箚兩通》，載《光華半月刊》1932 年 11 月 17 日第 1 卷第
　　　　4 期。

多為隻言片語且均是討論的學術問題而沒有釀成火藥味十足的論爭，因此多不被人關注，但是對研究錢鍾書的治學原則或方法卻十分重要，所以筆者翻檢標舉出來進行討論和分析。

首先看錢鍾書對胡適的作史方法和態度的批評。

胡適在為上海《申報》五十週年紀念冊作的《五十年來中國之文學》中，用從「死文學」到「活文學」的發展變革的邏輯來描述建構五十來年新舊文學過渡的短暫歷史。他站在文學進化與革新的立場上，認為「種種的需要使語言文字不能不朝著『應用』的方向變去。」〔註 11〕持這種觀點他以否定和批評的態度把清末很有影響的詩文家王闓運和同光詩派一帶而過而高度讚賞寫詩頗具散文化傾向的詩人金和。他說：「王闓運為一代詩人，生當這個時代，他的《湘綺樓詩集》卷一至卷六正當太平天國大亂的時代（1849～1864）；我們從頭讀到尾，只看見無數《擬鮑明遠》、《擬傅玄麻》、《擬王元長》、《擬曹子建》……一類的假古董；偶然發現一兩首『歲月猶多難，干戈罷遠遊』一類不痛不癢的詩；但竟尋不出一些真正可以紀念這個慘痛時代的詩。這是什麼緣故呢？我想這都是因為這些詩人大都是只會做模仿詩的，他們住的世界還是鮑明遠、曹子建的世界，並不是洪秀全、楊秀清的世界；況且鮑明遠、曹子建的詩體，若不經一番大解放，決不能用來描寫洪秀全、楊秀清時代的慘劫。」〔註 12〕「宋詩的特別性質，不在用典，不在做拗句，乃在作詩如說話。北宋的大詩人還不能完全脫離楊億一派的惡習；黃庭堅一派雖然也有好詩，但他們喜歡掉書袋，往往有極惡劣的古典詩歌。（如司馬寒如灰，禮樂卯金刀。）南宋的大家——楊、陸、范，——方才完全脫離這種惡習氣，方才貫徹這個『作詩如說話』的趨勢。但後來所謂『江西詩派』，不肯承接這個正當的趨勢（范、陸、楊尤都從江西詩派的曾幾齣來），卻去模仿那變化未完成的黃庭堅，所以走錯了路，跑不出來了。近代學宋詩的人，也都犯這個毛病。陳三立是近代宋詩的代表作者，但他的《散原精舍詩》裏實在很少可以獨立的詩。」〔註 13〕胡適在書中用很大的篇幅介紹的兩個詩人是金和與黃遵憲。

〔註 11〕 胡適：《五十年來中國之文學》，《胡適文存》2 集，黃山書社 1996 年版，第 184 頁。

〔註 12〕 胡適：《五十年來中國之文學》，《胡適文存》2 集，黃山書社 1996 年版，第 188 頁。

〔註 13〕 胡適：《五十年來中國之文學》，《胡適文存》2 集，黃山書社 1996 年版，第 207 頁。

他說「這個時代之中，我只舉了金和、黃遵憲兩個詩人，因爲這兩個人都有點特別的個性，故與那一班模仿的詩人，雕琢的詩人，大不相同。」〔註 14〕並特別稱讚金和「確可以算是代表時代的詩人。」〔註 15〕「故他能在這五十年的詩界裏占一個很高的地位。」〔註 16〕對此，錢鍾書闡述了自己的作史的立場與原則並不點名地對胡適提出批評。他說：「文學史與文學批評體制懸殊。一作者也，文學史載記其承遭（genetic）之顯蹟，以著位置之重輕（historical importance）；文學批評闡揚其創辟之特長，以著藝術之優劣（aesthetic worth）。一主事實而一重鑒賞也。相輔而行，各有本位。重輕優劣之間，不相比例。掉鞅文壇，開宗立派，固不必由於操術之良；然或因其羌無眞際，浪盜虛名，遂抹殺其影響之大，時習如斯，竊所未安。反之，小家別子，麼弦孤張，雖名字寂寥，而愜心悅目，盡有高出聲華籍甚者之上；然姓字既黯淡而勿章，則所衣被之不廣可知，作史者亦不得激於表微闡幽之一念，而輕重顛倒。試以眼前人論之：言『近五十年中國之文學』者，湘綺一老，要爲大宗，同光詩體，亦是大事，脫病其優孟衣冠，不如服敬堂秋蟪吟館之『集開詩世界』，而乃草草了之，雖或徵文心之卓，終未見史識之通矣！」〔註 17〕這裡錢鍾書區別出文學史和文學批評各自的特點和職能。文學史重的是記述作者在文學發展史上對某時代的文風或文體的貢獻及承先啓後的作用並以此來標明其在文學史上的地位和影響；而文學批評重的是揭示某些作家作品的獨特的風格特點，並評判其藝術的得失或優劣。文學史重的是歷史的事實而文學批評重的是鑒賞。二者各有各的職能但又相互借鑒相輔相成。然而史家要注意二者在文學史中所佔的位置的輕重的比例卻不能是等同的。對於那些曾蜚聲文壇，開宗立派的大家，當然不必就是由於其主張或方法有多麼高妙；然而也不能因爲他現在看來沒有做出眞正的貢獻而是浪盜虛名，就抹殺其在文學史上的影響。反過來說，對那些名聲並不顯赫但卻有自己的特點和風格的小家

---

〔註 14〕　胡適：《五十年來中國之文學》，《胡適文存》2 集，黃山書社 1996 年版，第 207 頁。

〔註 15〕　胡適：《五十年來中國之文學》，《胡適文存》2 集，黃山書社 1996 年版，第 190 頁。

〔註 16〕　胡適：《五十年來中國之文學》，《胡適文存》2 集，黃山書社 1996 年版，第 192 頁。

〔註 17〕　錢鍾書：《中國文學小史序論》，載《國風》半月刊，1933 年 10 月 16 日 3 卷 8 期。

別子，讀其作品愜心悅目，在某些方面確實高出了那些聲名極大的大家；然而名聲既然很少人知，那麼給人們的影響自然也就不會廣了，作史的人也不要執著於揭示隱幽精微的事理的念頭而大書特書以致輕重顛倒。文中的「湘綺一老」即王闓運。「服敔堂」指的是江湜的《伏敔堂詩錄》，「秋蟪吟館」即指金和的《秋蟪吟館詩鈔》。因爲江湜的詩不用典故，純用白描。曾有人把他和鄭珍、金和並稱。所以錢鍾書把他和金和並提。「集開詩世界」是指王禹偁在《日長簡仲咸》詩中推崇杜甫開闢了詩歌的新領域所說的「子美集開詩世界」。錢鍾書認爲就晚清文學來說，王闓運和同光詩派都開宗立派在當時產生了巨大的影響，如果以其模仿的毛病就認爲他們不如江湜、金和的詩有革新開創的意義，於是在寫史時不予重視。這種做法雖然或許表明爲文者的用心和識見不同凡響，但終不能說是對歷史的客觀公正的表述或評判。可以說，胡適和錢鍾書均是論從史出，但又有著不同的作史立場和原則。錢鍾書堅持的是「信」，是一種重史求實的態度；胡適著眼的是「變」，追求的是「成一家之言」的獨特性或創新性。二者難分軒輊。

再看錢鍾書對胡適革新文學的某些理論、做法及學術上的疏漏所進行的批評。

胡適在《文學改良芻議》中把「不用典」標爲改革文學的八項主張之一。雖然錢鍾書也反對那種「無一字無來處」的「典癖」，認爲那樣會使作品叫人讀起來「覺得碰頭絆腳無非古典成語，彷彿眼睛裏擱了金沙鐵屑，張都張不開，別想看東西了」。〔註18〕但對胡適明確提出「不用典」的主張是持保留意見的。他說：「詞頭，套語，或故典，無論它們本身是如何陳腐醜惡，在原則上是無可非議的；因爲它們的性質跟一切比喻和象徵相同，都是根據著類比推理（Analogy）來的，尤其是故典，所謂『古事比』。假使我們從原則上反對用代詞，推而廣之，我們須把大半的文學作品，不，甚至把有人認爲全部的文學作品一筆勾消了。」〔註19〕在論駢文的利弊時他指出用典的實質和作用：「駢體文兩大患：一者隸事，古事代今事，教星替月；二者駢語，兩語當一語，迭屋堆床。然而不可因噎廢食，止兒之啼而土塞其口也。隸事運典，實即『婉曲語』（periphrasis）之一種，吾國作者於茲擅勝，規模宏遠，花樣繁多。駢文之外，詩詞亦尙。用意無他，曰

〔註18〕錢鍾書：《宋詩選注》，人民文學出版社 1989 年版，第 97 頁。
〔註19〕錢鍾書：《論不隔》，載《學文》月：1934 年 7 月 1 卷 3 期。

不『直說破』（nommer un objet）俾耐尋味而已。……末流雖濫施乖方，本旨固未可全非焉。」〔註20〕

胡適爲白話文學尋找理論根據寫了一本《白話文學史》。他站在平民主義文學的立場上，認爲古典文學中有生命力的作品如《陌上桑》、《孔雀東南飛》、《木蘭詩》等都是用當時的白話寫成的，所以白話文學史就是中國文學史的中心部分。對此錢鍾書在講舊傳統和新風氣的代興時說：「新風氣的代興也常有一個相反相成的表現。它一方面強調自己是嶄新的東西，和不相容的原有傳統立異；而另一方面更要表示自己大有來頭，非同小可，向古代也找一個傳統作爲淵源所自。……我們自己學生時代就看到提倡『中國文學改良』的學者煞費心機寫了上溯古代的《中國白話文學史》。……這種事後追認先驅（préfiguration rétroactive）的事例，彷彿野孩子認父母，暴發戶造家譜，或封建皇朝的大官僚誥贈三代祖宗，在文學史上數見不鮮。」〔註21〕此外，亞東圖書館標點重印《醒世姻緣傳》，胡適爲此寫了三萬餘字的考訂文章——《〈醒世姻緣傳〉考證》，考證出其書的作者西周生就是《聊齋誌異》的作者蒲松齡。錢鍾書在《林紓的翻譯》中談林紓的敘述和描寫的技巧時認爲白話作品完全可能具備「古文家義法」。引林紓同時人李葆恂《義州李氏叢刊》裏的《舊學盦筆記》記有關《儒林外史》的筆法俱從太史公《封禪書》得來。錢鍾書在注釋中說：「……李氏對《儒林外史》還有保留：『《醒世姻緣》可爲快書第一，每一下筆，輒數十行，有長江大河、渾灝流轉之觀。……國朝小說惟《儒林外史》堪與匹敵，而沉鬱痛快處似尚不如。』李慈銘《越縵堂日記補》咸豐十年二月十六日：『閱小說演義名《醒世姻緣》者。……老成細密，亦此道中之近理者』；……這幾個例足夠表明：晚清有名的文人學士急不及待，沒等候白話文學提倡者打鼓吹號，宣告那部書的『發現』，而早覺察它在中國小說裏的地位了。」〔註22〕

胡適在《建設的文學革命論》裏認爲用古文譯書，必失原文的好處。舉例說「如林琴南的『其女珠，其母下之』，早成笑柄，且不必論。」〔註23〕這裏胡適是引林紓翻譯《巴黎茶花女遺事》的句子。原文是「女接所歡，嬬，而其母下之，遂病。」文中的「嬬」，指婦人妊身。胡適對此字理解有誤，錢

---

〔註20〕錢鍾書：《管錐編》，中華書局 1986 年 2 版，第 1474 頁。
〔註21〕錢鍾書：《錢鍾書散文》，浙江文藝出版社 1997 年版，第 189～190 頁。
〔註22〕錢鍾書：《錢鍾書散文》，浙江文藝出版社 1997 年版，第 292～293 頁。
〔註23〕胡適：《建設的文學革命論》，載《新青年》，1918 年 4 月第 4 卷 4 號。

鍾書批評說：「林紓原句雖然不是好翻譯，還不失爲雅煉的古文。『嬬』字古色爛斑，不易認識，無怪胡適錯引爲『其女珠，其母下之』，輕蔑地說：『早成笑柄，且不必論。』……大約他以爲『珠』是『珠胎暗結』的簡省，錯了一個字，句子的確就此不通；他又硬生生在『女』字前添了『其』字，於是緊跟『其女』的『其母』變成了祖母或外祖母，那個私門子竟是三世同堂了。胡適似乎沒意識到他抓林紓的『笑柄』，自己著實賠本，付出了很高的代價。」〔註24〕

以上是錢鍾書對胡適革新文學的某些理論、做法及學術上的疏漏所進行的批評。這些就某些理論或做法上的批評表明了兩人不同的個性和志趣，而指出個別學術上的疏漏對胡適來說當然也是白璧微瑕。而從錢鍾書這種略帶嘲諷的行文方式，一方面表明了其喜歡臧否人物的獨立不拘的個性，另一方面也表明了其重史求實，一絲不苟的治學態度與原則。

三

如果說胡適以《文學改良芻議》一文揭開了五四文學革命的序幕的話，那麼周作人就是以《人的文學》一文確立了五四啓蒙文學的性質與走向。成了五四新文學最重要理論批評家之一。錢鍾書比周作人小 25 歲。就所見的資料來看，二人未曾謀面。錢鍾書對周作人有公開的批評，未發現周作人對這些批評的回應。

周作人於 1932 年 3、4 月間在輔仁大學作了系列講演，後依據講演的記錄稿整理出版了《中國新文學的源流》。〔註25〕該書旨在用歷史循環論的觀點爲五四新文學運動尋找歷史依據。其核心觀點就是：言志派與載道派兩種文學潮流的起伏消長，構成了全部中國文學史發展的曲線；而五四新文學的源流則可以追溯到明末的「公安派」。他將五四新文學運動與明代公安派文學潮流作了比較，結論是兩次運動的「趨向是相同」的。認爲清代八股文和桐城派文學都屬於「遵命文學」過了頭，於是引起「不遵命的革命文學」，也就是新文學運動。明末的文學是新文學的「來源」，而清代八股文學桐城派古文所激起的「反動」，則成了新文學發生的「原因」。他特

〔註24〕錢鍾書：《錢鍾書散文》，浙江文藝出版社 1997 年版，第 299～300 頁。
〔註25〕周作人：《中國新文學的源流》，周作人講校，鄧恭三記錄，北平人文書店 1932年版。

別比較了新文學的主張與明末公安派的類同點。他認為兩者都屬「言志」的文學，或者叫「即興的文學」。認為胡適的「八不主義」和公安派的「獨抒性靈，不拘格套」以及「信腔信口，皆成律度」，其精神趨向是一致的。錢鍾書認為周作人此書存在根本概念上的錯誤：「周先生根據『文以載道』、『詩以言志』來分派，不無可以斟酌的地方，並且包含著傳統的文學批評上一個很大的問題。『詩以言志』和『文以載道』在傳統的文學批評上，似乎不是兩個格格不相容的命題，有如周先生和其它批評家所想者。在傳統的批評上，我們沒有『文學』這個綜合的概念，我們所有的只是『詩』、『文』、『詞』、『曲』這許多零碎的門類。……『詩』是『詩』，『文』是『文』，分茅設蕝，各有各的規律和使命。『文以載道』的『文』字，通常只是指『古文』或散文而言，並不是用來涵蓋一切的近世所謂『文學』；而『道』字無論依照《文心雕龍‧原道》篇作為自然的現象解釋，或依照唐宋以來的習慣而釋為抽象的『理』。『道』這個東西，是有客觀的存在的；而『詩』呢，便不同了。詩本來是『古文』之餘事，品類較低，目的僅在乎發表主觀的感情——『言志』，沒有『文』那樣大的使命。所以我們對於客觀的『道』之能『載』，而對於主觀的感情便能『詩者持也』地把它『持』起來。這兩種態度的分歧，在我看來，不無片面的真理；而且它們在傳統的文學批評上，原是並行不背的，無所謂兩『派』。所以許多講『載道』的文人，做起詩來，往往『抒寫性靈』，與他們平時的『文境』絕然不同，就由於這個道理。」〔註 26〕錢鍾書認為中國古代文學有其自身的文體特點及淵源流變，和西方近現代文藝理論概念是不同的兩套體系，各有自己的特點和規律。周作人受西方文藝學概念的影響，對中國傳統的文學術語的含義分辨不清，和西方文藝理論概念強行比附。錢鍾書強調「作史者斷不可執西方文學之門類，鹵莽滅制，強為比附。西方所謂 poetry 非即吾國之詩；所謂 Drama，非即吾國之曲；所謂 prose，非即吾國之文；苟本諸《揅經室三集‧文言說》、《揅經室續集‧文韻說》之義，則吾國昔者之所謂文，正西方之 verse 耳。文學隨國風民俗而殊，須各還其本來面目，削足適履，以求統定於一尊，斯無謂矣。」〔註 27〕中國傳統文學在區分文章類別特徵的基礎上

〔註 26〕錢鍾書：《中國新文學的源流》，載《新月月刊》，1932 年 11 月 1 日第 4 卷第 4 期。

〔註 27〕錢鍾書：《中國文學小史序論》，載《國風》半月刊，1933 年 10 月 16 日 3 卷 8 期。

約定俗成地形成一套文類體式規範。其中最重要的是講文章「體制」和「品類」。所謂「體制」，傳統文論中也稱「體格」或「大要」，類似於現在所說的「文體」或「體裁」。各種文體都各自有其嚴格的規則或體式，形成分門別類的文學樣式。各種文體的規則或體式不能混用或雜糅，否則就叫「失體」。「得體」與「失體」是品評作品的重要標準。所謂「得體」，就是詩、文、詞、戲曲、小說等體裁嚴格區分，不能相雜。錢鍾書舉例說：「譬如王世貞《藝苑卮言》、朱彝尊《靜志居詩話》皆謂《眉庵集》中七律聯語大似《浣溪沙》詞，又如章炳麟《與人論文書》謂嚴覆文詞雖飭，氣體比於制舉。」〔註28〕也就是說明代楊基《眉庵集》中的律詩寫得像《浣溪沙》詞，嚴覆文詞雖然整齊，但風格體式上有科舉考試的策問應答之氣，這在王世貞、朱彝尊和章太炎等人看來都是「失體」。如果體裁分得如此細緻明確，那麼為什麼又有「以文為詩」的說法呢？對此，錢鍾書認為：「不知標舉『以文為詩』，正是嚴於辨體之證；惟其辨別文體與詩體，故曰『以文為詩』，借曰不然，則『為詩』徑『為詩』耳，何必曰『以文』耶？且『以文為詩』，乃刊落浮藻，盡歸質言之謂。」〔註29〕按錢鍾書的看法，正是由於細別文體與詩體，所以才有「以文為詩」的提法，如果不是這樣，那麼「為詩」就徑直「為詩」又何必說「以文為詩」呢？這就是「體制」，是屬於形式的範疇。那麼「品類」又是指的什麼呢？「品類」則指各種體裁尊卑的排定和題材內容的分等。是從作品體裁形式、題材內容以及體裁形式是否完美即「得體」或「失體」等角度來評判作品的尊卑高下的一套規則或標準，既關涉到內容又牽涉到形式。一般說來，「文（古文或散文）以載道」，「文」的地位最高，「詩以言志」，詩的地位次於「文」，「詞」號「詩餘」，又次於「詩」，「戲曲」、「小說」則更下一層。並且同一種體裁，也因其題材和內容而分出尊卑。各種體裁相雜即叫「失體」，假如詞寫得像詩，就是「失體」，並不能因詩的品位高於詞而詞寫得像詩也變得「尊」起來。錢鍾書舉例說：「《苕溪漁隱叢話》記易安居士謂詞別是一家，晏殊、歐陽修、蘇軾詞，皆句讀不葺之詩，未為得詞之體矣。又譬之『文以載道』之說，桐城派之所崇信，本此以言，則注疏所以闡發經詁之指歸，語錄所以控索理道之窈眇，

---

〔註28〕錢鍾書：《中國文學小史序論》，載《國風》半月刊，1933 年 10 月 16 日 3 卷 8 期。

〔註29〕錢鍾書：《中國文學小史序論》，載《國風》半月刊，1933 年 10 月 16 日 3 卷 8 期。

二者之品類，胥視『古文』爲尊……姚鼐《述痷文鈔序》顧謂『古文』不可有注疏語錄之氣，亦知文各有體，不能相雜，分之雙美，合之兩傷；苟欲行兼併之實，則童牛角馬，非此非彼，所兼併者之品類雖尊，亦終爲僞體而已。」〔註30〕這裡李清照強調詞的文體特點，認爲晏殊、歐陽修、蘇軾等人的詞都是句讀不整齊的詩而不能算是詞；姚鼐提示「古文」不能因爲考慮「文以載道」而寫得像注疏語錄，均是強調文體特點即不能「失體」。就「品類」的尊卑錢鍾書舉例說：「一體之中，亦分品焉；同一傳也，老子、韓非，則爲正史，其品尊，毛穎，虬髯客則爲小說，其品卑；同一《無題》詩也，傷時感事，意內言外，香草美人，騷客之寓言，之子夭桃，風人之託興，則尊之爲詩史，以爲有風騷之遺意；苟緣情綺靡，結念芳華，意盡言中，羌無寄託，則雖《金荃》麗制，玉溪復生，眾且以庾詞側體鄙之，法秀泥犁之訶，端爲若人矣！此《疑雨集》所以不見齒於歷來譚藝者，吳喬《圍爐詩話》所以取韓偓詩比附於時事，而『愛西崑好』者所以紛紛刺取史實，爲作『鄭箋』也。」〔註31〕就是說，同一體裁其品類的尊卑又因題材不同而不同。如同一傳記體裁，來自正史的老子、韓非則尊，來自傳奇小說的虛構的毛穎，虬髯客則卑；同一詩體，其內容寫國事民生的則尊，寫纏綿悱惻的男女私情的則卑。倘若只是綺靡豔詞，那麼就是溫庭筠的《金荃》麗制〔註32〕李商隱復生〔註33〕，人們也會認爲是堆積詞藻品格低下的庾詞側體而鄙夷。法秀禪師所怒責的下地獄的，正是這些人啊！〔註34〕這就是歷來譚藝者不屑於提起王彥泓的豔詩《疑雨集》，吳喬《圍爐詩話》拿韓偓的詩比附於時事，喜歡西崑體詩的人紛紛引用史實，爲西崑體詩作箋注的原因。

　　傳統的文藝理論，論文的就僅談文，說詩的就只論詩，基本上沒有把各

〔註30〕錢鍾書：《中國文學小史序論》，載《國風》半月刊，1933 年 10 月 16 日 3 卷 8 期。

〔註31〕錢鍾書：《中國文學小史序論》，載《國風》半月刊，1933 年 10 月 16 日 3 卷 8 期。

〔註32〕《金荃》即《金荃集》，溫庭筠詞集，今已佚。

〔註33〕玉溪，永樂水名，唐李商隱嘗隱居之，號玉谿生。

〔註34〕泥犁之訶：捫虱新話曰：黃魯直初好作豔歌小詞，道人法秀謂其以筆墨誨淫，於我法中，當墮泥犁之獄。魯直自是不作。佛書泥梨耶，無喜樂也。泥梨迦，無去處也。二者皆地獄名。或省耶迦字，只作泥梨，一作犁。又阿鼻，無間也，亦地獄名。法華經：無間地獄，有頂天堂。訶：怒責。

種文體溝通綜合產生像西方的「文學」概念。這是中國古典文論的局限，然而也是它的特點。自古以來，作者本著這樣的特點而創作，論者本著這樣的特點而欣賞或批評。「昔之論者以爲詩文體類既異，職志遂爾不同，或以『載道』，或以『言志』；『文』之一字，多指『散文』、『古文』而言，斷不可以『文學』詁之。是以『文以載道』與『詩以言志』，苟以近世『文學』之誼說之，兩言牴牾不相容，而先民有作，則並行而不倍焉。」〔註35〕錢鍾書在與西方文論比較中進一步揭示古代文論的文體特點，並批評近代一些人對中西文學概念強爲比附而造成的認識上的混亂。按中國古代文論來看，「詩」和「文」既是不同的文體，它們的職能和志趣也就不同，「文」以『載道』，而「詩」則是『言志』的；這裡的「文」是指「散文」或「古文」這種文體，而絕對不能解釋爲西方的「文學」。所以「文以載道」與「詩以言志」，如果以現在西方的所謂「文學」來解釋，二者是矛盾不相容的，而按中國古代的文體論來看則並不矛盾。

多年以後，錢鍾書又舊話重提，在《中國詩與中國畫》一文中，用淺白易懂的語言和一系列形象生動的比喻，進一步來說明這個問題。他說：「我們常聽說中國古代文評裏有對立的兩派，一派要『載道』，一派要『言志』。事實上，在中國傳統裏，『文以載道』和『詩以言志』主要是規定個別文體的職能，並非概括『文學』的界說。『文』常指散文或『古文』而言，以區別於『詩』、『詞』。這兩句話看來針鋒相對，實則水米無干，好比說『他去北京』、『她回上海』，或者羽翼相輔，好比說『早點是稀飯』，『午餐是麵』。因此，同一個作家可以『文載道』，以『詩言志』，以『詩餘』的詞來『言』詩裏說不出的『志』。這些文體就像梯級或臺階，是平行而不平等的，『文』的等次最高。西方文藝理論常識輸入以後，我們很容易把『文』一律理解爲廣義的『文學』，把『詩』認爲文學創作精華的同義詞。於是那兩句老話彷彿『頓頓都喝稀飯』和『一日三餐全吃麵』或』『兩口都上北京』和『雙雙同去上海』，變成相互排斥的命題了。〔註36〕我們把錢鍾書不同語體，不同時期對同一問題的論述放到一起，便於讀者比較賞析，從中也可以領略其早年「淩雲健筆」，晚年老而更成的文章風格。另外，從他多次對同一問題的論述中也可看出他對這一

---

〔註35〕錢鍾書：《中國文學小史序論》，載《國風》半月刊，1933 年 10 月 16 日 3 卷 8 期。
〔註36〕錢鍾書：《錢鍾書散文》，浙江文藝出版社 1997 年版，第 191～192 頁。

問題的重視程度。反對把西方文藝學名詞硬套在中國文學身上強爲比附是他從青年到晚年始終如一的態度。晚年當他看到一些對中外文學傳統都一知半解的人在大談「比較文學」時，就不無諷刺地想起小學裏的造句：「狗比貓大，牛比羊大。」〔註37〕

# 四

　　錢鍾書對胡適和周作人這兩個五四白話文和新文學的發起人或奠基者多有批評，又喜作舊體詩且與舊派學人交遊密切，那麼他是不是沉湎於舊學而對新文學和白話文有成見呢？答案應該是否定的。其實他是古今貫通，新舊兼容的。無論新文學舊文學或文言文白話文，他都以客觀公正的學術態度來分析其優劣得失，而不懷門戶之見採取絕對肯定或否定的過激態度。他的這種治學原則與態度在他發表於上世紀30年代的《與張君曉峰書》中表現得尤爲清楚。該文主旨就是討論文言與白話的優劣的。認爲：「苟自文藝欣賞之觀點論之，則文言白話，驂驔比美，正未容軒輊。」〔註38〕文章從閱讀欣賞、文化史及應用的角度來考量文言與白話的優劣。針對有人從閱讀欣賞的角度認爲白話比文言容易理解並否定文言使用典故的情況。錢鍾書說：「白話至高甚美之作，亦斷非可家喻戶曉，爲道聽途說之資。往往鈎深索隱，難有倍於文言者，譬之談者力非文言文之用典故，弟以爲在原則上典故無可非議，蓋與一切比喻象徵性質相同，皆根據類比推理（Analogy）來。然舊日之典故（白話文學中亦有用典者，此指大概），尚有一定之坐標系，以比現代中西詩人所用象徵之茫昧惚恍，難於捉摸，其難易不可同年而語矣。」〔註39〕所以「難」不是文言的根本特點，「易」也不是白話的本質特徵。因此「以難易判優劣者，惰夫懦夫因陋苟安之見耳；彼何知文藝之事政須因難見巧乎？」〔註40〕就文化史的角度來考量，錢鍾書認爲：「文言白話皆爲存在之事實；純粹歷史之觀點只能接受，不得批判，既往不咎，成事不說，二者亦無所去取愛憎。」〔註41〕針對有人以文言文簡潔而判定文言優於白話的情況，錢鍾書引《養一齋詩話》來批評說：「文章各有境界，宜繁而繁，宜簡而簡，推簡者爲工，則減字

〔註37〕楊絳：《楊絳作品集》2卷，中國社會科學出版社1993年版，第141頁。
〔註38〕錢鍾書：《與張君曉峰書》，載《國風》1934年7月：第5卷第1期。
〔註39〕錢鍾書：《與張君曉峰書》，載《國風》1934年7月：第5卷第1期。
〔註40〕錢鍾書：《與張君曉峰書》，載《國風》1934年7月：第5卷第1期。
〔註41〕錢鍾書：《與張君曉峰書》，載《國風》1934年7月：第5卷第1期。

法成不刊典。」〔註 42〕針對有人認爲不讀文言，則不能瞭解和體會傳統文化的觀點，錢鍾書批評說：「老師宿儒皓首窮經，亦往往記誦而已，於先哲之精神命脈，全然未窺。彼以版本考訂爲文學哲學者，亦何嘗不以能讀古書自詡於人耶？」〔註43〕錢鍾書認爲讀書是一種精神生活，是爲「靈魂之冒險」，須出離於功利而發自內心的喜歡和欣賞。如果定爲規章律令，憑藉教鞭的驅使，以科舉功名來誘惑，那作出來的都不過是官樣文章而已！他以辯證的觀點認爲文言白話可以通過互動互補而達於融合之境。他說：「白話文之流行，無形中使文言文增進彈性（Elasticity）不少。而近日風行之白話小品文，專取晉宋以迄於有明之家常體爲法，盡量使用文言，此點可征將來二者未必無由分而合之一境。」〔註 44〕這不但是錢鍾書對文言與白話的態度，也是他對古典文學與新文學的態度。正是這種客觀包容而又辯證的治學態度，使他能文言白話皆擅，不但能寫出《談藝錄》、《管錐編》這樣的學術巨著，而且能以「融文於白、化西入中」的白話文體創作出《圍成》、《人‧獸‧鬼》、《寫在人生邊上》這樣獨具風格的新文學作品。余光中認爲錢鍾書「富於彈性的風格，尤其是融文於白、化西入中的句法，給我的啓示頗大，說服我白話也可以寫得精簡，西化也可以馴爲中用」。〔註45〕

　　以上我們就錢鍾書對胡適和周作人的批評及對文言與白話的評說進行了梳理與分析，可以看出，胡適和周作人當時都以批判舊文學並創建和發展新文學爲己任，其立論或觀點帶有強烈的改革求變的五四時代特徵，而錢鍾書則是在五四落潮之後，站在純學術的立場，從中國傳統文學和文論自身的規律和特點出發評判問題，表現出重史求實的特色和新舊兼容的治學原則或態度。

〔註42〕錢鍾書：《與張君曉峰書》，載《國風》1934 年 7 月：第 5 卷第 1 期。
〔註43〕錢鍾書：《與張君曉峰書》，載《國風》1934 年 7 月：第 5 卷第 1 期。
〔註44〕錢鍾書：《與張君曉峰書》，載《國風》1934 年 7 月：第 5 卷第 1 期。
〔註45〕余光中：《新儒林外史——悅讀錢鍾書的文學創作》，汪榮祖主編《錢鍾書詩文叢說——錢鍾書教授百歲紀念國際學術研討會論文集》，（臺灣）中央大學出版中心 2011 年 7 版，第 175 頁。

# 十三、中西文化碰撞的思想火花——
## 論錢鍾書文藝思想的形成

### （一）中外文學交流與相互影響

　　人類文明是在各個不同民族文化的相互交流、碰撞、影響與融合的過程中發展與完善起來的。作爲文化的重要組成部分與承載載體的文學在各民族文化交流中不但扮演著重要的角色，而且自身在不斷地吸收創造中完善與發展。中外文學交流可謂源遠流長。中國文學對世界、尤其對亞洲近鄰諸如日本、朝鮮、越南等國的文學乃至文化的發展產生了巨大的影響。據日本最早的典籍《古事記》記載，早在公元 3 世紀中國典籍就傳到日本。公元 4 世紀日本開始使用漢字。《日本書紀》載日本顯宗天皇元年（485）3 月 3 日，模仿王羲之等的「曲水流觴」，日本皇室在宮廷後院舉行曲水詩宴，這是日本漢詩的濫觴。到唐朝更是留下了眾多的中日詩人唱酬應和的佳話。《史記》即有「武王乃封箕子於朝鮮」的記載。〔註1〕漢字在 1 世紀時已被朝鮮朝野廣泛使用。2 世紀後廣泛流傳的《箜篌引》很明顯是模仿我國的《詩經》體。到唐朝時在中國留學的新羅學子詩文頗佳，朴仁範、崔致遠等有「新羅十賢」之稱，〔註2〕其中朴仁範爲翰林學士。從越南早期神話傳說與中國古代神話傳說多相似之處可見中越兩國文化交流融合的密切關係。漢武帝時開始在越南推行漢字，使之作爲官方的交際工具。到唐朝時，李白、杜甫、白居易等大詩人均

〔註 1〕 《史記》卷三十八。
〔註 2〕 《史記》卷四十六列傳。

是越南知識分子所傾慕的對象。出現了被越人稱為「安南千古文宗」的嫻熟地用漢語寫詩作文的姜公輔。所以，所謂的「遠東文化圈」實際是以中國文化和文學為胚基和觸媒而生長發育起來的。在西方，明末清初一些來華傳教士開始熱衷於譯介中國典籍，1590 年西班牙人高毋羨（Juan Cobo，？～1592）翻譯了第一部漢籍《明心寶鑒》。此後，意大利人羅明堅（Michele Ruggieri，1543～1607）、利瑪竇（Matteo Ricci，1552～1610）、法蘭西人金尼閣（Nicolas Trigault，1577～1628）等用拉丁文翻譯了《四書》《五經》等儒家經典。隨著法國人馬若瑟（Joseph Henri M. de Premare，1666～1735）1734 年把紀君祥的《趙氏孤兒》翻譯成法語，很快這部元雜劇就風靡了歐洲。英國人哈切特（William Hatchett）、法國人伏爾泰（Voltaire，1694～1778）等紛紛以此為藍本改編成具有本國特色的《中國孤兒》《中國英雄》等。再加上英國人托馬斯·珀西（Thomas Percy，1729～1811）編譯的長篇小說《好逑傳》和其它歐洲漢學家們翻譯的《詩經》及《今古奇觀》中的一些小說的問世，歐洲大陸很快刮起了一股「中華風」。

以上我們主要考察了中國文化和文學對世界其它民族文化和文學的影響，下面我們也來看一下其它民族文化和文學對我們的影響。因為既然是文化交流，那麼相互碰撞、吸收和融合才是一種正常的文化形態。從歷史看，中國文化接納外來文化大致有三個高峰期。

第一個高峰期是在漢、唐時期。當時的中國以大國的姿態、盛世的自信和闊大的胸襟向世界開放，既毫無保留地把我們的文化播揚四海，又對外來文化博采眾長，像魯迅先生所說「運用腦髓，放出眼光，自己來拿」！〔註3〕如此時期佛教乃至印度文化的大規模傳入，其影響既廣且深。甚至形成了儒、釋、道三家比肩而立的局面。不僅影響了中國人的生活態度和思維方式，而且影響到語言、文學藝術等各個方面。大量佛經的翻譯不僅成就了法顯、玄奘、義靜等精通漢文和梵文的翻譯大師，形成了我國早期的翻譯理論，如玄奘提出的「既須求真，又須喻俗」的翻譯標準，而且輸入了大量新語彙和新概念，衝破駢文的繩墨套套而形成了一種質樸通俗、駢散相間的新文體——譯經體。此外，佛經中的佛理和禪趣開啓了中國詩人的智慧和靈感，出現了以禪入詩、以禪說詩的新風氣，奇幻的佛教故事也拓展了中國文人的想像空間，出現了志怪和傳奇小說，甚至影響到以後的話本、擬話本、戲曲及小說。

---

〔註3〕魯迅：《魯迅全集》第六卷，人民文學出版社 1981 年版，第 39 頁。

總之，「佛教及佛教藝術的傳入促進了中國文藝美學觀念及思維方式的變化，促進了中國文藝美學思潮的演變。……佛家的心性學說推動了中國文藝美學關於藝術家主體的探索，中國文藝美學的主體性意識得以加強。禪宗的頓悟說則有助於增強中國文藝美學的直覺感悟色彩。」〔註4〕

　　第二個高峰期是在戊戌變法及五四新文化運動時期。由於滿清政府以天朝大國自居，實行閉關鎖國政策，使我國在很長一段時間內失去了與其它國家和民族進行交流和學習的機會，逐漸把自己置於封閉落後的境地。鴉片戰爭的隆隆炮聲驚醒了天朝帝國的迷夢，使中國人不得不睜開眼看世界。首先是以魏源等人的「以夷制夷」的實用主義思想為指導，模仿洋人的「船堅炮利」創建造船製炮的軍工企業和近代軍隊的洋務運動，甲午中日戰爭的失敗標誌著洋務運動的破產；繼而學習西方的君主立憲和議會共和掀起了旨在改變政治制度的維新變法和辛亥革命，戊戌新政只維持了區區百日，辛亥革命的勝利成果也很快變成了袁世凱取代滿清皇帝的籌碼；進而，一批思想文化的先驅者開始以西方的文化思想為參照系來檢討和反省中國的思想文化、倫理道德，於是一場真正改變了中國人幾千年的禮教觀念，引領中國的思想文化走上現代理性軌道的五四新文化和文學革命運動蓬蓬勃勃地開展起來。在這一系列的變革中，域外思想文化的介紹和吸收起了重要的參照和催化的作用。而一批有海外遊歷或學習經歷的知識分子則是介紹和宣傳域外文化思想的主體。如編著《普法戰紀》，創作《扶桑遊記》和《漫遊隨錄》的王韜，翻譯《天演論》的嚴復等。文學作為文化的重要分支和文化思想的承載體在這一系列的變革中不僅扮演著重要的角色，而且自身從觀念、內容和形式都發生了質的變化。近代在翻譯和介紹西方文學方面，雖然嚴復最早翻譯過英國詩人亞歷山大・蒲伯等人的詩歌，但真正以翻譯西方文學作品而影響了一代知識分子的是被稱為「譯界之王」的林紓。他一生翻譯了 171 部西方文學名著。第一部譯著《巴黎茶花女遺事》刊行後風行全國。嚴復描述為「可憐一卷《茶花女》，斷盡支那蕩子魂。」林譯小說使中國人真正瞭解了西方人的心理世界、生活方式和精神風貌，也使人們瞭解了西方小說這種文學體裁能夠如此深刻地反映社會現實和細膩地描摹人物感情，從而改變了傳統的視小說戲曲為「末技小道」的觀念。可以說，林紓是在文學上為人們認識和瞭解西方打開了一個窗口，引起了人們對西方文學的極大興趣。現代文學的大家如

─────────

〔註4〕周發祥、李岫：《中外文學交流史》，湖南教育出版社 1999 年版，第 30 頁。

魯迅、周作人、郭沫若、茅盾等年輕時無不癡迷於林譯小說，從中吸取異域文學的營養，借鑑其文學思想和藝術技巧。雖然林紓後來激烈地反對白話文和新文學，但實際上他的翻譯工作就是一項一直在鋪設著新文學生長的溫床而挖掘著舊文學的墳墓的異化工程。此外，受政治小說促進了日本的明治維新的啓發，梁啓超認識到了小說對政治的宣傳作用，開始熱心地鼓吹政治小說。他的《論小說與群治之關係》極力抬高小說的文學地位和社會政治作用，成爲所謂「小說界革命」的宣言書。當然，介紹、引進和接納域外文學及理論思潮的峰巔是 1915 年陳獨秀創辦《新青年》掀起新文化運動和 1917 年胡適發表《文學改良芻議》揭開五四文學革命的序幕。此後，寫實主義、自然主義、浪漫主義、象徵主義、各種各樣的現代派、馬克思主義及前蘇聯的文藝作品和理論都紛紛湧入中國，眞正是百花齊放，百家爭鳴。五四新文學就是在這種開放的，各種中外文化和文學思潮與理論的碰撞與融合的環境中產生、成長、發展與成熟起來的。

　　第三個高峰期是在粉碎「四人幫」以後的所謂新時期。建國後至 1966 年「文化大革命」爆發，我們的對外交流主要是學習蘇聯老大哥的經驗。文學上也主要是翻譯《母親》《鋼鐵是怎樣煉成的》《青年近衛軍》等反映蘇聯革命事業或衛國戰爭題材的作品及介紹並推行蘇聯的「社會主義現實主義」創作理論。而對歐美等西方的政治、文化及文學藝術基本上採取排斥和拒絕的態度。到 10 年「文革」期間，連蘇聯的東西也有了修正主義之嫌，古代的和域外的文化和文學都被戴上封、資、修的帽子加以批判，文化交流基本中斷，文學翻譯成爲禁區。中國再次陷入與世隔絕的孤立狀態。進入新時期，當我們以開放和進取的姿態主動打開國門面對世界的時候，我們首先看到的是我們的科學技術和經濟發展已經大大落後於西方先進國家。這激勵著我們大力引進科學技術，改變與經濟發展和社會發展不相適應的經濟體制和政治體制。與此相應，在思想文化、文學藝術和學術研究方面，也開始大量翻譯和介紹國外的文學作品和文化與文藝思潮。諸如蘇聯的「解凍」文學，西方的現代主義、後現代主義、精神分析學、形式主義、結構主義與解構主義、解釋學、新批評以及由本土傳統文化孕育而出的新儒家等各種派別的文學作品和文學思潮紛至沓來。顯示了人們在「左」的教條和僵化的思想中解放出來之後思想的自由和學術環境的寬鬆。儘管出現了一些唯新是鶩或食洋不化的偏向，但這種全球化下的多元文化的共存、碰撞與融合才能眞正促進文化和文學的健康而有活力的發展。

　　錢鍾書的文藝思想就是在中外文化和文學思想的碰撞中產生的思想火花。雖然錢鍾書經歷了中國接納外來文化的第二和第三個高峰期。但他的主要文藝思想在第二個高峰期已經基本形成，也就是說，他對文藝的基本的認識、見解和觀點是他青少年時期在中外文化和文學思想的碰撞中接受、比較、選擇與融合的思想成果。

## （二）錢鍾書成長的地域文化環境與家學淵源

　　錢鍾書文藝和學術思想的基礎或底色是中國的學術傳統和古典文學。

　　錢鍾書 1910 年生於江蘇無錫的一個世代書香家庭。無錫歷史悠久，是一座具有三千多年歷史的文化古城，位於長江三角洲平原腹地，北臨浩瀚洶湧的長江，南瀕煙波浩渺的太湖，西靠素有「江南第一山」之譽的惠山和象徵著無錫古老歷史的錫山。京杭古運河穿城而過。太湖之濱有黿頭渚、蠡園、梅園、錦園、萬頃堂等著名自然景觀；惠山之麓有寄暢園、天下第二泉、吟苑、東大池、惠山街等自然和人文名勝景觀。眞可謂錦繡的江南魚米之鄉上鑲嵌的一顆璀璨的太湖明珠。無錫不僅自然風光優美，而且文化底蘊深厚。早在六、七千年前，無錫先民就定居在這塊土地上勞動、繁衍生息。早在商朝末年，周族領袖古公亶父（後稱周太王）鍾愛幼子季歷之子昌（後稱周文王），意欲傳位於季歷後立昌，其長子泰伯與次子仲雍體察父親的心意，於是主動避位，從渭水之濱（今陝西岐山之地）南來梅里（今無錫縣梅村）定居，併入鄉隨俗，斷髮文身，受到當地百姓擁戴，被奉立爲勾吳之主。他們帶來的中原文化與原有的江南地區文化有機融合，形成具有鮮明地域特色的吳文化。泰伯被孔子譽爲「志讓兩家天下，功關萬古江南」的「至德聖人」。歷史上，以《孫子兵法》聞名的古代大軍事家孫武曾隱迹無錫梅園。范蠡和西施也曾隱迹太湖，製陶經商。唐宋著名詩人李紳、皮日休、陸龜蒙、蘇軾、秦觀、楊萬里、黃庭堅等均曾在無錫遊覽或定居。李紳膾炙人口的《憫農》詩「鋤禾日當午，汗滴禾下土。誰知盤中餐，粒粒皆辛苦」就是他定居無錫梅里抵陀里（今無錫縣東亭長大廈村）時寫的。此外，無錫市內有創建於北宋政和元年的著名的東林書院。北宋理學家程顥、程頤嫡傳弟子楊時長期在此講學。明代著名思想家顧憲成、高攀龍等人先後主盟東林書院，聚眾講學。提倡志在世道，躬行實踐，反對空發議論，脫離實際。當時影響之大，傾動朝野。作爲反映顧憲成辦

學指導思想的名聯：「風聲雨聲讀書聲，聲聲入耳；家事國事天下事，事事關心」已是廣為人知的名聯佳對。這就是物華天寶、人傑地靈的無錫。錢鍾書自幼就生長在這怡人的山水和濃鬱的文化氛圍之中。

　　錢鍾書幼承家學。在無錫的錢王祠的大堂上有一副楹聯：「西臨惠麓，東望錫峰，祠宇喜重新。吳越五王，億萬年馨香俎豆。／派衍梁溪，源分浙水，雲礽欣愈盛。堠湖兩系，千百年華貴簪纓。」此楹聯一是標明了錢王祠在惠山與錫山之間的地理位置；二是簡要追溯了無錫錢氏家族源於浙江，其始祖是五代十國時吳越國自錢鏐而下的三世五王；三是表明其香火繁衍，人丁興旺且多功名仕宦。且不論錢氏家族在歷史上的升降沉浮，就錢鍾書一脈來看，其詩禮傳家的文采風流確實是長傳不衰。錢鍾書的父親錢基博在自敘家族時說：「自以始得姓於三皇，初盛於漢，衰於唐，中興於唐宋之際，下暨齊民於元明，儒於清，繼繼繩繩，卜年三千，雖家之華落不一，續之隱曜無常，而修明著作，百祖無殊，典籍大備，燦然可徵也。」〔註5〕他還說：「我祖上累代教書，所以家庭環境，適合於『求知』；而且，『求知』的欲望很熱烈。」〔註6〕「累代教書」之說雖不可細究，因為錢鍾書的祖父錢福炯似乎沒有正式教過書。但也大致表明了錢家近代所從事的主要職業。錢鍾書的曾祖父錢維楨曾師事清代著名地理學家、文學家李兆洛，與晚清資產階級改良思想的先驅人物馮桂芬有密切交往。曾創辦江陰全縣義塾，受到江蘇巡撫丁日昌的肯定。錢基博曾為其校錄《似山居詩文存》。錢福炯的大哥錢福煒確曾選授蘇州府常洲縣學教諭，從事教學多年。錢鍾書的父親錢基博則確確實實是教過小學、中學、大學的一代名師。錢基博（1887～1957 年）四歲開始與孿生弟弟錢基厚一起由母親教授認字讀書，能背誦《孝經》。「五歲從長兄子蘭先生授書；九歲畢《四書》、《易經》《尚書》《毛詩》、《周禮》、《禮記》、《春秋左氏傳》、《古文翼》，皆能背誦；十歲伯父仲眉公教為論，課以熟讀《史記》、諸氏唐宋八家文選。而性喜讀史，自十三歲讀司馬光《資治通鑒》、畢沅《續通鑒》，圈點七過，而於歷代地名，必按圖以索，積久生悟，固以精貫顧祖禹《讀史方輿紀要》一書，下筆灑灑，議論證據古今。十六歲，草《中國輿地大勢論》，得四萬言，刊布梁啟超主編之《新民叢報》。又以己意闡發文章利鈍，仿陸士衡《文賦》，

〔註5〕錢基博：《無錫光復志・自敘篇第六》。
〔註6〕錢基博：《自我檢討書（1952）》，《天涯》2003 年 1 期。

撰《說文》一篇，刊布劉光漢主編之《國粹學報》；意氣甚盛。」〔註7〕可見錢基博承家學在十五、六歲時國學功底已經紮實完備。其16歲時的少作即得到國學大師梁啓超的讚賞。辛亥革命前後曾短期在軍政界供文職。撰《光復志》。自26歲起投身教育，潛心教學與學術研究。先後任教於無錫縣立第一小學、吳江麗則女子中學、江蘇省第三師範學校、聖約翰大學國立清華學校、第四中山大學、私立無錫國學專門學校、光華大學、國立浙江大學、湖南藍田國立師範學院、私立華中大學、華中師範學院。一生勤於筆耕。主要著作有《周易解題及其讀法》《四書解題及其讀法》《讀莊子天下篇疏記》《韓愈志》《韓愈文法》《明代文學》《版本通義》《國學必讀》《經學通志》《現代中國文學史》《文史通義解題及其讀法》《古文辭類纂及其讀法》《老子解題及其讀法》《駢文通義》等。其文才被人多方讚譽。「江西提法使陶大均睹其文章，駭爲龔定庵復生；」清末詩人、曾國藩之孫曾廣鈞稱讚其「運以豪氣，扛以健筆，四十歲後，篇提日富，必能開一文派；」被稱爲「狀元實業家」的張謇贊其「大江以北，未見其倫；」與張仲仁一起被稱爲「蘇州二仲」的費樹蔚（字仲深）贊其「豈惟江北，即江南復有第二手？」一代宿學、同光詩派代表人物陳衍贊其「後賢可畏，獨吾子爾！」〔註8〕可謂著作等身名聞士林的一代名家碩儒。

正是無錫的鍾靈毓秀與錢家世代書香的文化土壤再加上異域文化的思想營養，孕育和培養出錢鍾書這樣一代文化巨人。就家學而論，家族文化氣脈的傳承賡續是錢氏家族百祖無殊的定規。雖然錢鍾書談到幼年讀書時只簡略說「余童時從先伯父與先君讀書，經、史、『古文』而外，有『唐詩三百首』，心焉好之。獨索冥行，漸解聲律對偶，又發家藏清代各家詩集泛覽焉。」〔註9〕但從上文引其父錢基博《自傳》言「九歲畢《四書》、《易經》《尚書》、《毛詩》……皆能背誦」這段較爲詳細的描述，略可推知錢鍾書童年時讀書的概況。因爲這既是代代相傳的「家學」，且父子二人均是5歲啓蒙，而老師又是同一個人，即錢基博的大哥錢基成。想必其教學內容與教學方法不會有大的改變。再加上錢基博教子極嚴，其閒暇時間都用在有意識地訓練子侄讀書和討論學問上。錢基博對此曾有記述：

〔註7〕錢基博：《自傳》，載《光華半月刊》1934年3卷8期。
〔註8〕錢基博：《自傳》，載《光華半月刊》1934年3卷8期。
〔註9〕錢鍾書：《槐聚詩存·序》，生活·讀書·新知三聯書店1995年版。

傍晚納涼庭中，與諸兒論次及之，以爲《答問》可配陳澧《東
塾讀書記》。倘學者先讀陳《記》以端其響；繼之《答問》以博其趣；
庶於學問有從入之途，不爲拘虛門戶之見。兒子鍾書因言：「《答問》
與陳《記》同一兼綜漢、宋；若論識議閎通，文筆犀利，則陳《記》
遠不如《答問》。」余告知曰：「不然。陳君經生，樸實說理，學以
淑身；朱生烈士，慷慨陳議，志在匡國。……」鍾書因言：「見朱生
《佩弦齋文》，中有與康長素論學、論書諸書，皆極銳發。」又謂：
「朱生自詡『人稱其經學，而不知吾史學遠勝於經。』」大抵朱生持
宋學以正漢學，蓋陳君之所同趣；而治經學以得史意，則陳君之所
未到。又其較也。閉門講學而有子弟能相送難，此亦吾生之一樂。
〔註10〕

此外，錢基博還有意識地讓錢鍾書與當地一些著名學者交往學習。比如經常
去拜訪無錫國學專修館館長唐文治，與其討論讀書心得。另一個經常拜訪和
交流的是國學大師錢穆。錢穆回憶錢基博時提到錢鍾書說：「當時其子鍾書方
在小學肄業，下學，亦常來室，隨父歸家。子泉出其課卷相示，其時鍾書已
聰慧異常人矣。」〔註11〕個人的聰慧、家學的承傳、父親的悉心培養與環境
的陶染使錢鍾書十幾歲時已經打下了國學的牢固的根基。據楊絳記述，錢鍾
書上中學時就「常爲父親代筆寫信，由口授而代寫，由代寫信而代作文章。」
商務印書館出版錢穆的一本書，上有錢基博的序文，據錢鍾書說，「那是他代
寫的，一字沒有改動。」他「寫客套信從不起草，提筆就寫，八行箋上，幾
次抬頭，寫來恰好八行，一行不多，一行不少。鍾書說，那都是他父親訓練
出來的。」〔註12〕這裡所說的錢穆的書是錢穆的《國學概論》。是其在無錫省
立第三師範學校及省立蘇州中學課堂講義的基礎上編撰而成。該書採用梁啓
超《清代學術概論》的方式，分期敘述每一時代學術思想的主要潮流。該書
序言以錢穆同事至交的口吻，指出該書的不當之處。大意有三：一是指出該
書第九講述清代學術研究時不該遺漏毛奇齡和陳澧。此二人在清代學術史上
是有一定貢獻的；二是說此章對梁啓超的《清代學術概論》「稱引頗絮」而不

〔註10〕 錢基博：《〈古籍舉要〉序》，《錢基博學術論著選》，華中師範大學出版社 1997
　　　年 12 月，第 522～525 頁。
〔註11〕 錢穆：《八十憶雙親·師友雜憶》，三聯書店 1998 年 9 月出版，第 133 頁。
〔註12〕 楊絳：《楊絳作品集》二卷，中國社會科學出版社 1993 年 10 月版，第 147 頁。

查其「疏漏亦彌復可驚」；三是批評該書「專言經子，不及文史，控名責實，豈屛之不得與於國學？其行文風格確實酷似錢鍾書。如果說此文還存疑的話，那麼《〈復堂日記續錄〉序》則毫無疑問是錢鍾書的少作。當時 19 歲的錢鍾書中學畢業考取清華尚未入學。此序是爲其父錢基博之友徐彥寬輯錄的《念劬廬叢刊》中譚獻（字復堂）的日記一輯所作。文章先從南宋理學家黃震的《黃氏日鈔》和顧炎武的《日知錄》追溯和闡發日記體的源流和特點，然後舉曾國藩、翁同龢、李慈銘、王闓運諸家日記，比較指陳其各自的利弊得失。並重點對李慈銘和譚獻的日記進行比較以突出譚的風格特色。「李承浙西鄉先生之緒，嬗崇鄭、許，訶禁西京之學，以爲不過供一二心思才知之士，自便空疏；譚則以越人而顛倒於常州莊氏之門，謂可遙承賈、董，作師儒表，引冠絕學。鄙陶子珍之流爲經生孱守，欲以微言大義相諷諭。此學問經途之大異者一也。譚既宗仰今文，而又信『六經皆史』之說，自有牴牾。拳拳奉《文史通義》以爲能洞究六藝之原；李則以章氏鄉後生，而好言證史之學，鄙夷實齋，謂同宋明腐儒，師心自用。此學問經途之大異者二也。李書矜心好詆，妄人俗學，橫被先賢；譚書多褒少貶，微詞申旨，未嘗逸口。雖或見理有殊，而此亦德宇廣狹之大異者焉。至於文字雖同歸雅令，而李則祈向齊梁，慮周藻密；譚則志尙魏晉，辭隱情繁；亦貌同心異之一端也。」〔註 13〕十幾歲的錢鍾書已爲父輩學者作序，而且文章寫得汪洋恣肆，旁徵博引，新意迭出。二十出頭清華就讀時即與當時的文壇名宿陳衍酬唱應和，縱論天下文人文章之得失，成爲學術上的忘年之交。陳衍贊其「世兄記性好。」「世兄記得多。」「世兄詩才清妙，又佐以博聞強誌。」「默存精外國語言文字，強記深思，博覽載籍，文章淹雅，不屑屑枵然張架子。」〔註 14〕其父錢基博後來也不無得意地寫道：「兒子鍾書能承余學，尤喜搜羅明清兩朝人集，以章（學誠）氏文史之義，抉前賢著述之隱。發凡起例，得未曾有。每歎世有知言，異日得余父子日記，取其中之有繫集部者，董理爲篇，乃知余父子集部之學，當繼嘉定錢（大昕）氏之史學以後先照映，非誇語也。」〔註 15〕可見錢鍾書國學的成熟、精深與完備。

---

〔註 13〕錢鍾書：《〈復堂日記續錄〉序》見《錢鍾書集》，三聯書店 2002 年 10 月版，第 214～215 頁。
〔註 14〕錢鍾書：《石語》見《錢鍾書集》，三聯書店 2002 年 10 月版，第 478～485 頁。
〔註 15〕錢基博：《讀清人集別錄》《光華大學半月刊》4 卷 6 期，1936 年 3 月。

## （三）錢鍾書所受的正規的新式學校教育

值得注意的是，與其父錢基博相比，錢鍾書因爲接受了嚴格的新式學校教育和域外文化的影響以及自身俏皮幽默的開放的性格和心態，使其能青出於藍而勝於藍，無論在學術視野還是在理論、方法與創作上都已經超越了父親錢基博。

我們知道，錢基博的學問靠的是家學和刻苦的自學。他沒有進過新式的正規學校。而錢鍾書除家學外，6 歲曾進秦氏小學。10 歲考入東林小學。東林小學前身即歷史上著名的「東林書院」。在當時聲望極佳，潘梓年、張振鏞等名師在此執教。有「足跡得入依庸堂，人生一大幸」之說。依庸堂即校內原東林黨人講會之所。東林小學畢業後錢鍾書考入蘇州桃塢中學。桃塢中學是一所由美國教會所辦的學校。校長由外國傳教士擔當。主要課程都用英語授課。據陳次園回憶，「這裡，不會講英語的最好免開尊口。聽吧，連早操、軍訓、遊戲、吵架……都用英語；中國地理教科書卻用美國人諾頓著的原版西書；二十六個字母的發音，美國校長梅乃魁要親執教鞭正它幾個星期；初一年級第一次小考後，凡英語不及格的，一律退到補習班去。」〔註 16〕正是這種嚴格的西式教育，不僅培養了他的語言能力，而且也爲他接受西方的治學方法和思想觀念奠定了基礎。1927 年桃塢中學一度停辦，錢鍾書轉入無錫輔仁中學。這所學校也是一所中西並重的學校。錢鍾書曾在全校的國文、英文競賽中得了兩個第一名。1929 年錢鍾書考入清華大學外文系。正式開始了對西方語言文學的系統地學習與研究。清華是人才精英薈萃之地。當時的校長是五四時期就以辦《新潮》雜誌而聲名顯赫的羅家倫。一大批文史哲的頂尖人才如楊振聲、朱自清、陳寅恪、楊樹達、劉文典、俞平伯、聞一多、劉盼遂、王力、浦江青、朱光潛、羅根澤、趙萬里、金岳霖、馮友蘭、賀麟、蔣廷黼、錢穆、陶希聖等均在此任教。外國文學系更是以其雄厚的師資和優越的學習環境令學子們趨之若鶩。「誰不羨慕清華的西洋文學系呢？有那樣多的西文書報，那樣多的『大腹便便』『蹄聲得得』的洋鬼子，就是聽他們的地道英文，也比其它大學『英華合璧』的土貨，在教室中宣講聖諭十三章強過百倍。」〔註 17〕當時的外系主任王文顯，外籍教授有溫德（R.Winter）、翟孟生（Jameson）、瑞恰慈（I.A.Richards）、畢蓮（A.M.Bille）、吳可讀（A.L.Pollard-Urguhart）等，華籍教授有吳宓、陳福田、葉公超、錢稻

---

〔註 16〕陳次園：《一些回憶與思索》，《崑山文史》第 9 輯，1990 年 12 月印行。
〔註 17〕猛攻：《轉西洋文學系一點小經驗》，載《清華周刊》第 35 卷第 11～12 期。

孫等。錢鍾書在此可以說是如魚得水，除了完成規定的學業課程之外，他「橫掃清華圖書館」，與清華諸位博雅的師友就中西學問頻繁地交流切磋。開始發表一系列融彙中西文化思想和理論方法、洋溢著不羈才華和獨特個性的書評及理論研究文章。其學貫中西並能融會貫通的創作才華和學術路向已經初露鋒芒。清華畢業後在光華大學任教不到兩年即考取英庚款留學牛津專攻英國文學。完成規定的學分併以《十七、十八世紀英國文學中的中國》這篇十幾萬字的英文論文獲得牛津大學的 B.Litt 學位。1937 年秋又就讀於法國巴黎大學至 1938 年夏。至此錢鍾書的西學也已可謂成熟完備。這種正規的新式學校教育及歐風美雨的留學經歷是錢鍾書之所以成爲錢鍾書的必不可少的外部條件。而這種經歷和條件是包括其父錢基博在內的大多數前輩學者所缺少的，這也是時代使然。

## （四）錢鍾書青少年時期接受的西方文學影響

　　錢鍾書的青少年時期正處於中國接納外來文化的第二個高峰期，即戊戌變法之後到五四新文化運動直至 20 世紀 30 年代。在這樣的時代環境中，他自小就受到西方文化特別是文學的影響與薰陶。在東林小學時，他就曾如醉如癡地沉浸在「林譯小說」的西方世界中：

　　　　我自己就是讀了林譯而增加學習外國語文的興趣的。商務印書館發行的那兩小箱《林譯小說叢書》是我十一二歲時的大發現，帶領我進了一個新天地，一個在《水滸》、《西遊記》《聊齋誌異》以外另闢的世界。我事先也看過梁啓超譯的《十五小豪傑》、周桂笙譯的偵探小說等，都覺得沉悶乏味。接觸了林譯，我才知道西洋小說會那麼迷人。我把林譯哈葛德、迭更司、歐文、司各德、斯威佛特的作品反覆不厭地閱覽。假如我當時學習英語有什麼自己意識到的動機，其中之一就是有一天能夠痛痛快快地讀遍哈葛德以及旁人的探險小說。〔註18〕

在桃塢中學時，據曾在此就讀的陳次園回憶，「這裡，不會講英語的最好免開尊口。聽吧，連早操、軍訓、遊戲、吵架……都用英語；中國地理教科書卻用美國人諾頓著的原版西書；二十六個字母的發音，美國校長梅乃魁要親執教鞭正它幾個星期；初一年級第一次小考後，凡英語不及格的，一律退到補

---

〔註18〕錢鍾書：《林紓的翻譯》見《錢鍾書散文》，浙江文藝出版社 1997 年版，第 274～275 頁。

習班去。」〔註19〕正是這種嚴格的西式教育，不僅培養了錢鍾書的語言能力，而且也爲他接受西方的治學方法和思想觀念奠定了基礎。此後在清華大學更是使得以系統地學習、接受、研究和掌握了西方文化、文學和學術思想。清華的華籍教師如王文顯、吳宓、陳福田、葉公超等均是學貫中西的大家，而外籍教授溫德（R.Winter）、瑞恰慈（I.A.Richards）等也均是西方聲名顯赫、能成一家之言的的學術大師。他們的言傳身教，使錢鍾書獲益匪淺。如瑞恰慈就對錢鍾書的學術思想和方法產生了頗大的影響。瑞恰慈是把西方近代新批評理論帶到中國來的第一人。在來清華任教之前，他已經是享譽歐美的文學理論批評家。其《文學批評原理》、《科學與詩》、《意義之意義》、《美學基礎》等已在西方文學理論批評界產生了很大的影響。錢鍾書在清華就讀期間，瑞恰慈講授「第一年英文」、「西洋小說」、「文學批評」、「現代西洋文學（一）詩；（二）戲劇；（三）小說」等課程。其中「文學批評」課程「講授文學批評之原理及其發達之歷史。自上古希臘亞里士多德以至現今，凡文學批評上重要之典籍，均使學生誦讀，而於教室討論之。」〔註20〕此課程尤其是瑞恰慈的新批評理論對錢鍾書產生了直接而深遠的影響。當時「中國學府中的學者如葉公超、錢鍾書、朱自清對理查德茲的學說也是很推崇。」〔註21〕這裡的理查德茲即瑞恰慈。錢鍾書在清華就讀時對西惠爾著的《美的生理學》寫了一篇書評，其中高度評價了瑞恰慈的文學批評理論。他說：「老式的批評家只注重形式的或演繹的科學，而忽視實驗的或歸納的科學；他們只注意科學的訓練而並不能利用科學的發現。他們對於實驗科學的發達，多少終有點『歧視』（不要說是『仇視』），還沒有擺脫安諾德《文學與科學》演講中的態度。這樣看來，瑞恰慈先生的《文學批評原理》確是在英美批評界中一本破天荒的書。它至少叫我們知道，假設文學批評要有準確性的話，那麼，決不是吟嘯於書齋之中，一味『泛覽乎詩書之典籍』可以了事的。我們在鑽研故紙之餘，對於日新又新的科學——尤其是心理學和生物學，應當有所藉重。換句話講，文學批評家以後宜少在圖書館裏埋頭，而多在實驗室中動手。麥克斯·伊斯脫曼先生（Max Eastman）稱瑞恰慈爲『曠古一遇的人——教文學的心理

〔註19〕陳次圜：《一些回憶與思索》，《崑山文史》第 9 輯，1990 年 12 月印行。
〔註20〕齊家瑩編：《清華人文科學年譜》，清華大學出版社 1999 年版，第 89 頁。
〔註21〕吳虹飛：《理查德茲與中國 20 世紀三四十年代的文學批評》，徐葆耕、瑞恰慈：《科學與詩》，清華大學出版社 2003 年版，第 127 頁。

學家』（Literary Mind 第五十七頁），誠非過當。」〔註22〕在《論俗氣》一文中，錢鍾書也徵引瑞恰慈的觀點來解釋「俗氣」的本質。他說：「批評家對於他們認爲『傷感主義』的作品，同聲說『俗』，因爲『傷感主義是對於一椿事物的過量的反應』（a response is sentimental if it is too great for the occasion）──這是瑞恰慈（I.A.Richards）先生的話，跟我們的理論不是一拍就合麼？」〔註23〕錢鍾書在瑞恰慈那裡不僅接受了理論和觀點，更爲重要的是接受了新批評的學術研究方法。有學者指出：「在《談藝錄》、《宋詩選注》等著作中曾自覺不自覺地從事過新批評的實踐。」「在對李賀、李商隱、陶淵明、辛棄疾等人的詩歌分析中，他對其中一些字句的推敲、玩味和旁徵博引，對於比喻中的兩柄多邊的含義的闡釋，都可以看到新批評的『細讀法』的痕跡。」〔註24〕

## （五）錢鍾書文藝及學術思想的形成

地域文化環境、家學淵源、嚴格的新式學校教育和域外文化的影響以及自身俏皮幽默的開放的性格和心態，使錢鍾書能接納中西文化並加以選擇融匯，擁有更寬闊的學術視野和更豐富的學術理論和研究方法的資源，這是他能夠青出於藍而勝於藍，在學術上超越父輩學者的重要原因。他的文藝及學術思想就是在中外文化和文學思想的碰撞中產生的思想火花。雖然他經歷了中國接納外來文化的第二和第三個高峰期。但他的主要文藝思想在第二個高峰期已經基本形成，也就是說，他對文藝的基本的認識、見解和觀點是他青少年時期在中外文化和文學思想的碰撞中接受、比較、選擇與融合的思想成果。

錢鍾書最有代表性的學術著作《談藝錄》和《管錐編》，前者爲隨心所欲的傳統詩話式的「賞析之作」，後者則是涉及傳統的經、史、子、集及外國的文、史、哲的類於《容齋隨筆》、《日知錄》式的文化隨筆。兩書中雖不時有令人會心而笑、拍案叫絕的賞析及文藝美學思想的閃光，但卻沒有系統的理論體系。加之作者在《讀〈拉奧孔〉》中說：「許多嚴密周全的思想和哲學系統經不起時間的推排銷蝕，在整體上都垮塌了，但是它們的一些個別見解還爲後世所採取而未失去時效。好比龐大的建築物已遭破壞，住不得人、也唬不得人了，而構成它的一些木石磚瓦仍然不失爲可資利用的好材料。往往整

〔註22〕錢鍾書：《美的生理學》，載《新月月刊》第四卷第五期，1932 年 12 月 1 日。
〔註23〕錢鍾書：《論俗氣》，載《大公報・文藝副刊》1933 年 11 月 4 日。
〔註24〕王先霈主編：《文學批評原理》，華中師範大學出版社 1996 年版，第 154 頁。

個理論系統剩下來的東西只是一些片段思想。脫離了系統而遺留的片段思想和萌發而未構成系統的片段思想，兩者同樣是零碎的。眼裏只有長篇大論，瞧不起片言隻語，甚至陶醉於數量，重視廢話一噸，輕視微言一克，那是淺薄庸俗的看法——假使不是懶惰粗浮的藉口。」〔註25〕基於此，有些人就認為錢鍾書是根本反對或不屑於建立理論體系。其實，這種看法是與實際不符的。建立自己的理論體系、寫一部，《中國文學史》，這一直是錢鍾書青年、甚至中年時期的夙願。錢鍾書的同學鄒文海回憶四十年代與錢鍾書談論《圍城》和楊絳的劇本時，曾正色告訴錢鍾書，希望他的令名「不在他寫的小說。以鍾書之才，應該寫一部中國文學史。」「鍾書君深受西洋治學方法的薰陶，又不以詞章家名，甚少舊有的門戶家派之見，更兼獵涉廣博，實在是寫文學史最適當的人。他聽了我的話也頗為動容，說要勉勵以成朋友的願望。」〔註26〕其實，鄒文海不知道，早在 1933 年，錢鍾書還在清華讀書時，已經預備寫「中國文學史」並夢想寫「哲學家文學史」了。在那年 10 月他發表的《作者五人》的結尾，他寫道：「我有時夢想著寫一本講哲學家的文學史。……一切把糊塗當神秘、吶喊當辯證、自登廣告當著作的人，恐怕在這本夢想的書裏是沒有地位的——不管他們的東西在世界上，不，在書架上佔據著多大地位。所以，你看，這本文學史是當不得人名字典或點鬼簿用的。」〔註27〕當然，這本「講哲學家的文學史」沒有出版或許根本就沒有動筆，但是，從這裡我們可以看出錢鍾書對那些「人名字典或點鬼簿式」的文學史的批評和不滿以及他對作家作品的審美態度和取捨標準。並據此推測他已經預備寫的《中國文學史》的神彩風貌了。遺憾的是，他的《中國文學史》一直未能面世，按照錢鍾書的說法：「我們對採摘不到的葡萄，不但想像它酸，也很可能想像它分外的甜；」〔註28〕「作者最好的詩是作者還沒寫出來的詩。」〔註29〕所以我一直在想，錢鍾書最好的小說應該是《百合心》，而最好的學術著作應該是《中國文學史》。令人欣慰的是，我們雖然沒有看到它的《文學史》，但我們還是讀到了他為他的文學史寫的一篇長達一萬餘言的序論，比較系統的表達了他的文學觀和批評觀。這篇序論，連同他那時發表的一系列述評和理論文

〔註25〕錢鍾書：《錢鍾書論學文選》第六卷，花城出版社 1990 年 6 月版，第 62 頁。
〔註26〕鄒文海：《憶錢鍾書》，載《傳記文學》創刊號，（臺北）1962 年 6 月。
〔註27〕錢鍾書：《作者五人》，載《大公報》1933 年 10 月 5 日。
〔註28〕錢鍾書：《圍城》重印前記，人民文學出版社 1980 年版。
〔註29〕錢鍾書：《落日頌》，載《新月月刊》四卷六期。

章，表現了他早期的美學思想和他建立理論體系的願望。我們也可以從這些狂放不羈的文章中看到青年錢鍾書「方且負才使氣，」「以爲興酣可搖五嶽，筆落足掃千軍」〔註30〕的氣概。而錢鍾書之所以終於沒有在他最重要的學術著作中建立系統的理論體系，或許是由於時代的變化，閱歷的增加，「盡退虛鋒」，於是以「一種業餘消遣者的隨便和從容」，不願「負有指導讀者、教訓作者的重大使命，」〔註31〕因而認定「詩、詞、隨筆裏，小說、戲曲裏，乃至謠諺和訓詁裏，往往無意中三言兩語，說出了精闢的見解，益人神智；把它們演繹出來，對文藝理論很有貢獻；」〔註32〕或是由於特殊的時代氣候不適於它的帶有獨特個性的理論體系萌芽和生長，而氣候好轉時作者卻已感到「學焉未能，老之已至！」〔註33〕以與時間賽跑的心態來盡快的把自己的學識積累公之於世，裨益後人，而沒有時間和精力來構築系統的理論體系了，這無論是對錢鍾書本人還是對研究者和讀者，都是一樁很大的遺憾。雖然我們現在發掘探討和研究錢鍾書的文藝思想對彌補這種遺憾是一項無可奈何的舉措，但是對於我們認識錢鍾書這樣一個大家的思想發展軌跡，瞭解和掌握錢學的風格特點來說，卻不能不說是一項切實而有用的工作。

錢鍾書的文藝思想早在上世紀30年代前期他在清華上學前後即已初步形成，其標誌就是他那時期發表的一批理論文章及書評中表現出來的自出胸意與眾不同的觀點和見解。正像他的老同學鄭朝宗先生說的，「從沒聽他說過一句人云亦云的『老生常談』，他的話跟他的詩一樣富有獨創性。你不一定肯相信他的話句句都是至理名言，但你卻不得不承認這些話都是經過千思百慮然後發出來的。一切浮光掠影式的皮相之談，他決不肯隨便出口。」〔註34〕考察錢鍾書一生的著述，可以說《圍城》和《談藝錄》、《管錐編》給他帶來了創作和學術上的巨大聲譽，而他的文藝思想卻比較集中地表現在《中國文學小史序論》、《論不隔》、《落日頌》、《新文學的源流》、《中國固有的文學批評的一個特點》、《談中國詩》、《中國古代戲曲中的悲劇（Tragedy in old Chinese Drama）》、《與張君曉峰書》及《七綴集》所收的文藝理論及批評文章中。

〔註30〕錢鍾書：《管錐編》，中華書局1986年6月2版，第1206頁。
〔註31〕錢鍾書：《寫在人生邊上·序》，開明書店1949年9月版。
〔註32〕錢鍾書：《讀〈拉奧孔〉》，《錢鍾書論學文選》，花城出版社1990年6月版，第61頁。
〔註33〕錢鍾書：《管錐編·序》，中華書局1986年6月2版。
〔註34〕鄭朝宗：《憶錢鍾書》，見《寫在錢鍾書邊上》，文匯出版社1996年2月版。

# 十四、站在中西文化碰撞的平臺上與西方人對話——錢鍾書英文論著初探

（一）

　　錢鍾書無疑是 20 世紀中國文化界的一顆耀眼的巨星。他對 20 世紀中國文化的貢獻大體表現在三個方面。一是以《圍城》《人·獸·鬼》《寫在人生邊上》《槐聚詩存》為代表的文學創作，這給錢鍾書帶來了巨大聲譽，使他由學術圈走向了知識大眾；二是以《談藝錄》《管錐編》《七綴集》為代表的中文學術著作，以其知識的淵博，眼光的開闊，考證的嚴密和辨析的深刻而成為學術研究的典範；三是他為中西文化的溝通和交流而做的細緻而艱苦的工作。他是中外比較文化研究的先行者，也是中西文化溝通的使者。他的一支生花妙筆總是風趣地向中國人講述著西方文化而又向西方人介紹著中國文化。他向中國讀者介紹和翻譯西方作家和學者的創作和理論，如《外國理論家作家論形象思維》《精印本〈堂·吉訶德〉引言》《關於巴爾扎克》以及《談藝錄》《管錐編》中大量引用和介紹的西方理論等，而最重要的是他面向西方讀者用英文寫的介紹中國的傳統和文化，糾正西方人對中國歷史文化及中國人性格、風俗習慣等的無知和誤解，對中國文學的誤讀和誤導以及考證中國文化在西方傳播的一系列文章。如果說他典型的學者式的小說和散文是現代文學這個百花園中獨具異彩的一枝，他的傳統的詩話和考證式的學術研究是學界百家中的一家，那麼，他在中西文化的溝通和交流上做出的貢獻，特別是面向西方讀者用英文寫的介紹中國的傳統和文化的一系列論著，卻是只有

錢鍾書這樣學慣中西的大師能夠爲之，是其它人所無法替代和比擬的。到目前爲止，他的中文創作和學術論著都已有人涉足研究，並且在 20 世紀 80～90 年代形成了「錢鍾書熱」。但是，就他的英文論著來說，由於語言的障礙，至今仍無人問津。使我們至今看到的還只是「半個錢鍾書」，無法瞭解他的學術研究和文化活動的全部。筆者於數年前開始對錢先生的英文論著進行搜集和整理並帶領研究生逐篇翻譯，現在基本上已使這座沈在學海深處的瑰麗的學術之峰浮出水面，顯出了它的基本的輪廓。大致說來，錢先生的英文論著從研究視點上來看可以分爲兩大類：一類是從西方人的視點來考論西方人眼中的中國、中國人和中國文化。第二類是以中國民族和傳統的視點來向西方人介紹中國文化和對中西文化進行比較。就第一類來說，他在牛津大學所作的長達 10 餘萬言的學位論文《十七、十八世紀英國文學中的中國》〔註 1〕（China in the English Literature of the Seventeenth Century、China in the English Literature of the Eighteenth Century）是這方面的代表。該文全面考察 17、18 世紀英國文獻中有關中國的記載，並對這些記載進行認眞的梳理，辨別眞僞，考察承傳。讓人們瞭解當時英國人所看到、聽到和想像中的中國和中國人以及他們怎樣以西方的習慣和價值標準來看待和評價中國事物、歷史和文化。文章分爲三大部分，對 17 世紀的考察是第一部分，對 18 世紀的考察分爲（Ⅰ）（Ⅱ）兩大部分。就 17 世紀來說，英國人對中國的園林、建築、陶瓷、印刷術及火炮等是傾慕的。甚至對中國的政治制度、詩歌、古老的語言等古老文明也是讚賞的。特別是儒家思想受到了極大的讚揚。還以清兵入關的歷史事件爲題材創作了五幕悲劇《韃靼人征服中國》。當然也存在著對中國的批評和誤解，如指責中國人狂妄地認爲「歐洲人有一隻眼睛，他們有兩隻，世界上其它民族則是瞎子」；把「圍棋」這一名詞，即「緯」的意思誤認爲是動詞等等。到十八世紀，錢先生考察了斯威伏特、笛福、艾迪生、伯蒲、斯蒂爾、大衛・休謨和哥特史密斯等人在作品中對有關中國的描寫。特別考證和介紹了《趙氏孤兒》和《好逑傳》在英國的翻譯和傳播。指出：十八世紀英國人

---

〔註 1〕 《China in the English Literature of the Seventeenth Century》1940 年 12 月發表在《Quarterly Bulletin of Chinese Bibliography》第一卷第四期。《China in the English Literature of the Eighteenth Century（Ⅰ）》1941 年發表在《Quarterly Bulletin of Chinese Bibliography》第二卷 1～2 期。《China in the English Literature of the Eighteenth Century（Ⅱ）》1941 年發表在《Quarterly Bulletin of Chinese Bibliography》第二卷 3～4 期。

對中國人的欣賞不如十七世紀的先輩們，對中國人的瞭解也不及同時代的法國人。Hurd 帶著批評的態度研究了中國戲劇，也因此中國文學第一次被涵括入比較文學的視野。……多虧了沃伯頓和 Monoboddo 這樣的人，漢語被「置入」語系中，也被算進了比較語言中。十八世紀英國作家對中國文明總的觀點是「靜止」；他們對中國人的「智慧」的總結論是「在科學上劣於歐洲人」；對中國人的性格總評是「詭計多端，偷奸取巧」；對中國古風的總括是「吹噓、偽飾」。雖然十八世紀英國文學總體上充溢著對中國文化的否定和批評，但英國學界還是對中國表現出了極大的熱情，甚至開始大規模地介紹和翻譯中國古代的作品。然而，隨著時代的發展，由於鴉片戰爭的爆發，中英之間由大使所建立的友好關係最終被破壞了。相互惡意的誹謗成了主流。這類文章重在考察西方接受中國文化的歷程，對研究中西文化交流有重要的文獻參考意義。對此我們將另文詳加論述。他英文論著的第二類，即以中國民族和傳統的視點來向西方人介紹中國文化和對中西文化進行比較的文章。限於篇幅，他用中外比較的方法研究文藝理論問題的文章我們也將另文探討，本文我們主要來考察他向西方人介紹中國文化和糾正西方人對中國的誤解，對中國書的誤讀和誤導的系列英文文章、序跋、書評、短評等。

## （二）

錢鍾書先生在《漢譯第一首英語詩〈人生頌〉及有關二三事》一文中曾談到一些頑固官僚對西方一無所知：「汪康年有一條記載：『通商初，萬尚書青藜云：天下哪有如許國度！想來只是兩三國，今日稱「英吉利」，明日又稱「意大利」，後日又稱「瑞典」，以欺中國而已！』又滿人某曰：『西人語多不實。即如英、吉、利，應是三國；現在只有英國來，吉國、利國從未來過。』」〔註2〕可見海禁初開時中國人對西方還含混不清，漆黑一團。其實當時西方人對中國，特別是對中國的傳統和文化也知之甚少，充滿誤解。這種雙重的誤解，構成了中西文化交流的困難。錢先生的很多文章就是在做這種消除誤解的工作。他用中、英文發表的一系列的書評、短評，大多就是在做這種中西文化溝通工作。他早年在《新月》和《大公報‧世界思潮》發表的中文書評，其中《美的生理學》《一種哲學的綱要》《大衛‧休謨》《作者五人》《約德的

---

〔註 2〕　《錢鍾書論學文選》第六卷，花城出版社 1990 年 6 月版，第 174 頁。

自傳》等都是向中國人講述西方的理論或哲學。他的一系列英文論文、序跋、書評、短評，則多是正面地向西方人介紹中國的文學傳統，在糾正西方人對中國文學的誤讀和誤解中向西方人講述中國的文學知識。

《蘇東坡的文學背景及其賦 Su TUNG-Po`s iterayBACKGROUND AND HIS PROSE-POETRY》，〔註3〕是爲 C.D. Le Gros Clark 先生的英譯評注本《蘇東坡的賦》所作的前言。文章面對西方人概略地介紹了宋代的時代風氣、文學特點、蘇東坡的文學成就和創作風格。

就宋代的時代風氣來說，錢先生認爲：宋人好問但缺乏思辯，充滿好奇卻缺少神秘感。因此，他們的理性主義不能進一步發展，缺乏冒險精神，而且狹隘。較之於中國人通常的悠閒氣質，宋人過分嚴肅、理性和拘泥於道德細節，令人既討厭又可笑。他們過分瑣細而牽強的詭辯中存在著某種令生命癱瘓、萎頓的東西。同時，錢先生也肯定地指出宋人開始認眞地從事文學批評。他們寫了大量書話，熱衷討論作爲中國文學批評載體的文學準則。稱讚宋代哲學家對內心變化的研究是無與倫比的。在中國思想史中，人性從未得到過如此嚴格的考察。同時，錢先生也指出，宋代的文學批評，正如除劉勰《文心雕龍》外所有的「新文學運動」前的中國批評，善於抓細枝末節，過於重視研究最恰當的詞在最恰當地方的運用。而他們對人性的考察也是病態地自省，在自己的意識流中，他們始終感覺著道德的激動與掙扎。有著泯滅人性的缺陷。

就宋詩來說。錢先生認爲和優雅脫俗的唐詩相比，宋詩似乎長了血肉，變成了一個純粹的俗物。宋詩承載了更多的思想重負，缺少含蓄而隨處可見赤裸的思想和露骨的說教。比起唐詩整體的「純眞」，宋詩也許可稱爲「善感」。但是，宋詩用情感和觀察的細膩彌補了他們喪失的童稚的純眞和熱烈的抒情。他們對情感的細微體驗比唐代詩人有更好的感覺，這一點特別表現在他們的詞中，宋代也正以這種歌詩而著名。他們最令人頭痛的事或許是他們的博學與引經據典，這使得對他們的欣賞，即便是中國人，在很大程度上也只是內行人的奢侈了。

就蘇東坡來說，錢先生認爲他沒有沾染這種時代風氣。稱讚作爲詩人，相對那些「多愁善感」的同代人，蘇東坡是最「純眞」的了。雖然不能說是完全的「天然去雕飾」，但他的詩歌散發的已是漢語所謂的書香，而非油燈氣。

---

〔註3〕載《學文月刊》第1卷第2期，1934年6月1日。

他的令後人難以企及的詩藝似乎更是幸運的偶然而非汗流浹背的辛勞之果。比起和他並稱宋詩雙璧的黃庭堅，蘇東坡在情感方式上更顯自然、單純。他的風格多樣，且「自然流動」，如行雲流水。稱讚他在精神上是獨立特行、與眾不同的。並肯定了他多方面的文學成就。

就賦這種文體來說，錢先生介紹了蘇東坡的獨特的貢獻。在其它種類的寫作中，他只是沿著與他最近的先輩的道路有所發展，而他的賦，卻是文學史的奇蹟之一。在蘇軾的手裏，賦成了一種全新的文體。他是庾信以後最偉大的賦家。唐子西說蘇賦「勝所有古人」，這並不誇張。另外，錢先生指出蘇軾的奇思、樂天、幽默和善用比喻的特點。並特別提出一般批評家一直忽視的一個問題，就是區別蘇賦和他的其它寫作的節奏上的差異。蘇軾文賦中常見的風格，是「顯著地急促」。但是他經常會慢下來，幾近於停止，好像他在愛撫他說出的每一個字。並以《赤壁賦》第一部分為例來說明這一特點。

在為克拉拉‧M‧凱德琳‧揚（Clara M.Candlin Young）翻譯並作傳的《中國的愛國詩──陸游的劍詩》（The Rapier of Lu，Patriot Poet of China）〔註4〕一書寫的評論中，錢先生在批評這一古怪的書名時介紹了《劍南詩稿》和陸游的總體精神風貌及他詩歌的特點。陸游頗有點把自己幻想成一名劍客，沉溺在對自己少年豪情的追憶中。他告訴人們一天晚上，他夢見他從右臂下抽出一把明晃晃的短劍刺向前方。在這裡，武器是陸游鬥志昂揚的愛國主義精神的一種象徵。在《還鄉（The Return of The Native）》〔註5〕中，錢先生比較系統地探討和介紹中國神秘主義哲學家們的思維特點。在為肯尼斯‧斯科特‧拉托萊特著的《中國人：歷史和文化》一書寫的書評中〔註6〕，錢先生介紹了中國的田園詩。指出中國詩實則是自古以來就有抒情性的。錢先生介紹了三國六朝時期的重要的文化事件，如「清談」之藝術的興起、玄學及漢代所有學者中最偉大，最有影響力的鄭玄，是他為以後幾百年來漢語研究定下基調。指出在中國文明史上，有些時代已被概念化了，正如英語中「中世紀」，「文藝復興」，「復古時期」及「維多利亞」等這樣的概括一樣，這些時代被用來指示某種風格或哲學模式時，它們是編年的而且還是批評的、描述的，譬如：在學術上西漢（西京）對應東漢（東京），在詩中唐宋相對。此外，錢先生還

---

〔註4〕載《書林》（PHILOBIBLON）季刊第一卷3期，1946年11月。
〔註5〕載《Philobiblon》（《書林雜誌》）第4期，1947年3月。
〔註6〕載《書林》（PHILOBIBLON）季刊第一卷第2期，1946年9月。

闡述了有關中國人的「面子」和中國的「風水」的問題。就「風水」來說，錢先生認爲中國人特有的這種地域概念是基於我們稱作地志及萬物有靈論，本質上與美學中對地勢欣賞中的移情是相同的。從移情到信仰 Mana（美拉尼西亞人崇拜的一種超自然力量）只是一步之遙。風水是從有同感的符號主義開始的，符號主義將生命模式歸因於地形，而風水一說的結束是以幻神和禁忌共同促成的。……然而沉澱在幻想中的有時是一些合理的常規，例如，房屋應面朝南這僅僅因爲朝南的房屋會多暖夏涼。Mana 固有的某種位置和形狀按照風水來講總是很神秘的，其實原因只是人總愛把常識弄得不同尋常、荒謬不稽、使之聖化的這種弱點，這也是人性弱點的一面，想要把常識聖化於是便使之超乎尋常，等等。

　　糾正西方人對中國的誤解，對中國書的誤讀和誤導是錢先生這些英文文章的一個重要內容。具體說來，錢先生主要糾正西方人三個方面的錯誤：即常識性的錯誤；理解性的錯誤和認識上的錯誤。

　　就常識方面來說，凱德琳・揚在她的書中把陸游的「雪中忽起從戎之興」（「in the Snow-Storm」）四行詩中的「桑乾」翻譯成「枯桑樹」。錢先生指出「桑乾」是古代中國詩人造的非常有名的一條河的名字，不應該逐字地翻譯爲「枯桑樹」（withered mulberry trees）。另外，作者不懂中國律詩的基本格式和規律。錢先生對此做了介紹：即由八行組成，第三行和第四行形成一個巧妙的對偶句，（即頸聯）第五行和第六行形成另一個對偶句（尾聯），規則是要有一個表達主觀情感內容的對偶句（即表達詩人的所想和所感）和表達客觀內容的對偶句（即描寫詩人的所見和所聞）。指出雖然這個格式並非堅定如鐵，但廣泛地被詩人們遵循。而揚女士如許多中國高層文盲的倡導者給西方人解說我們的古典詩一樣，甚至不懂古詩基本的規則，結果她常任意地把一組對偶句中的一句加到另一組中，那麼就攪亂了詩句的平衡，並且使平行句相矛盾。指出拉托萊特的《中國人：歷史和文化》一書中說班超是小說家，說唐代傳奇是用白話寫成的等常識性的錯誤。指出 Le Gros Clark 評注和翻譯的《蘇東坡詩選》英文版中的錯誤：在「舉酒屬客，誦明月之詩，歌窈窕之章」中，「明月」也指一首詩，應用斜體。將《放鶴亭記》中重要的一句「秋冬雪月千里一色」丟掉了。再者，「蘇子」和「東坡居士」都譯成了詞面意思：「我，蘇的兒子」及「東坡，退隱的學士」，這都是不恰當的。等等。

　　錢先生更多的是糾正西方人理解性的錯誤和認識上的錯誤。凱德琳·揚認爲陸游最後寫詩處於貧窮中，並斷然宣佈「晚年他太貧窮了，除了善施的鄰居給他幾碗飯他經常是吃不到一碗米飯。」錢先生指出：陸游有俸祿肯定比杜甫和蘇東坡過的舒服。即使他的俸祿期滿後他沒有要求再續發，但他有有地位的朋友和贊助人，不久之後他就被再次招回朝。他第二次也就是最後一次退休並且又得到最後一次俸祿。揚女士不懂的炫耀貧窮是中國文人的習慣，即便是今日，當一位中國的百萬富翁冒充文化人的時候，誇誇其談地講述他的賺錢的工作源自於乞討，他的錢袋是由一個個銅板一點一滴地積贊起來的時候，如同西方詩人談論他們強烈的感情一樣，中國詩人喜歡炫耀他們的貧窮。後來，錢先生在一篇通信（CORRESPONDENCE）中和鮑爾·埃·博楠德（Paul.E.Burnand）討論揚女士翻譯陸游詩的問題時，又介紹了中國古詩的用典問題。〔註 7〕揚女士摘抄了陸游涉及貧窮的詩歌並且反覆說明：「年老時他是如此貧窮，以致於經常沒有飯吃，只好從臨近的僧人那裡討要一些飯食。」對此，錢先生認爲揚女士「有著一個富有想像力而又實際的女性的頭腦。」錢先生指出揚女士不瞭解中國古代詩人運用典故的情況。陸游的詩《霜風》大概是揚女士信息的來源。那一年十月的寒風凜冽無情：「豈惟饑索鄰僧米，／眞是寒無坐客氈。」

　　乍一看，詩句所描繪的只是普通的實際情形。但是，一個修養深厚的讀者會發現它們實際上是陸游用了唐朝詩人的典故，「以使他自己溫暖」。第一行暗用了韓愈寄盧仝的詩：「至今鄰僧乞米送，／僕忝縣尹能不恥。」

　　第二行用了杜甫戲簡鄭虔中的詩：「才名三十年，／坐落寒無氈。」

　　第二行詩在《新唐詩》卷二百二中以其錯誤的引述形式而廣爲人知：

　　「才名四十年，／坐客寒無氈。」

　　陸游融合了杜甫和韓愈的詩句而形成了他自己的詩句。中國古詩常常有一種欺騙性的清楚明白，即使對於本國的對古典名著知之甚少的讀者來說，也是充滿了陷阱，很容易把僅僅是文學典故的內容作爲自傳性的實情。我們的古代詩人精於這種暗引的藝術，或者正像其中的一位詩人的巧妙的說法：「詩之用典如水中著鹽，一個人僅僅是通過水的味道得知它的存在而不能看到它。」

---

〔註 7〕　見 CORRESPONDENCE《書林》（PHILOBIBLON）季刊第二卷第 1 期，1947
　　　　年 9 月。

揚女士把陸游的詩句「秋風撫劍淚汛瀾」翻譯爲：「In the autumn wind／I grasp my rapier／With surging tears.」錢先生嘲諷地說：這必然讓女人的武器——落淚，玷污了他男人的臉頰。揚女士把漢語中的「撫」譯爲「grasp」，這就把男子漢氣概削弱爲一種姿態，僅僅意味著「撫摸或觸摸」。「平時一滴不入口／意氣頓使千人驚——。」意思是平時他不嘗一滴酒，但是現在喝完大約一杯酒後他突然一時興起（或在某種意義上頗勇猛）嚇驚了許多人。揚女士沒有翻譯第一行且把第二行譯爲：「Chen`shed plans／affright a thousand men」揚女士把《偶過浣花感舊遊》（「Accidentally I pass『Washing Flowers』」）這首詩大大的曲解了。錢先生指出：陸游寓居在四川期間，與許多女子發生過關係，在這首詩中他回憶說他曾經買過一個酒店裏眺望浣花溪的「玉人」（jade person）或美人的酒。在英語譯文中，少女神秘的消失了，如同魔術師帽子裏變出了兔子，揚女士造出了一位「侍女」。用貴重的髮卡付了酒錢，詩人和他那相當慷慨的同伴就一起留在了酒店裏。但是在英語譯文中這位侍女把酒放到詩人的桌子上就消失了並且「玉人」散發著香氣的身體上的甜香是屬於「侍女」的。陸游在酒店的西壁上題下了一些詩文，他天眞地認爲這些詩文（至今西壁餘小草）仍然可看到，但是，揚女士讓他說的是：「Until today the little weeds／grow on the western wall！」她應知道一面白牆壁不僅是小丑的紙箋，而且是中國古代詩人的紙箋。再如，拉托萊特在《中國人：歷史和文化》一書中說：「陶潛仍是那時著名的詩人，雖多次居官他仍嚮往退隱和恬靜的生活。有趣的是，晚年他認識了慧遠和尙，比起他人慧遠似乎是佛教淨土派早期發展階段最爲關鍵的人物……中國最著名的書法家之一王羲之在信仰上可以說是一位道教徒，也生活在這一時期」錢先生指出：「拉托萊特教授無疑曾將陶潛作爲中國最偉大的田園自然詩人來評價的。而且，他的兩個論斷都是誤導性的，王羲之被稱爲道教徒或許只是因爲他退官後和道士許邁的交往，還有他服用根據道家藥方開的藥。然而在他早年就已極熱中於道家的長生不老藥了。可這些並未阻止他抨擊道教教條，他認爲道家是「虛僞而荒謬的」（固知一死生爲虛誕，齊彭殤爲妄作）。……正如許多現在「異教的中國人」向基督教傳教士尋求醫療上的救助卻不信基督教一樣，許多古代儒教信奉者飲食遵循道家同時卻猛烈抨擊道家哲學，例如崔浩、韓愈。至於陶潛與慧遠的相識本來沒什麼值得奇怪，拉托萊特教授特別提到這一點使讀者誤認爲陶潛傾向佛教，但陶潛與眾不同之處之一正是他在道教、佛教興盛時期依然是一個虔誠的儒士。」

　　亨利・貝赫納赫在他的《神父馬修・赫西（Matthieu Ricci）和當時的中國社會》〔註8〕一書中特別強調了馬修・赫西在中國的學術發展方面所起的作用。說他是 1917 年中國文化復興的前驅；說他那些恢復了儒學原本純淨性的著作被新儒家所繼承；說如果被傳教士引入中國的哲學和邏輯學已經被中國知識分子吸收，那麼中國思想家的學術研究可能已經被深深地改變；笛卡兒、萊布尼茨、斯賓諾莎這樣的西方頂尖思想家的著作可能早就被翻譯過來了。錢先生對諸如此類的認識上的錯誤進行了逐條的批駁。

　　錢先生指出：這些偉大的新儒家學者，遠非貝赫納赫所認爲的那樣，接受基督徒的教誨，而常常是那些所謂新學說的公開的反對者。即使在歐洲人具有無可爭辯的優勢的數學和天文學領域也是如此。在東方，清代學者固執地拒絕閱讀任何關於基督徒的貢獻的小說，並且極力貶低它。錢大昕，梅轂成，孫星衍，全祖望，俞正燮，隨意舉出這樣一些顯赫的名字，他們在這一點上並沒有任何區別。人們從俞正燮的一篇關於人體解剖的文章中可以看到它與傳教士所教的知識之間有著令人發笑的差距。以一種頑固的智慧，他非常自得地證明傳教士關於人體生理學的描述只能適用於歐洲人的身體，在他們的身體中，知識的位置不是心臟而是大腦。其寓意就是只有像歐洲人那樣無心的中國人才會信奉基督教。至於說馬修・赫西影響了中國新文學運動。錢先生說：我們有幸離這個運動足夠近，因而知道這種影響等於零。貝赫納赫神甫一個中心的觀點就是：如果創辦教會大學的活動在中國沒有受到抵制，中國文化將變得多麼輝煌。文藝復興早就會在 1917 年以前出現；笛卡兒、萊布尼茨甚至斯賓諾莎早就會成爲中國學者的研究對象；在這樣一種總的思想指導下，科學研究將會迅猛發展。對此錢先生寫道：在一幅如此生動鮮活而失之交臂的圖景面前，我們本應該感到沮喪，但是貝赫納赫神甫卻一再努力讓我們確信這些延遲了的希望實際上在 1917 年變成了現實，並讓我們確信，由於有以馬修・赫西爲首的西方傳教士爲中介，我們正在享受文藝復興的好處。確實，中國在自然科學方面是落後的，而古羅馬人幾乎沒有支持過自然科學。傳教士也確實把自然科學知識帶進了中國。但是，就像我們已經看到的，也是貝赫納赫神甫自己所承認的，對於早期在中國的傳教士來說，科學只是神學的輔助手段或者說是神學的虛有其表的附庸，只要它適應於信仰的目的與興趣就能夠存在。科學一點一點地侵蝕上帝的地盤，但是信仰，

〔註 8〕載《書林》（PHILOBIBLON）季刊第一卷第 1 期，1946 年 6 月。

就和黨派政治一樣，往往是一個有諸多禁忌的實體，它阻撓自由的認識活動。一旦基督教教義或者羅馬天主教思想的譯本在中國普遍紮根，科學研究還能夠繼續和穩定進行嗎？在貝赫納赫神甫看來，教堂在歐洲是有組織地阻礙新思想傳播的、反啓蒙主義的堡壘，它的精神影響是文藝復興所堅決反對的，而在中國則似乎變成了啓蒙主義、激進主義、科學和文藝復興的溫床。錢先生指出：不管教會大學在清初是否受到干涉，我們的看法都不會改變。如果受到了干涉，羅馬天主教思想就不可能是這一運動的遙遠的源泉。如果沒有，爲什麼要去想像那些只是可能會發生的事情呢？貝赫納赫神甫極力想在兩方面都予以肯定。他首先熱切地想像那些可能會發生的事情，然後欣喜地把它們當成時間上已經發生過的事情而引爲他的證據。這裡存在著糟糕的史實錯誤和更爲糟糕的邏輯錯誤。此外錢先生還批駁了另外貝赫納赫認爲朱熹歪曲了孔子，而馬修·赫西和漢學家則看到了眞正的孔子及把曾國藩看成是像瞿太素這樣血管裏滲透著基督教思想血液的學者等錯誤認識。

## （三）

錢鍾書先生一系列的英文論著，儘管不是用母語寫的，但是絲毫也不失錢先生漢語文章幽默風趣，奇思妙譬的個性風采。仍然保持了談笑說眞理的一貫風格，顯出錢先生學慣中西的淵博知識及嫻熟地掌握和運用英語的技巧和能力。比如，在《蘇東坡的文學背景及其賦》中，談到蘇軾因對宋代道學的夸夸其談不以爲然而多次受到朱熹的指責時，錢先生嘲諷地說：「在某種程度上講，得不到朱熹的表揚已是不小的表揚了」；（Chu Hsi 朱熹 has condemned him several times in his writings –and, in a way, to be dispraised of Chu His is no small praise！）談到鍾嶸的《詩品》時，錢先生認爲，與其說鍾嶸是一個批評家，毋寧說其是一個詩體源流的研究家。他對詩的分類方法就像把羊簡單地區分爲山羊和綿羊，並在他認爲恰當的地方施以褒貶，這完全是批評的對立面，更不用說他追溯文學源流的徒勞了；（But Chung Yung is a literary genealogist rather than a critic, and his method of simply dividing poets into sheep and goats and dispensing praise or dispraise where he thought due, is the reverse of critical, let alone his fanciful attempts to trace literary parentages.）當比較唐詩和宋詩的不同的輕靈時，錢先生認爲宋詩和西方詩歌相比，它看起來還是足夠輕靈和輕盈。但宋詩的輕靈不是柔和的薄暮中振翼的蝴蝶，而是飛機飛翔時

劃出的優美曲線；（But the lightness of the Sung poetry is that of an airplane describing graceful curves, and no longer that of a moth fluttering in the mellow twilight.）《還鄉》中論到西方哲學家爲得到尋求眞理的樂趣寧願讓它從手中飛走時，錢先生說「爲了得到追求的樂趣而去追求眞理，追求的實則不是眞理而是樂趣了，這也許可以比作貓追著自己的尾巴嬉戲，儘管這樣的比法可能會冤枉並未裝腔作勢的貓。」（But to pursue truth for the fun of the pursuit is to pursue not truth, but fun; it might be compared to a kitten´s sportive chase of its own tail, though such a comparison would do that unpretentious animal some injustice.）在文章的結尾，錢先生用禪僧寫的一首寓言詩來說明「還鄉」或「歸家」這一暗喻比喻參禪或悟道的恰當。「盡日尋春不見春，／芒鞋踏遍隴頭雲。歸來笑拈梅花嗅，春在枝頭已十分。」

而後，錢先生非常風趣地說：「對現代環球世界的人及癡迷的遊客來說，這很可笑。他們──看遍南極到北極的風景／從未擁有過靈魂。

但那時我們中大多數人也不會在意擁有靈魂，只要有一點能使形骸存在便足夠了」。（This would sound ridiculous to modern globe-trotters and devotees to tourism who／-see all sights from pole to pole,／And never once possess their soul. But then most of us never care to possess a soul, except perhaps just enough of it to keep together the body from decomposition.）在《中國古代戲曲中的悲劇》〔註9〕一文的開頭，談到當時西方的中國古代文學熱時，錢先生風趣地說：「有跡象表明我們的古代文學正再次受到歡迎，如同批評的鐘擺又一次蕩了回來」。談到《長生殿》裏唐明皇缺乏性格的內在矛盾衝突，他把楊貴妃交給了叛軍，並與之訣別道：「罷罷，妃子既執意如此，朕也做不得主了。」錢先生風趣地說：「爲唐明皇說句公道話，他的這番言辭倒還是含著淚，跺著腳動情地道出來的」。這些表達，無不帶著錢鍾書式的風趣幽默。從這裡我們領略到錢先生的神采風貌和他的高超的駕御第二語言的能力。

---

〔註9〕載《天下月刊》（The Tien Hsia Monthly）第一卷第一期，1935 年 8 月。

# 十五、論錢鍾書的個性風采

## （一）

　　歌德把藝術創作分為「自然的單純模仿」、「作風」和「風格」三種不同的境界。認為第一種境界還處於不能表現作家個性的對自然的單純模仿的幼稚階段，「作風」是指以作為主體的作家思想感情去支配、駕馭、左右作為客體的自然對象。至於「風格」則是主客觀的和諧一致，從而達到情景交融，物我雙會之境。〔註1〕所以，在歌德看來，「風格」是「藝術所能企及的最高境界，藝術可以向人類最崇高的努力相抗衡的境界。」他說：「唯一重要的是給予風格這個詞以最高的地位，以便有一個用語可以隨手用來表明藝術已經達到和能夠達到的最高的境界。」〔註2〕確實，風格是一個作家成熟的標誌，它顯露了一個作家區別於其它作家的獨具的審美趣味和創作個性，因此也是識別和把握不同作家作品之間的區別的標誌。也就是在此意義上，蘇軾說「其文如其為人。」〔註3〕布豐提出「風格是人的本身」。〔註4〕即人們常說的「文如其人」。據俞文豹《吹劍錄》載，蘇軾一天問歌者：「我詞比耆卿如何？」

---

〔註1〕　〔德〕歌德（Goethe）等著，王元化譯：《文學風格論》，上海譯文出版社1982年6月版，第83頁。

〔註2〕　〔德〕歌德（Goethe）等著，王元化譯：《文學風格論》，上海譯文出版社1982年6月版，第6頁。

〔註3〕　蘇軾：《答張文潛書》，見郭紹虞：《中國歷代文論選》第二冊，上海古籍出版社1979年11月版，第310頁。

〔註4〕　布豐：《論風格》，見伍蠡甫、胡經之編：《西方文藝理論名著選編》上冊，北京大學出版社1985年11月版，第223頁。

對曰：「柳郎中詞只合十八女子執紅牙板歌『楊柳岸曉風殘月』，學士詞須關西大漢，銅琵琶鐵綽板，唱『大江東去』。」明代李東陽講過辨認詩的風格的一件趣事：「詩必有眼，亦必有耳，眼主格，耳主聲。聞琴斷，知爲第幾弦，此其耳也。月下隔窗辨五色線，此其眼也。費侍郎廷言嘗問作詩，予曰：『試取所未見詩，即能識其時代格調，十不失一，乃爲有得』。費殊不信。一日，與喬編修維翰觀新頒中秘書，予適至，費掩卷問曰：『請問此何代詩也？』予取一篇，輒曰：『唐詩也』。又問：『何人？』予曰：『須看兩首』。看畢曰：『非白樂天乎？』於是三人大笑，啓卷視之，蓋《長慶集》印本不傳久矣。」〔註5〕蘇軾持銅琵琶鐵板唱「大江東去」，柳永執紅牙板歌「楊柳岸曉風殘月」，這就是二人不同的風格。李東陽一眼就能辨認出是白居易的詩，也正是由於白居易的詩已經有了自己獨具的風格特性。莫泊桑說：「藝術家獨特的氣質，會使他所描繪的事物帶上某種符合於他的思想的本質的特殊色彩和獨特風格，左拉給自然主義所下的定義是：『通過藝術家的氣質看到自然』，……氣質就是商標。」〔註6〕這裡莫泊桑所說的「氣質」就是作家的創作個性，體現在作品的內容與形式的統一中而形成風格，成爲人們區別和辨認作家的「商標」。從廣義上講，風格既然是指文學創作中表現出來的一種帶有綜合性的總體特點，那麼，在某種意義上說，文學研究大都帶有風格研究的性質。揭示作品的思想藝術特色屬作品風格研究；揭示作家創作上的基本特點屬作家風格研究；揭示風格相近的作家群體的共同的創作特色屬流派風格研究；探討某一個歷史時期文學創作表現出來的風貌特點屬於時代風格研究；探討一個民族在文學上表現出來的與其它民族文學相區別的獨特風貌屬於民族風格研究。此外還有階級、題材、體裁、主題等方面的風格研究。不過，在眾多的風格中，研究作家的個人風格是最重要的，這是研究其它各種風格的基礎。對於作家的個人風格，人們一般從主客觀兩方面的因素來考察。主觀方面即作家的創作個性；客觀方面即時代、民族、階級等因素對作家的影響以及題材、體裁等對創作的規定性。我們認爲，主觀方面，即作家的創作個性才是形成一個作家區別於其它作家的個人風格的關鍵。朱光潛先生在論風格時說：「每一篇作品有它的與內容不能分開的形式，每一個作者在他的許多作品中，也

---

〔註 5〕 李東陽：《懷麓堂詩論》。
〔註 6〕 莫泊桑：《愛彌・左拉研究》，見柳鳴九主編：《自然主義》，中國社會科學出版社 1988 年版，第 523 頁。

有與他的個性不能分開的共同特性，這就是『風格』。……風格像花草的香味
和色澤，自然而然地放射出來。它是生氣的洋溢，精靈的煥發，不但不能從
旁人抄襲得來，並且不能完全受意志的支配。」〔註7〕朱先生強調的是作者個
人的個性。美國小說家庫柏更明確地強調：「個人風格（即風格的主觀因素）
是當我們從作家身上剝去所有那些不屬於他本人的東西，所有那些爲他和別
人所共有的東西之後獲得的剩餘或內核。」〔註8〕這裡庫柏所說的「那些不屬
於他本人的東西」和「那些爲他和別人所共有的東西」就是指的影響作家的
那些時代的、民族的、階級的、題材的、體裁的等客觀因素。而他所說的「剩
餘或內核」則是指的作家個人的天賦、氣質個性，才能學識及語言技巧等屬
於自己的主觀因素。就是這種主觀因素的作用，才使在同一個時代，同一個
民族，同一個階級或階層裏的作家，寫同一種題材，表現同樣的主題，使用
同樣的體裁時，不同的作家卻能顯示出不同的特點與風格。中國古代研究作
家的個人風格，從一開始就注重作家個人的天賦和個性。曹丕的「文氣」說，
是我國正面地、直接地論述風格問題的濫觴。他說：「文以氣爲主，氣之清濁
有體，不可力強而致。譬諸音樂，曲度雖均，節奏同檢，至於引氣不齊，巧
拙有素，雖在父兄，不能以移子弟。」〔註9〕這裡「文以氣爲主」的「氣」是
指作品中充盈著的一股生氣，也即風格。而作品中的這股生氣又是由「氣之
清濁有體」的作家的「氣」來灌注的。而作家的「氣」則是先天的稟賦。是
「指人所稟受的清陽、濁陰之氣。它是人的生命元質，決定了人的生理特徵
和氣質個性這樣的穩定的心理特徵。」〔註10〕曹丕討論風格強調的是作家先
天的氣質個性。這無疑道出了風格問題的部分本質。就像身材高大者宜於打
籃球或排球而不適於練體操一樣，缺乏敏感，不善於形象思維和聯想的人，
也不適於搞創作。曹丕之後，劉勰對風格問題的思考在曹丕「文氣」說的基
礎上更進一步。他在《文心雕龍》中專門設有《風骨》篇和《體性》篇來討
論風格問題。尤其是《體性》篇（「體」即「體貌」，略近於今之「風格」；「性」
即「個性」），比較深入地揭示了作家個性在形成作家個人創作風格中的決定

〔註 7〕　朱光潛：《朱光潛美學文集》二卷，上海文藝出版社 1982 年 9 月版，第 319
　　　　　～320 頁。
〔註 8〕　〔德〕歌德（Goethe）等著，王元化譯：《文學風格論》，上海譯文出版社 1982
　　　　　年 6 月版，第 82 頁。
〔註 9〕　曹丕：《典論·論文》。
〔註10〕　詹福瑞：《中古文學理論範疇》，河北大學出版社，1997 年 5 月版，第 169 頁。

作用。他說：「然才有庸俊，氣有剛柔，學有淺深，習有雅鄭，並情性所鑠，陶染所凝。是以筆區雲譎，文苑波詭者矣。故辭理庸俊，莫能翻其才；風趣剛柔，寧或改其氣；事義淺深，未聞乖其學；體式雅鄭，鮮有反其習。各師成心，其異如面。」這裡劉勰認為作家的個性包括才，氣，學，習四個方面的因素，即先天的才情，氣質和後天的學識、習染。就是因為這四個方面的不同，所以形成了作家們「筆區雲譎，文苑波詭」的不同風格。這裡，劉勰指出作家的創作個性既有先天稟賦的成分，又與後天的陶染有關，彌補了曹丕「文氣」說只強調先天稟賦的片面性。這之後，唐代的韓愈、宋代的蘇轍等人又對「文氣」說進行過引伸或補充。到清代劉大櫆又在「文氣」說的基礎上提出了「神氣」說。他認為「行文之道，神為主，氣輔之。曹子桓、蘇子由論文，以氣為主，是矣。然氣隨神轉，神深則氣灝，神遠則氣逸，神偉則氣高，神變則氣奇，神深則氣靜，故神為氣之主。」〔註11〕這裡所說的「神」就是作家的精神個性，「在劉大櫆看來，『神』是形成文學風格的根本因素。」〔註12〕可以看出，注重作家的個人天賦和個性是我國歷代文學風格研究者們的一貫的主張和態度。

## （二）

以上我們討論了風格的重要地位和個人風格與作家個性之間的關係。前一個問題表明了研究錢鍾書作品風格的意義，後一個問題則為我們研究錢鍾書作品的風格指明了切入點和研究的重點。我們要研究錢先生獨特的個人風格，就是從他身上「剝去所有那些不屬於他本人的東西，所有那些為他和別人所共有的東西，」而重點考察剝去這些之後的「剩餘或內核」。即在考察他作品的風格時，不必過多地考慮時代的、民族的、階級的、題材的、體裁的等影響風格的客觀因素，而是從他的創作個性切入，考察形成他創作個性的條件和原因，並重點研究由他的創作個性所決定的他的作品的基本的風格特色。前面我們已經說過，曹丕首倡「文氣」說，把作家的創作個性看成是先天稟賦的才能氣質。劉勰在《文心雕龍》中則認為構成作家創作個性的是「才」（才能）、「氣」（氣質）、「學」（學習）「習」（習染）這四個方面的因素。前兩方面的「才」和「氣」接近於曹丕所說的「氣之清濁有體」的「氣」，即先

〔註11〕劉大櫆：《論文偶記》。
〔註12〕吳功正：《文學風格七講》，上海文藝出版社 1983 年 6 月版，第 127～128 頁。

天的才能氣質，而「學」與「習」則是指的後天的陶染。劉勰的觀點無疑比曹丕更全面，更合於實際和接近眞理。所以我們可以按此種觀點來分析錢鍾書先生的創作個性和作品風格。就氣質個性來說，楊絳先生在《記錢鍾書與圍城》〔註13〕中比較準確地揭示了錢鍾書先生的個性特點。楊先生在書中自始至終圍繞著一個「癡氣」來描繪錢先生的精神風貌和氣質個性。錢先生的這股「癡氣」，正是曹丕所說的「氣之清濁有體」的「氣」；劉勰所說的「才有庸俊，氣有剛柔」的「才」和「氣」，劉大櫆所說的「神爲氣之主」的「神」，即先天稟賦的才能氣質。楊先生所描述的錢先生的這種與生俱來的「癡氣」包括幾個方面的內容特點：首先，它是一種活潑俏皮的自然天性，或說是一種遊戲幽默的心態。楊先生說錢先生自小就「全沒正經，好像有大量多餘的興致沒處寄放，專愛胡說亂道」。〔註14〕所以自小就被認爲有「癡氣」。由於錢鍾書自小過繼給性格寬厚仁慈、樂觀風趣的伯父，在一個比較寬鬆隨便的環境中成長，所以他的這種活潑俏皮的天性不但沒有受到壓抑，反而還從伯父身上受到陶染。據楊絳先生記述：「伯父愛喝兩口酒。他手裏沒有多少錢，只能買些便宜的熟食如醬豬舌之類下酒，哄鍾書那是『龍肝鳳髓』，鍾書覺得其味無窮。至今他喜歡用這類名稱。譬如洋火腿在我家總稱爲『老虎肉』。」〔註15〕錢鍾書正式進學校受教育已是五‧四運動之後了。所以他的先天的俏皮風趣的個性基本上沒受傳統的封建禮教的條條框框的束縛和壓抑，而得以正常的發展。所以成人之後他依然「癡氣」旺盛。楊絳先生記他喜歡西洋的淘氣畫，並央求女兒爲他臨摹一張魔鬼像吹喇叭似的後部撒著氣逃跑的《魔鬼遺臭圖》。「戲曲裏的插科打諢，他不僅且看且笑，還一再搬演，笑得打跌。」〔註16〕搞「惡作劇」給妻子畫花臉，畫肖像，「上面再添上眼鏡和鬍子，聊以過癮。」「他逗女兒玩，每天臨睡在她被窩裏埋『地雷』，埋得一層深入一層，把大大小小的各種玩具、鏡子、刷子，甚至硯臺或大把的毛筆都埋進去，等女兒驚叫，他就得意大樂。……恨不得把掃帚、畚箕都塞入女兒被窩，……這種玩意兒天天玩也沒多大意思，可是鍾書百玩不厭。」〔註17〕並且經常和岳父「說些精緻典雅的淘氣話，相與笑樂」。〔註18〕到老來仍是童心狂叟。喜

〔註13〕楊絳：《楊絳作品集》二卷，中國社會科學出版社1993年10月版。
〔註14〕楊絳：《楊絳作品集》二卷，中國社會科學出版社1993年10月版，第139頁。
〔註15〕楊絳：《楊絳作品集》二卷，中國社會科學出版社1993年10月版，第142頁。
〔註16〕楊絳：《楊絳作品集》二卷，中國社會科學出版社1993年10月版，第149頁。
〔註17〕楊絳：《楊絳作品集》二卷，中國社會科學出版社1993年10月版，第150頁。
〔註18〕楊絳：《楊絳作品集》二卷，中國社會科學出版社1993年10月版，第151頁。

歡看電視連續劇《西遊記》，並且「邊看邊學邊比劃，口中低昂發聲不止，時而孫悟空，時而豬八戒，棒打紅孩兒，耙釘盤絲洞，流星趕月，舉火燒天，過河跳澗，騰雲遁地，『老孫來也』，『猴哥救我』，手之舞之足之蹈之詠之歌之，不一而足。」〔註 19〕這種從小到老蹦跳著的不泯的童心童趣，是一種自然的天性，一種幽默的心態。日本著名幽默作家夏目漱石說：「所謂幽默，我認爲是發自人的本性的一種詼諧趣味，……換言之，詼諧是一種眞正的天賦，是生而有之的素質，而不是後天養成的。它是猶如行雲流水般的自然之物」。〔註 20〕錢鍾書先生的俏皮風趣正是他生而有之的素質，是他的先天的氣質個性。這是他的「癡氣」的內容特點的一個重要方面。錢鍾書「癡氣」的第二個方面的內容和特點就是善於想像和聯想。想像和聯想是文學創作中一種非常重要的形象思維的形式。楊絳先生談到想像在文學創作中的重要作用時說：「經驗好比點上個火；想像是這個火所發的光。沒有火就沒有光，但光照所及，遠遠超過火點兒的大小。……想像的光不僅四面放射，還有反照，還有折光。作者頭腦裏的經驗，有如萬花筒裏的幾片玻璃屑，能幻出無限圖案。」〔註 21〕所以想像是一個優秀的作家所必具有的一種才能。錢鍾書先生具有善於想像和聯想的天賦。據楊絳先生記述，錢先生小時候最喜歡玩「石屋裏的和尙」，玩得很樂。「所謂『玩』，不過是一個人盤腿坐著自言自語。小孩自言自語。其實是出聲的想像。我問他是否編造故事自娛，他卻記不得了。」〔註 22〕夜間一個孩子披條被單津津有味的在帳子裏獨坐，顯然是沉浸在一個想像的世界。這種善於想像的天賦是錢先生的「癡氣」的又一方面的特點和內容。大致屬於劉勰所謂「才有庸俊」中的「才」，即先天的「才能」。錢鍾書先生性格上另一個鮮明的特點就是喜愛深思明辨，這是他的「癡氣」的第三個方面的表現和內容。不過，他的「深思明辨」的外部表現卻是「大事清楚，小事糊塗」，是一種清楚和糊塗，睿智和癡愚的對立的統一。伯父最初爲他取名「仰先」，字「哲良」，父親因他愛「胡說亂道」，爲他改字「默存」。錢先生自己說他「喜歡『哲良』，又哲又良」。小時候他看完從書攤上租來的小說，他會納悶兒「一條好漢只能在一本書裏稱雄。關公若進了《說唐》，他的青龍偃月刀只有八十斤重，怎敵得李元霸的那一對八百斤的錘頭子；李元霸若進

〔註 19〕張建術：《魔鏡裏的錢鍾書》，載《傳記文學》1995 年第 1 期。
〔註 20〕陳孝英：《幽默理論在當代世界》，新疆人民出版社 1987 年版，第 218 頁。
〔註 21〕楊絳：《關於小說》，三聯書店，1986 年 11 月版，第 9 頁。
〔註 22〕楊絳：《楊絳作品集》二卷，中國社會科學出版社 1993 年 10 月版，第 146 頁。

了《西遊記》，怎敵過孫行者的一萬三千斤的金箍棒。」〔註23〕表現出他深思明辨，善於比較聯想的個性特點。不過，他的深思明辨的睿智卻又和令人發笑的癡愚同時集於一身。他是大事清楚，小事糊塗。楊絳先生說他總記不得自己的生年月日。穿鞋走步總不分左右腳，穿內衣或套脖毛衣往往前後顛倒。但卻喜讀「精微深奧的哲學、美學、文藝理論等大部著作。」〔註24〕他的清華同學說他「中英文造詣很深，又精於哲學及心理學」。其實他是沈於哲理的思辨而根本無心理會穿鞋穿衣，生年月日種種瑣事。所以他的深思明辯和令人發笑的癡愚，他的睿智和糊塗並不矛盾。以上三個方面，即俏皮幽默的心態，善於想像與聯想的才能和深思明辨的性格，這是錢先生創作個性中先天稟賦的成份，即劉勰所謂「才有庸俊，氣有剛柔」的「才」（才能）和「氣」（氣質）。除先天因素外，劉勰認爲後天的陶染對作家的創作個性也有重要影響。他說：「學有淺深，習有雅鄭，並情性所鑠，陶染所凝。……事義淺深，未聞乖其學；體式雅鄭，鮮有反其習。」重視後天的「學」（學習）與「習」（習染）對作家創作個性的影響。雖然劉勰的「學」和「習」有著特定的內容和對象，主要指的是「體式雅鄭」，即「模經爲式者，自入典雅之懿；效騷命篇者，必歸豔逸之華。」〔註25〕但是，放寬來講，即把他的「學」與「習」當成普遍的學習與陶染看，也沒有什麼不可以的。學識的深淺直接影響著事義及徵引與用典的淺深；作品的體式，行文的風格與作家的習染密切相關。我們先來看「學」。錢鍾書先生學識淵博已是大家公認的事實。「博」是一個大家的必要條件。博者不一定都能成爲大家，但大家卻都必須得博。王充說：「能說一經者爲儒生；博覽古今者爲通人；採掇傳書，以上書奏記者爲文人；能精思著文，連結篇章者爲鴻儒」。〔註26〕可見，只限於「一經」者無論多麼「通」只是一個「儒生」而絕對成不了「鴻儒」。錢鍾書先生幼承家學，10歲前在學《詩經》、《爾雅》之餘已把《西遊記》、《說唐》等中國古典小說記得爛熟於心，11～12 歲時兩箱《林譯小說叢書》又引發了他對外國文學的濃厚興趣，清華大學時又「橫掃清華圖書館」，後又留學英、法，學貫中西，融貫古今，經史子集無所不讀。有人統計，《管錐編》徵引的作者達四千人，典籍近萬種。其中西方學者和作家達千人左右。著作一千七八百種。」〔註27〕《談

---

〔註23〕楊絳：《楊絳作品集》二卷，中國社會科學出版社 1993 年 10 月版，第 142 頁。
〔註24〕楊絳：《楊絳作品集》二卷，中國社會科學出版社 1993 年 10 月版，第 149 頁。
〔註25〕劉勰：《文心雕龍・定勢》。
〔註26〕王充：《論衡・超奇》。
〔註27〕張文江：《〈管錐編〉的四種文獻結構》，《上海文論》1989 年第 6 期。

藝錄》徵引歷代各家詩話達一百三十餘種，中國詩話史上的主要著作，幾乎都被論列或引述。我們只要看書中評黃庭堅詩時，對宋代天社、青神（任淵、史容）注釋的《山谷內外集》竟然挑出錯注、漏注達 59 處之多，就能看出錢先生讀書的淵博和對古籍的熟悉。他的創作是以深厚的學養爲基礎，所以寫來左右逢源，旁徵博引，用典巧妙自如。這是後天的「學」對他的創作個性的影響。我們再來看劉勰所說的「習」，即後天的「習染」對他創作個性的影響。錢先生生於書香世家。據楊絳先生記述，錢先生上中學時「常爲父親代筆寫信，由口授而代寫，由代寫信而代作文章」。商務印書館出版錢穆的一本書，上有錢基博的序文，據錢鍾書說，「那是他代寫的，一字沒有改動」。他「寫客套信從不起草，提筆就寫，八行箋上，幾次抬頭，寫來恰好八行，一行不多，一行不少。鍾書說，那都是他父親訓練出來的。」〔註 28〕這種從小的訓練習染對他的創作個性自然會產生重大的影響。以上我們從「才」、「氣」、「學」、「習」四個方面分析了錢鍾書先生的創作個性。概而言之，俏皮幽默的心態，善於想像與聯想的才能，聰穎睿智、深思明辨的性格和淵博的知識與雅正的訓練，這幾個方面共同形成了錢鍾書先生基本的精神和創作風貌。

## （三）

「其文如其爲人」（蘇軾），「風格卻是人的本身」（布豐），「風格是思想的化身」（渥茲華斯）等等提法以及我們上面說到的曹丕的「文氣」說等，都是注重從風格的內容方面考慮問題。就風格的形式方面考慮，藝術方法，寫作技巧對風格的形成也產生影響，也是作家創作個性的重要表現。黑格爾說：「風格在這裡一般指的是個別藝術家在表現方式和筆調曲折等方面完全見出他的人格的一些特點。」〔註 29〕黑格爾既強調了風格的內容方面，即人格，又強調了「表現方式和筆調曲折」的形式因素。在西方，風格（style）一詞有著漫長的演變發展過程。德國文藝理論家威廉·威克納格考證說：「風格一詞源於希臘文，由希臘文而傳入拉丁文，……希臘文的本義表示一個長度大於厚度的不變的直線體：6τνλοS 訓爲『木堆』、『石柱』，最後爲一柄作爲寫和畫用的金屬雕刻刀。」風格在字義上、在語源上，都和德文的 stiel 一詞相符。「拉

---

〔註28〕楊絳：《楊絳作品集》二卷，中國社會科學出版社 1993 年 10 月版，第 147 頁。
〔註29〕黑格爾著，朱光潛譯：《美學》第一卷，商務印書館 1979 年 1 月版，第 372 頁。

丁人援用此字主要是取其最後的意義『雕刻刀』，拉丁語缺少希臘字母的 ν 音，因而把這個字拚為 stilus。從他們那裡而不是從希臘人那裡，這個字才發展為比喻的意義，從而風格一詞首先是表示我們用 hand 一字，或拉丁人有時用 manus 一字所隱喻地表示著的意義。」〔註30〕英文詞 hand 本義為「手」，「可以引伸為『技巧』，『手法』，『筆跡』諸義。拉丁文 manus 亦作『手』解釋。二字用法相近。」〔註31〕可見風格一詞最早用於文學指的是雕琢文字的方法和技巧。亞里斯多德就把風格作為修辭學的內容加以重點討論。認為「風格的美可以確定為明晰」，「隱喻字最能使風格顯得明晰，令人喜愛，並且使風格帶上異鄉情調。」〔註32〕亞里斯多德把風格完全看成是一種字詞的選擇與安排。古羅馬美學家朗吉弩斯認為崇高風格有五個主要來源。「第一而且最重要的是莊嚴偉大的思想」；「第二是強烈而激動的情感」；「第三是運用藻飾的技術」；「第四是高雅的措詞」；第五「就是整個結構的堂皇卓越。」〔註33〕這裡講的後面三條影響崇高風格的因素都是講的形式與技巧。一直到近代，仍然有許多人把風格看作是「一種作文的理論，作為一種連綴字句並使之兼綜條貫的藝術。」〔註34〕「斯威夫特（Swift）說：風格是『用適當的字在適當的地位』（the use of proper words in proper places）。柯勒律治（coleridge）論詩，說它是『最好的字在最好的次第』（the best words in their best order）。福樓拜（Flanbert）是近代最講究風格的作家，也是在『正確的字』（lejuste mot）上做工夫。他以為一句話只有一個最恰當的說法，一個字的更動就可以影響全局，所以常不惜花幾個鐘頭去找一個恰當的字，或是斟酌一個逗點的位置。」〔註35〕我國古人也重視語言文字的技巧。劉勰《文心雕龍》中專有《錬字》

---

〔註30〕〔德〕歌德（Goethe）等著，王元化譯：《文學風格論》，上海譯文出版社 1982 年 6 月版，第 16～17 頁。

〔註31〕〔德〕歌德（Goethe）等著，王元化譯：《文學風格論》，上海譯文出版社 1982 年 6 月版，第 27 頁。

〔註32〕〔古希臘〕亞里斯多德著，羅念生譯：《修辭學》，三聯書店 1991 年 10 月版，第 150～152 頁。

〔註33〕〔古希臘〕朗吉弩斯：《論崇高》，見伍蠡甫、胡經之編：《西方文藝》理論名著選編》下冊，北京大學出版社 1985 年 11 月版。

〔註34〕〔德〕歌德（Goethe）等著，王元化譯：《文學風格論》，上海譯文出版社 1982 年 6 月版，第 43 頁。

〔註35〕朱光潛：《朱光潛美學文集》二卷，上海文藝出版社 1982 年 9 月版，第 320 頁。

一篇。此後鍊句鍊字之風盛行。杜甫「語不驚人死不休」；盧延讓「吟安一個字，拈斷數莖鬚」；賈島「二句三年得，一吟雙淚流」；方干「吟成五字句，用破一生心」等等，已成爲鍊句鍊字的佳話。錢澄之在論造句鍊字時說：「情事必求其眞，詞義必期其確，而所爭只在一字之間。此一字確矣而不典，典矣而不顯，顯矣而不響，皆非吾之所許也。」〔註36〕又說：「句工只有一字之間，此一字無他奇，恰好而已。所謂一字者，現成在此，然非讀書窮理，求此一字終不可得。蓋理不徹則語不能入情，學不富則詞不能給意，若是乎一字恰好之難也。」〔註37〕這裡把鍊句鍊字和作家的「才」「學」相連繫。可見作家的創作個性雖然可分爲「才」「氣」「學」「習」及語言技巧等，但其實這些又都是相互連繫，共同構成作家創作個性的整體的。清代文論家姚鼐說：「文章之精妙不出字句聲色之間，捨此便無可窺尋矣。」〔註38〕確實，一個成熟的作家在遣詞造句上具有極強的個性特徵，形成自己獨特的語體，或謂語言基調或風格。據說，李清照把自己的《醉花陰》詞寄給丈夫趙明誠，「明誠歎賞，自愧不逮，務欲勝之，一切謝客，忘食忘寢者三日夜，得五十闋，雜易安作，以示友人陸德夫。德夫玩之再三，曰『只三句絕佳』。明誠詰之。答曰『莫道不銷魂，簾卷西風，人比黃花瘦』，正易安所作也。」〔註39〕說明李清照的語體已經達到了極高的境界，形成了風格。錢鍾書也非常重視語言文字的技巧。他認爲作爲作者，「斷不可忽略字句推敲，修飾的技巧」。「詩中用字句妝點，比方衣襟上插鮮花，口頰上點下了媚斑，要與周遭的詩景，相烘相託，圓融成活的一片，不使讀者覺得絲毫突兀。」「要把一切字，不管村的俏的，都洗濾了，配合了，調和了，讓它們消化在一首詩裡；村的字也變成了詩的血肉，俏的字也變成了詩的纖維：村的俏的都因爲這首詩而得了新的面目，使我們讀著只覺得是好詩，不知道有好字。」〔註40〕這裡錢先生雖然說的是詩，其實是他對一切作品鍊句鍊字的要求。他認爲寫作中用字「不盡在於字面之選擇新警，而復在於句中之位置貼適，俾此一字與句中乃至篇中他字相無間，相得益彰。倘用某字，固足以見巧出奇，而入句不能適館如歸，

〔註36〕錢澄之：《田間文集》卷八《詩說贈魏丹石》。
〔註37〕錢澄之：《田間文集》卷八《陳官儀詩說》。
〔註38〕姚鼐：《尺牘‧與石甫侄孫》。
〔註39〕伊世珍：《琅嬛記》。
〔註40〕錢鍾書：《落日頌》，載《新月月刊》四卷六期，1933 年 3 月。

卻似生客闖座，或金屑入眼，於是乎雖愛必捐，別求朋合。蓋非就字以選字，乃就章句而選字。」〔註41〕錢先生是鍊句鍊字的高手，極爲講究語言的藝術技巧。不論是粗鄙的俗言俚語，還是枯躁的專業術語，只要經過他的洗濾和調配，都能添光生彩，變成生花妙語。如歐里庇得斯悲劇中所言「語本傖俗，而安插恰在好處，頓成偉詞。」〔註42〕這種語言的藝術技巧是形成他作品風格的一個重要方面。

## （四）

以上我們論述分析了規定錢鍾書作品風格的關鍵性因素，即作家個人的天賦、氣質、性格、才能、學識及語言藝術技巧等只屬於自己的主觀因素。也就是庫柏所謂從作家身上剝去「所有那些爲他和別人所共有的東西之後所獲得的剩餘或內核」。具體表現爲俏皮幽默的心態，善於想像與聯想的才能，聰穎睿智、深思明辨的性格，淵博的知識和極爲高超的駕馭語言文字的藝術技巧。並且，這幾方面的因素不是彼此孤立的，而是相互連繫有機地融於錢先生一身，共同形成他獨特的創作個性和作品風格。所以，我們要研究他作品的特色和風格，可以從形成他創作個性的幾個方面入手。因爲風格就是作家創作個性在作品的內容和形式統一中所形成的總特色。當然，這個「總特色」不是幾種特點的簡單相加，而是有機地融爲一種整體性的風貌。就像人體的各個器官之於全身一樣，每個器官離開了人體即不再有意義，而一些重要的器官的離開則使總體也不再能夠存活。在此意義上說，「風格是文學的『格式塔』（gestalt）」。不過，就分析、研究和認識的角度講，人身雖然是不可分割的有機整體，但是我們仍然可以分析和研究心臟、四肢、眼、耳、鼻、舌、身等每一個器官的特點和作用。同樣，風格雖然有它的有機整體性，也不妨礙我們對形成其總特色的每一個具體的特點或因素進行分析和研究，以便更好地對風格進行總體性的把握。

就先天性格氣質來看，幽默睿智是錢鍾書的主要特點。清人薛雪說：「暢快人詩必瀟灑，敦厚人詩必莊重，倜儻人詩必飄逸，疏爽人詩必流麗，寒澀人詩必枯瘠，豐腴人詩必華贍，拂鬱人詩必淒怨，磊落人詩必悲壯，豪邁人

---

〔註41〕 錢鍾書：《談藝錄》（補訂本），中華書局 1984 年版，第 326〜327 頁。
〔註42〕 錢鍾書：《談藝錄》（補訂本），中華書局 1984 年版，第 326〜327 頁。

詩必不羈，清修人詩必峻潔，謹勤人詩必嚴整，猥鄙人詩必委靡。」〔註 43〕
讀錢先生的作品，我們還可以順著薛雪的話接上一句，那就是：「風趣人文筆
必幽默」。詼諧幽默是錢鍾書先生作品的一大特色。根據錢先生在《說笑》等
文章中表達的對幽默的看法，可以看出：錢先生在幽默問題上吸收了各家幽
默理論的長處而融成了自己更爲合理的幽默理論體系，即在承認幽默主體具
有高度的機敏和智慧並具備誘發幽默感的客體對象這兩大客觀的前提條件
下，從主體內心世界著眼，強調幽默是一種脾氣性格或心態，具體表現爲具
有高深修養的了悟世事人生的超越感及對人生和命運採取「一笑置之」的「遊
戲」或「自嘲」的態度；最理想而純正的幽默表現爲智者哲人的有會於心的
微笑；幽默具有流動飄忽變化不居的不確定性，不能固定爲模式，因此不可
模仿和提倡。這就是錢鍾書先生的幽默觀。

聰穎睿智，深思明辨的性格特點使錢鍾書先生的作品具有思辨的特色。
對哲理思辨的偏愛，對哲學、美學理論的熟悉，決定了錢先生喜歡對一些抽
象的觀念理論問題進行理性思辨，得出一些令人難以逆料而又合情入理的解
釋；決定了他能夠把對古典文學的體驗，把歷來人們認爲只可意會不可言傳，
或「知其然，不知其所以然」的感悟，用理性的語言，給人們說出「所以然」
來，用邏輯分析和判斷的方式給人們以系統清晰的認識。這就是錢鍾書先生
的特點。這種特點顯示出強烈的理性思辨色彩。

學識淵博是錢鍾書先生創作個性的一個重要方面。這種個性反映在他的
學術著作中就是旁徵博引，說理深刻；反映在他的創作上就是各種中外典故
的巧妙運用。善於想像和聯想是錢鍾書創作個性的重要方面，是他的先天的
才能。這種才能在作品中最顯著的表現就是他作品中那眾多的令人歎爲觀止
的新穎奇特的比喻。錢鍾書先生是現代當之無愧的比喻大師，他特別重視比
喻，認爲「比喻是文學語言的根本」。〔註 44〕無論就比喻理論上來說，還是就
比喻實踐上來看，他的貢獻都是前無古人的。

錢先生極端重視語言的藝術技巧，是鍊句鍊字的高手。這種錘鍊語言的
工夫和技巧對形成他作品的風格產生了重要的影響。錢先生從總的語言風格
上，追求的是一種「以故爲新，以俗爲雅」的格調。他說：「夫以故爲新，即

---

〔註 43〕 薛雪：《一瓢詩話》。
〔註 44〕 錢鍾書：《讀〈拉奧孔〉》，《舊文四篇》，上海古籍出版社 1979 年 9 月版，第
　　　　 36 頁。

使熟者生也，而使文者野，亦可謂之使野者文，驅使野言，俾入文語，納俗於雅爾。」〔註45〕可見「太樸不雕」，「極煉如不煉，出色而本色，人籟悉歸天籟矣。」〔註46〕而「高遠者狎言之，洪大者纖言之」〔註47〕是錢先生語言上的一種自覺的美學追求，形成亦莊亦諧的新穎而又活潑的作品風格。

〔註45〕錢鍾書：《談藝錄》（補訂本），中華書局 1984 年版，第 321 頁。
〔註46〕劉熙載：《藝概》，上海古籍出版社 1978 年版，第 121 頁。
〔註47〕錢鍾書：《管錐編》，中華書局 1986 年 2 版，第 748 頁。

# 十六、論錢鍾書的幽默觀

　　《說笑》是錢鍾書先生 1930 年代末發表的一篇隨筆，1990 年代初陸文虎先生曾解說注釋此文，給讀者理解此文以一定的幫助。但是陸先生聯繫 1920 年代林語堂提倡幽默，到 1930 年代幽默文學一度盛極一時的情況，認爲「《說笑》是一篇針砭時弊的文章」。〔註 1〕這種理解未免有些狹窄。錢鍾書先生的作品雖然以諷刺著稱，但他的諷刺一般不是針對具體的人物或事件的那種「嬉笑怒罵，皆成文章」式的鞭撻與揭露，而是揭示「無毛兩足動物」的根性弱點，從哲理的角度對人類普遍的觀念和心理進行探討和剖析。筆者認爲，《說笑》的主旨主要也不是針對某人或某事，而是錢鍾書以幽默的筆調和形象化的語言對自己的幽默觀所做的系統化的表述。

　　幽默是一個古老而有紛爭的話題。據有文字可查的記載來看，人們開始對帶有幽默性質的「笑」或「戲謔」從理論或審美上進行研究或注意的，在西方，提出「妒忌說」的古希臘哲學家柏拉圖（前 427～前 347）是研究「笑」的動因的始祖；在中國，《詩經》中「善戲謔兮，不爲虐兮」〔註 2〕則是後來「謔而不虐」的審美標準的源頭。雖然我們中華民族在實際生活中不乏「曼倩之風」，但從哲學的角度對笑進行理性的思考，探討它的本質、起因、特點和規律的卻主要是西方人。在西方，從柏拉圖、亞里斯多德、西塞羅，到康德、叔本華、柏格森、弗洛伊德等眾多的學者哲人，都在苦苦地思索著笑的本質是什麼？都企圖給它下一個能反映本質而沒有漏洞的圓滿的定義，然而

---

〔註 1〕陸文虎：《〈圍城〉內外》，解放及文藝出版社 1992 年 4 月版，第 232 頁。
〔註 2〕《詩·衛風·淇奧》。

卻又都力不從心，每人的定義都只能是抓住部分真理的一偏之見。所以到此為止，「笑」的本質到底是什麼？它是怎樣產生的？它的心理生理特點及規律怎樣？雖然理論繁多，但眾說紛紜，難有定論。1930 年代，朱光潛先生在《笑與喜劇》〔註3〕介紹和評述了西方影響較大的有關笑的學說，其中包括柏拉圖的「快感是和妒忌相聯的」「妒忌說」；霍布士等人的「突然想起自己的優勝」的「突然榮耀」說；柏格森的「把有生氣的和機械的嵌合在一塊」的「生氣的機械化」說；康德的「一種緊張的期望突然歸於消失」的「期望撲空」說；叔本華的「感覺和感覺所依附的概念有乖訛」的「乖訛說」；斯賓塞的由「下降的乖訛」發展而來的「精力過剩說」；立普斯的把「期望消失」說與「精力過剩說」合併起來的「大小懸殊」說；倍思等人的「笑是嚴肅的反動」的「自由說」；伊斯特曼等人的對失意的事取「一笑置之」的態度的「遊戲說」；弗洛伊德的「移除壓抑」的「心力節省說」等。可以看出，眾多的笑論，各有所長，又各有所短，說它們各有所長是「因為它們都含有幾分真理，都能解釋部分的事實」。說它們各有所短是因為他們都有一偏之見，「都想把片面的真理當作全部的真理，都想把笑和喜劇複雜的事例納在一個很簡短的公式裏面」。朱光潛先生引用了薩利的一句話來說明各家的局限：「關於喜笑的各種學說個個都不能推行無礙，就因為在『複雜原因』特別鮮明的領域中，它們偏要尋出一個唯一無二的原因來」。〔註4〕與幽默密切相關的笑就是這樣眾說紛紜難以界定，而藏在笑後面時隱時現象水一樣流動，像氣一樣飄渺的幽默就更可想而知了。

英文 Humour 是從拉丁詞（h）ŭmor 而來。（h）ŭmor 的原義是「潮濕」，後指「液體」。所以 humour 一詞最初指「水分」，後在醫學中指能決定人的體質、心理和情緒的人體中的四種基本體液（血液、黏液、黃膽計、黑膽汁），由此引申為指一個人的氣質，脾氣。後來發展為能對荒謬、矛盾等不諧調事物具有敏銳的反應的與眾不同的氣質或脾氣。直到 16 世紀，「幽默」才逐漸發展為一個與笑和藝術相關的美學名詞。「幽默」一跳入藝術的園地，很快就變成了繆斯王冠上的明珠，越來越多的人充滿興趣地探討它的本質、特點和規律，比起對笑的研究和探討來，更是各持所見，莫衷一是，提出了眾多的幽默理論。有代表性的如英國喜劇家康格里夫的「把幽默看作與生俱來，因

---

〔註3〕 朱光潛：《朱光潛美學文集》第 1 卷，上海文藝出版社 1982 年版，第 262 頁。
〔註4〕 朱光潛：《朱光潛美學文集》第 1 卷，上海文藝出版社 1982 年版，第 281 頁。

而是天然的產物」〔註5〕的「自然說」；俄國文藝批評家車爾尼雪夫斯基的「幽默卻是自我嘲笑」〔註6〕的「自嘲說」；德國美學家里普斯的「幽默是我本身的一種狀態，一種自我的心境」〔註7〕的「心境說」；加拿大文學家裏柯克的「對生活中不協調事物的善意思索和藝術表現」〔註8〕的「矛盾表現說」；英國作家薩克雷的「幽默是機智加愛」〔註9〕的「同情說」；意大利作家皮蘭德婁的「幽默乃邏輯之一種」〔註10〕的「邏輯說」等等。這眾多的幽默理論，正像美國的文藝理論家 D・H・門羅所說：「各種幽默理論都能解釋一定的幽默，但是，任何一種理論是否能解釋各類幽默，很值得懷疑。」〔註11〕就是在這個意義上，康格里夫認為「幽默的種類無窮無盡。……有多少人，就有多少意見。」〔註12〕而索爾・斯坦伯格則不無幽默地嘲諷那些給幽默下定義的人說：「試圖給幽默下定義，是幽默的定義之一。」〔註13〕在中國，雖然早在《楚辭》中就有「眴兮杳杳；孔靜幽默。」〔註14〕但這裡的「幽默」是寂靜無聲之義，與現代由 Humour 而來的「幽默」了無干涉。我國古代用來表達與現代作為美學概念的幽默意思相近的詞是「滑稽突梯」、「詼諧」、「謔浪」、「諧」、「科諢」、「挪揄」、「俏皮」等詞。在我國封建時代，由於封建專制的極權統治和禮教的束縛，帶有「幽默」意義的「滑稽」「詼諧」文學不能得到正常的發展而被壓抑與扭曲。就像魯迅先生所說：「私塾的先生，一向就不許

〔註 5〕　上海青年幽默俱樂部編：《中外名家論喜劇、幽默與笑》，上海社會科學院出版社 1992 年 8 月版，第 20 頁。
〔註 6〕　上海青年幽默俱樂部編：《中外名家論喜劇、幽默與笑》，上海社會科學院出版社 1992 年 8 月版，第 71 頁。
〔註 7〕　上海青年幽默俱樂部編：《中外名家論喜劇、幽默與笑》，上海社會科學院出版社 1992 年 8 月版，第 87 頁。
〔註 8〕　上海青年幽默俱樂部編：《中外名家論喜劇、幽默與笑》，上海社會科學院出版社 1992 年 8 月版，第 106 頁。
〔註 9〕　上海青年幽默俱樂部編：《中外名家論喜劇、幽默與笑》，上海社會科學院出版社 1992 年 8 月版，第 272 頁。
〔註 10〕　上海青年幽默俱樂部編：《中外名家論喜劇、幽默與笑》，上海社會科學院出版社 1992 年 8 月版，第 275 頁。
〔註 11〕　〔美〕《考利爾百科全書》1979 年英文版 12 卷，第 357 頁。
〔註 12〕　上海青年幽默俱樂部編：《中外名家論喜劇、幽默與笑》，上海社會科學院出版社 1992 年 8 月版，第 20 頁。
〔註 13〕　上海青年幽默俱樂部編：《中外名家論喜劇、幽默與笑》，上海社會科學院出版社 1992 年 8 月版，第 271 頁。
〔註 14〕　《楚辭・九章・懷沙》。

孩子憤怒，悲哀，也不許高興。皇帝不肯笑，奴隸是不准笑的。他們會笑，就怕他們也會哭，會怒，會鬧起來。……這可見『幽默』在中國是不會有的。」〔註15〕魯迅所說的「幽默在中國是不會有的」，是指正統文學容不下幽默，所以中國人對幽默的本質和意義都缺乏瞭解，難以認識。確實，與西方對「笑」與幽默從哲學的高度進行思辨研究相比，我國這方面的工作顯得相當薄弱。對具有幽默意義的「滑稽」、「詼諧」等多是在人物傳記或書序中提到的隻言片語，如「談言微中，亦可以解紛」〔註16〕之類，就是在集中國古典文論之大成的《文心雕龍》中，劉勰對「滑稽」或「諧」也只是從功能上簡單地論列：「古之嘲隱，振危釋憊。——會義適時，頗益諷誡；空戲滑稽，德音大壞。」〔註17〕總之，多是簡單地談功能或技巧的感性認識，而沒有什麼有系統的理論研究。雖然在 1906 年王國維就把西方的 Humour 譯爲「歐穆亞」〔註18〕而引進了漢語，但王國維對西方的 Humour 精神並沒有多做闡釋，所以並沒有引起人們的多大注意。眞正在中國大張旗鼓地介紹並提倡幽默是在五四文學革命之後。辛亥革命推翻了專制帝制，五四新文化運動促使人們思想極大的解放，介紹和宣傳新思想、新觀點蔚成風氣，就是在這種比較寬鬆而開放的新的文化和學術氛圍之下，林語堂在 1924 年 5～6 月間連續發表《徵譯散文並提倡「幽默」》〔註19〕和《幽默雜話》〔註20〕兩篇介紹和提倡幽默的文章，第一次把 Humour 用音譯而又有一定暗示和聯想色彩的方式譯爲「幽默」。在《幽默雜話》中林語堂說：「幽默二字原爲純粹譯音，……惟是我既然偶用『幽默』自亦有以自完其說。凡善於幽默的人，其諧趣必愈幽穩，而善於鑒賞幽默的人，其欣賞尤在於內心靜默的理會，大有不可與外人道之滋味，與粗鄙顯露的笑話不同。幽默愈幽愈默而愈妙。故譯爲幽默，以意義言，勉強似乎說得過去。」林語堂對「幽默」的倡導在新文化隊伍中得到一定的反響，到 30 年代，進一步形成了以《論語》、《人間世》、《宇宙風》等刊物爲核心的「幽默」文學潮流。許多人對幽默開始進行理論上的探討，各抒己見，呈現出「百家

〔註15〕魯迅：《南腔北調集‧「論語一年」——藉此又談蕭伯納》。
〔註16〕司馬遷：《史記‧滑稽列傳》。
〔註17〕劉勰：《文心雕龍‧諧讔》。
〔註18〕王國維：《靜庵文集續編‧屈子文學之精神》、《王國維遺書》，上海古籍書店 1983 年版第五冊。
〔註19〕《晨報副鐫》1924 年 5 月 23 日。
〔註20〕《晨報副鐫》1924 年 6 月 9 日。

「爭鳴」的理論紛爭局面。錢鍾書先生就用《說笑》這樣一篇以幽默的筆調來說幽默的隨筆來表述自己的幽默觀，篇幅雖不長，但卻融進了西方的一些主要幽默觀點而形成自己的體系。具體表現在以下幾個方面。

## （一）強調主體的機智和誘發幽默感的客觀對象是產生幽默的前提條件

　　先說「機智」（wit）。機智在歐洲文藝復興時原指「天才」而言，後來發展為美學術語，表示機敏智慧，言語巧妙。許多幽默理論家都強調機智，特別是「智」在幽默中的重要作用。有人認為「幽默是機智加愛」。〔註21〕有人認為「幽默感積極的創造性的形式是機智」。〔註22〕有人認為「幽默是能飛的智慧的神經」。〔註23〕錢仁康說：「幽默是一切智慧的光芒，照耀在古今哲人的靈性中間。凡有幽默的素養者，都是聰敏穎悟的」。〔註24〕林語堂說：「當一個民族在發展的過程中生產豐富之智慧足以表露其理想時則開放其幽默之鮮花，因為幽默沒有旁的內容，只是智慧之刀的一晃。」〔註25〕我國古人也把幽默和智慧看得密不可分，如《史記》中有「樗里子滑稽多智，秦人號曰『智囊』。」〔註26〕錢鍾書先生也特別強調智慧在幽默中的作用，甚至把智慧看作幽默的前提。但是《說笑》一文是用富於幽默的散文形式寫的，他的這些思想不是像理論文章一樣明明白白條分縷析地說出來，而是以形象和談笑的方式來表露。所以這些思想的捕捉需要我們的感悟和分析。錢先生在文中首先引用了拉白萊（Rabelais）「把幽默來分別人獸」的名言，「笑是人類特具的本領（Propre）」，並肯定「幽默當然用笑來發泄」，笑「本來是幽默豐富的流露」。從這裡我們可以看出錢先生思維的邏輯：人之所以區別於獸，關鍵在於人有智慧，有智慧才有幽默，有幽默

〔註21〕上海青年幽默俱樂部編：《中外名家論喜劇、幽默與笑》，上海社會科學院出版社1992年8月版，第272頁。

〔註22〕上海青年幽默俱樂部編：《中外名家論喜劇、幽默與笑》，上海社會科學院出版社1992年8月版，第151頁。

〔註23〕上海青年幽默俱樂部編：《中外名家論喜劇、幽默與笑》，上海社會科學院出版社1992年8月版，第281頁。

〔註24〕上海青年幽默俱樂部編：《中外名家論喜劇、幽默與笑》，上海社會科學院出版社1992年8月版，第240頁。

〔註25〕林語堂：《吾國與吾民》，華齡出版社1995年2月版，第67頁。

〔註26〕司馬遷：《史記・樗里子甘茂列傳》。

才發泄爲笑。所以笑表現了幽默，而幽默表現了智慧。強調智慧是幽默的必不可少的前提條件。在文中，錢先生引荷蘭夫人（Lady Holland）的《追憶錄》中薛德尼・斯密史（Sidney Smith）的話：「電光是天的詼諧（wit）」。英語 wit 一詞，一般人都翻譯成「機智」，而錢先生則翻譯成「詼諧」，可以看出，錢先生在某種意義上來說，簡直把「機智」等同了「幽默」。特別認爲其中「智」是最重要的，沒有智慧就沒有幽默。他在《管錐編》中也說：「『滑稽』訓『多智』，復訓『俳諧』，雖『義』之『轉』乎，亦理之通耳」。在考論「滑稽」之本義是能「亂同異」時說：「蓋即異見同，以支離歸於易簡，非智力高卓不能。」〔註27〕在錢先生看來，人有智慧所以產生了幽默，有幽默就發爲笑，這在原本意義上一致的，是合於邏輯的。但是後來卻發生了變化，產生了笑和幽默的不一致性。其原因是，既然智慧產生幽默，幽默發爲笑聲，慢慢笑變成了幽默和智慧的標誌。人人都喜歡表現自己有智慧，所以人人都笑，以至缺少智慧和幽默的人也跟著笑。這樣，笑逐漸演變成了人的一種生理本能和一些人冒充幽默和智慧的幌子。這樣，笑也就不再都是幽默和智慧的表現了，比如「傻子的呆笑，瞎子的趁淘笑」。於是產生了「幽默當然用笑來發泄，但是笑未必是表示著幽默」，「笑的本意，逐漸喪失；本來是幽默豐富的流露，慢慢地變成了幽默貧乏的遮蓋」的情況。

　　另外，錢先生承認幽默有一定的客觀性。也就是說認爲幽默的原因不僅在於主體的內心世界，而且與作爲客體的對象的誘因有關。即只有當客體對象具備了某些特定的性質和條件時，才能誘發主體產生幽默感。他在文中根據柏格森認爲笑的原因在於「生氣的機械化」的理論，列舉「口吃」，「口頭習慣語」，「小孩子的模仿大人」等等「復出單調的言動」都是可以引人發笑的，即是誘發幽默的材料。並認爲經提倡的幽默「本身就是幽默的資料，這種笑本身就可笑」。「真有幽默的人能笑，我們跟著他笑；假充幽默的小花臉可笑，我們對著他笑。」從這些表述，可以看出錢先生承認幽默具有客觀性和可以用幽默來批評或諷刺的態度。總之，強調主體的機智和誘發幽默的客觀對象是產生幽默感的前提條件，這是錢先生幽默觀中的重要觀點之一。正是由於對幽默持這樣的看法，決定了他作品中的幽默多是「機智型幽默」和「諷刺型幽默」。

---

〔註27〕錢鍾書：《管維編》第一冊，中華書局 1986 年 2 版，第 316 頁。

## （二）從主體內心世界著眼強調幽默是一種脾氣

具體表現為兩種心態：一種是具有高深修養的了悟世事人生的超越感和優越感；另一種是對人生和命運採取「一笑置之」的「遊戲」或「自嘲」的態度。

從主體內部的心靈世界來研究探討幽默的奧秘的人多把幽默看為一種脾氣性格或對待世界及生活和命運的一種心態。里普斯說：「幽默是我本身的一種狀態，一種自有的心境。」〔註28〕林語堂認為：「幽默者是心境之一狀態，更進一步，即為一種人生觀的觀點，一種應付人生的方法」〔註29〕陳瘦竹說：「幽默是一個人所特有的言談舉止的方式和性格的自然流露，……幽默是一種人生態度，幽默的人在觀察世界時雖從理性出發，但更帶著豐富的感情。」〔註30〕都主張幽默產生於內部心靈，「是藝術家的人格在按照自己特殊的方面乃至深刻方面來把自己表現出來」，〔註31〕主要是一種人格的精神價值。錢鍾書先生在《說笑》中說：「幽默至多是一種脾氣」，「一個真有幽默的人別有會心，欣然獨笑，冷然微笑，替沉悶的人生透一口氣」，「幽默減少人生的嚴重性，決不把自己看得嚴重。真正的幽默是能反躬自笑的，它不但對於人生是幽默的看法，它對於幽默本身也是幽默的看法。」從這些對於幽默的富於形象而又蘊意深刻的描述中，我們可以悟出錢先生在幽默問題上的主要觀點，那就是：承認幽默是一種脾氣、性格或心態，但並沒有停留在籠統不清的心態說上，而是具體描述出了兩種心態：一是「別有會心，欣然獨笑，冷然微笑」的具有高深修養和了悟世事人生的超越感或優越感；二是「減少人生的嚴重性」，「替沉悶的人生透一口氣」，並「能反躬自笑」的對人生和命運採取「一笑置之」的「遊戲」或「自嘲」的態度。這兩種態度又是互為因果，相互關聯的。只有有高深的修養，了悟世事人生，才能對人生和命運取平靜的「一笑置之」的態度，也只有持「以笑置之」的態度，才能對世事人生以俯瞰的姿態「別有會心，欣然獨笑，冷然微笑」。這裡「高深的修養」和「了悟世事人生」是形成幽默心態的重要條件。面對世上的風雨波濤而能以平靜的

〔註28〕　上海青年幽默俱樂部編：《中外名家論喜劇、幽默與笑》，上海社會科學院出版社，1992 年 8 月版，第 87 頁。
〔註29〕　林語堂：《吾國與吾民》，華齡出版社 1995 年 2 月版，第 67 頁。
〔註30〕　陳瘦竹、沈蔚德：《論悲劇與喜劇》，上海文藝出版社 1983 年版，第 87 頁。
〔註31〕　〔德〕黑格爾著，朱光潛譯：《美學》第二卷，商務印書館 1979 年 1 月版，第 372 頁。

幽默心境相對，沒有修養是辦不到的。鶴見祐輔說：「懂得幽默，是由於深的修養而來的」。〔註32〕高深的修養加上了悟世事洞察人生的能力，就能產生出「笑的哲人」的悠然泰然的「超越感」和「優越感」，以這種「超越感」或「優越感」來看旁人的朦昧無知或荒謬，於是「欣然獨笑」，「冷然微笑」。這種幽默的心態和情感，符合英國霍布士所主張的幽默「是在見到旁人的弱點或是自己過去的弱點時，突然念到自己某優點所引起的『突然的榮耀』感覺（Sudden glory）」〔註33〕的理論。波德萊爾也說：「人的笑，產生於人的優越。」〔註34〕馬賽爾・帕尼奧爾說：「我笑，因為我感到比你比他、比全世界人都優越。」〔註35〕

　　另外，錢鍾書先生所說的幽默「替沉悶的人生透一口氣」，「能減少人生的嚴重性」，「決不把自己看得嚴重」，「真正的幽默是能反躬自笑的」。這些思想是吸收了西方的「遊戲說」、「自由說」和「自嘲說」。

　　西方「遊戲說」的代表人物是伊斯特曼。他認為人有幽默的本能，所以能拿遊戲態度來看待事物。只要用「一笑置之」的遊戲心態來對待事物，就是失意的事也可以變成快感的來源。朱光潛先生很欣賞伊斯特曼這種觀點，引了他的一段有趣的話來說明這種「一笑置之」的遊戲態度：「穆罕默德自誇能用虔信祈禱使山移到面前來。一大群徒弟圍著來看他顯這本領，他儘管祈禱，山仍是巍然不動，他於是說：『好，山不來就穆罕默德，穆罕默德就去就山罷』。我們也是同樣的竭精殫思來求世事恰如人意，到世事盡不如人意時，我們說：『好，我就在失意中尋樂趣罷！』這就是詼諧。詼諧就像穆罕默德去就山。它的生存是對於命運開玩笑」。〔註36〕這種「遊戲說」朱光潛先生認為是「在近代各家學說之中可以說是最合理的。」〔註37〕和「遊戲說」相接近的是彭約恩（penjon），倍恩，杜威和克來恩（kline）等人的「自由說」，在這

〔註32〕〔日〕鶴見祐輔著，魯迅譯：《說幽默》，載《莽原》半月刊第 2 卷第 1 期，1927 年 1 月 10 日。
〔註33〕朱光潛：《朱光潛美學文集》第 1 卷，上海文藝出版社 1982 年版，第 265 頁。
〔註34〕〔法〕讓・諾安讓・諾安著：果永毅，許崇山譯：《笑的歷史》，三聯書店 1986 年 11 月版，第 57 頁。
〔註35〕〔法〕讓・諾安讓・諾安著：果永毅，許崇山譯：《笑的歷史》，三聯書店 1986 年 11 月版，第 70 頁。
〔註36〕朱光潛：《朱光潛美學文集》第 1 卷，上海文藝出版社 1982 年版，第 276～277 頁。
〔註37〕朱光潛：《朱光潛美學文集》第 1 卷，上海文藝出版社 1982 年版，第 274 頁。

一派看來，人們生活在法律規則，道德習俗，宗教禮儀等等政治文化的約束之下，甚至現實世界和實際生活都是人生一種約束。笑就是暫時脫去了人的假面而使自然本性得以自由流露。倍恩說：「笑是嚴肅的反動。我們常覺得現實界事物的尊嚴堂皇的樣子是一種緊張的約束；如果突然間脫去這種約束，立刻就覺得喜溢眉宇，好比小學生在放學時的情形一樣。」彭約恩說：「笑是自由的爆發，是自然擺脫文化的慶賀。」〔註38〕這種「自由說」很接近精神分析學派的「移除壓抑說」。精神分析學派認爲人的「本我」通常都要受「超我」這個代表道德禮俗的「檢察機關」的壓抑，幽默就是由「本我」遵循「快樂原則」以特殊的方式對「超我」這個「檢察機關」的反叛，從而「移除壓抑」，得到快感。美國心理學家阿瑞提說：「根據弗洛伊德的觀點，一個玩笑並非要傳授新的知識。它在明顯想把聽者逗笑的目的下面隱藏著一個特殊目的；企圖滿足那些平常被壓抑或被禁止的傾向。……從玩笑中得到滿足是由於允許把被禁止的內容講出來，並隨之得到興奮與放鬆的情緒感受。」〔註39〕可以看出，錢先生的「幽默能減少人生的嚴重性」，「替沉悶的人生透一口氣」的說法，與這些「遊戲說」，「自由說」和「移除壓抑說」都有某些相通之外，顯然是受到這些幽默理論的影響。錢先生這種解脫束縛的「自由論」思想在《一個偏見》中表現得更爲清楚。他說：「偏見可以說是思想的放假。……假如我們不能懷挾偏見，隨時隨地必須得客觀公平、正經嚴肅，那就像造屋只有客廳，沒有臥室，又好比在浴室裏照鏡子還得做出攝影機頭前的姿態」。這裡偏見既然可和「正經嚴肅」相對，所以在擺脫束縛，移除壓抑的意義上說，它和玩笑幽默具有同樣的性質。所以如果用「幽默可以說是思想的放假」一句話來表達錢先生對幽默的看法，大致也不錯的吧。

　　錢先生認爲幽默的人「決不把自己看得嚴重。真正的幽默是能反躬自笑的」。否定性的幽默嘲諷的目標決不僅僅是別人，而且包括幽默家自己。這是西方流行的「自嘲說」。許多人認爲「自嘲」是一種高級的幽默。車爾尼雪夫斯基在區別「滑稽」，「諧謔」和「幽默」時說：「對諧謔來說，什麼都是愚蠢的、可笑的，但是只有它自己不可笑也並不愚蠢。幽默卻是自我嘲笑」；〔註

---

〔註38〕朱光潛：《朱光潛美學文集》第1卷，上海文藝出版社1982年版，第275頁。
〔註39〕〔美〕S.阿瑞提著，錢崗南譯：《創造的秘密》，遼寧人民出版社1987年版，第151頁。
〔註40〕〔蘇〕車爾尼雪夫斯基：《車爾尼雪夫斯基論文學》，上海譯文出版社1979年版，第90頁。

40）英國美學家李斯托威爾說：「當我們能夠長時間地放聲地嘲笑我們自己，藉以減輕生活的苦惱的時候，我們就是幽默家」；〔註 41〕巴瑞摩爾說：「第一次嘲笑自己之時正是你成長之日」；〔註 42〕邁蒂斯說：「嘲笑自己的愚昧，能增進幽默的感覺。別忘了，慈善事業往往從自己做起，嘲笑愚昧，也應該從自己做起」；〔註 43〕巴特勒說：「對自己可笑的舉止，表現出敏銳的幽默，能使你避免犯錯」；〔註 44〕麥克斯威爾說：「別人嘲笑你之前」你先嘲笑自己。」〔註 45〕可以看出，錢先生認為「真正的幽默是能反躬自笑」的主張是受了西方這些「自嘲」說的影響。另外，我國的老舍，陳瘦竹等人也堅持這種「自嘲」說。老舍說：「幽默作家的幽默感使他既不饒恕壞人壞事，同時他的心地是寬大爽朗，會體諒人的。假若他自己有短處，他也會幽默地說出來，決不偏袒自己」；〔註 46〕陳瘦竹也認為幽默的人「在嘲笑別人的荒謬愚蠢的言行時，同時嘲笑自己的缺點錯誤。」〔註 47〕這些觀點，也與錢鍾書先生的「反躬自笑」說相近。正是這種「反躬自笑」的幽默觀，形成錢先生作品中的一類「自嘲型的幽默」。而他的「欣然獨笑」，「冷然微笑」的幽默心態又使他作品中的幽默給人一種居高臨下的超越感，這種「自嘲」精神和「超越感」是形成他作品幽默的獨特風格的一個重要因素。

## （三）強調幽默的不確定性

　　幽默具有什麼特性呢？錢先生說：「笑是最流動、最迅速的表情」，「笑的確可以說是人面上的電光」。「我們不要忘掉幽默（Humour）的拉丁文原意是液體；……幽默是水做的」。這裡，錢先生強調幽默具有流動性、變動性和不可固定性。錢先生從 Humour 一詞的本義來說明幽默的流動性和變化性。前面

〔註41〕〔英〕李斯托威爾著，蔣孔陽譯：《近代美學史述評》，上海譯文出版社 1980年版，第 237 頁。

〔註42〕上海青年幽默俱樂部編：《中外名家論喜劇、幽默與笑》，上海社會科學院出版社 1992 年 8 月版，第 276～279 頁。

〔註43〕上海青年幽默俱樂部編：《中外名家論喜劇、幽默與笑》，上海社會科學院出版社 1992 年 8 月版，第 276～279 頁。

〔註44〕上海青年幽默俱樂部編：《中外名家論喜劇、幽默與笑》，上海社會科學院出版社 1992 年 8 月版，第 276～279 頁。

〔註45〕上海青年幽默俱樂部編：《中外名家論喜劇、幽默與笑》，上海社會科學院出版社 1992 年 8 月版，第 276～279 頁。

〔註46〕老舍：《什麼是幽默》，見《老舍論創作》上海文藝出版社 1982 年版。

〔註47〕陳瘦竹、沈蔚德：《論悲劇與喜劇》，上海文藝出版社 1983 年版，第 87 頁。

我們已經介紹過，Humour 來自拉丁詞（h）ǔmor，原義指「潮濕」，後來變成心理學術語，指由其比例來決定人的心理情緒的「體液」（血液、黏液、黃膽汁、黑膽汁），後來演變成指人的性情氣質或脾氣並進而變爲特指對荒謬、滑稽等具有獨特反映的一種特殊的性格、氣質或脾氣。直到 16 世紀，本·瓊生才把「幽默」一詞引入藝術領域，指人物的愚蠢、滑稽的特性。到 18 世紀初才演變成我們現代意義上的以詼諧的形式來表現具有美感意義的內容的美學術語。錢先生指出幽默像水一樣流動，像氣一樣飄忽不定，具有不可捉摸的不確定性。這種看法與本·瓊生等人對幽默的性質看法相同。本·瓊生說：「我們認爲幽默是實際存在的東西，具有氣和風的性質，本身包含氣和風的特徵，潮濕和流動；這就像把水潑在地板上，一片潮濕，水就流淌；而從號角和嗽叭裏吹出來的氣立刻消失，留下一滴水珠。這樣，我們可以得出結論，凡是潮濕而流動，無力控制自己的東西，就是幽默」。〔註 48〕本·瓊生也是從 Humour 的本意「潮濕」和「液體」來說明「幽默」具有「氣和風」的流動不可控制的特性。與錢先生從方法到看法上都相似。既然幽默是流動的，變化不居的，所以不能固定成一種模式來摹仿，也根本不必提倡。因爲「經提倡而產生的幽默，一定是矯揉造作的幽默。這種機械化的笑容，只像骷髏的露齒，算不得活人靈動的姿態」。「這種幽默本身就是幽默的資料，這種笑本身就可笑」。

## （四）追求理想化的上乘的幽默──「會心的微笑」

錢先生說：「一個眞有幽默的人別有會心，欣然獨笑，冷然微笑，……也許要在幾百年後、幾萬里外，才有另一個人和他隔著時間空間的河岸，莫逆於心，相視而笑」。可以看出，在錢先生看來，只有少數的智者哲人莫逆於心的會心的理解所發出的微笑才是純正的幽默。帶上了把幽默過分理想化和神聖化的色彩和傾向。

以上我們從四個方面比較具體地分析了錢先生的幽默觀，至此我們可以做一個簡單的結論：錢先生吸收各家幽默理論的長處而融成了自己更爲合理的幽默理論體系，即在承認幽默主體具有高度的機敏和智慧並具備誘發幽默感的客體對象這兩大客觀的前提條件下，從主體內心世界著眼，強調幽默是一種脾氣、性格或心態，具體表現爲具有高深修養的了悟世事人生的超越感或優越感和對人生、命運採取「一笑置之」的「遊戲」或「自嘲」的態度。

〔註 48〕陳瘦竹：《戲劇理論文集》，中國戲劇出版社 1988 年版，第 14 頁。

最理想而純正的幽默表現爲智者哲人的有會於心的微笑。幽默具有流動飄忽、變化不居的不確定性，不能固定爲模式，因此不可摹仿和提倡。這一理論，吸收了各家的長處，比起單純從客觀外部或從主體內心世界來尋找幽默的原因和根據的人們的理論更加合理和全面。但是，對人生和命運採取「一笑置之」的「遊戲」態度，實際是面對現實的醜惡或缺失感到無力改變時的一種獨善其身或消極迴避的態度，是用「精神的煉金術能使肉體痛苦都變成快樂的資料」，〔註49〕是把幽默當成痛苦的遁逃所。所以，我們在貌似達觀的「欣然獨笑，冷然微笑」的背後卻總是感到笑者的內心並不輕鬆平靜，而是含有一絲苦澀。並且，把眞正的幽默看成智者哲人的有會於心的微笑，這種笑「也許要在幾百年後，幾萬里外，才有另一個人和他隔著時間空間的河岸，莫逆於心，相視而笑」。這是把幽默理想神聖到了幾乎成了虛無的地步，實質上等於否定了幽默的存在，這是過分追求理想化所導致的一種極端傾向。

錢先生的幽默觀爲他作品的幽默風格定了基調。他的強調機智，承認幽默的客觀對象性，主張幽默要有「可笑」或「幽默」的資料供「我們對著他笑」，這決定了他作品中的「機智型」和「諷刺型」的幽默類型；而他的「不把自己看得嚴重」的「反躬自笑」的觀點則決定了他作品中的「自嘲型」的幽默。另外，錢先生在《管錐編》中肯定了「不褻不笑」的幽默觀。雖然《說笑》中的幽默「替沉悶的人生透一口氣」裏也已包含了這種思想，但很朦朧。在《管錐編》中才肯定「不褻不笑」「亦尙中笑理」，是幽默的「金科玉律」。〔註50〕這決定了他作品中還有一類幽默，即「褻戲型幽默」。

〔註49〕錢鍾書：《寫在人生邊上》，開明書店 1949 年 9 月版，第 21 頁。
〔註50〕錢鍾書：《管錐編》，中華書局 1986 年 2 版，第 1143 頁。

# 十七、欲望的闡釋與理性的想像——施蟄存、徐訏心理分析小說比較論

## 一

　　19 世紀末，奧地利精神病理學家弗洛伊德創立了精神分析學說。提出潛意識的概念。認為人的內心深層的情感欲望，尤其是性本能的欲望，構成人的潛意識，而潛意識是意識的基礎。夢就是潛意識在人睡眠時乘理智控制的疏怠而自行溜號活動。該理論的核心是它的人格構成理論，即認為每個人的人格都是由本我（id）、自我（ego）和超我（superego）三個層次構成。本我是人的欲望和本能，主要由性本能即「力比多」（libido）驅使。它按「快樂原則」行事，一味追求本能的欲望滿足；超我相當於社會的檢察機關，它按社會文明規範的法律和道德原則來行事，對不合社會文明規範的本我衝動實施壓抑；自我相當於社會的行政執行機關，它按「現實原則」行事，在外部世界、本我與超我之間起調節作用，既要在一定程度上滿足本我的欲望和要求，又要用超我的理性和意志時時壓抑和提醒本我要遵守社會文明規範，不能任意蠻幹。當外部環境的強大力量使自我感到無法調節現實與本我的衝突時，它就會產生有關外部世界的現實性焦慮；當實際行動中違反了超我的「至善原則」，超我就以強烈的自卑感和內疚感來處罰自我，使它產生道德性焦慮；本我的強烈的欲望和本能無法實現，也會迫使自我產生神經性焦慮。此外，從性本能的觀點出發，弗洛伊德還提出男孩有戀母情結，即「俄狄浦斯情結」（Oedipus complex），女孩有戀父情結，即「愛列屈拉情結」（Electra complex）。認為人的受社會文明壓抑的本能欲望可以轉向社會所允許的活動中得到變相

的滿足，從而使本能欲望得到昇華。藝術創造就是一種性本能的昇華。弗氏的這一套理論，對個人的本能欲望與社會文明規範的矛盾衝突以及人的複雜多變難以捉摸的內心世界進行了系統地理論化和科學化的分析和解說。這不但對心理學領域，甚至對整個思想領域都產生了巨大的衝擊。它很快超越了最初治療精神病變的精神病學和心理學的界限而衝擊到文學、藝術、宗教、社會風尚、倫理道德等社會生活的每一個側面。

在中國，雖然早在新文化運動前後就有人在文章中提及弗洛伊德的理論，但直到 1921 年，朱光潛在《東方雜誌》發表《福魯德的隱意識與心理分析》〔註1〕一文，才正式譯介了弗洛伊德的精神分析學說。郭沫若最早把弗洛伊德的理論應用於文學研究和文學創作。1921 年，他寫了《〈西廂記〉藝術上的批判與作者的性格》一文，從弗氏的藝術創造是性本能的昇華的觀點立論，推斷王實甫是一個在封建禮教束縛下導致性變態的人。他還用精神分析學理論創作了一批小說。比較典型的是《葉羅提之墓》和《殘春》。前者通過一個七歲的孩子與表嫂的戀情表現兒童的性欲心理，後者則通過描寫主人公與看護婦的婚外情被憤怒的妻子砍殺兩個孩子的血腥現實所震懾的夢境，來闡釋弗洛伊德的本我、自我和超我的人格構成理論。魯迅也早在 1922 年寫《補天》時就嘗試用「弗羅特說，來解釋創造──人和文學──的緣起。」〔註2〕小說含蓄地寫了女媧的性苦悶。此外，在郁達夫、葉靈鳳等許多現代作家的作品中，都可以發現與精神分析學說的暗合之處或說都能找到弗氏理論的蹤影。不過，魯迅應用弗氏理論的創作只不過是淺嘗輒止；郭沫若在創作中對弗氏理論的套用則顯得生硬，很多情節令人覺得突兀，難合情理；而郁達夫等人則更是在描寫人物的性愛心理時對弗氏理論的順手拈來，而不是刻意在這種理論的指導下對作品和人物進行通盤的設計和構思。考察中國的現代作家，真正從立意、構思到描寫都能嫻熟地運用弗氏理論，使中國的心理分析小說達到成熟的是施蟄存和徐訏。

二

施蟄存和徐訏在上世紀三四十年代無疑是逸出主流之外的邊緣作家。他們以其對藝術的執著創新和個性的堅守，創作出一批顯示出獨特價值和奇異

---

〔註1〕見《東方雜誌》第 18 卷 14 號。
〔註2〕魯迅：《魯迅全集》第 2 卷，北京：人民文學出版社 1981 年版，第 341 頁。

光彩的作品。在他們的藝術探求中，二人不約而同地選中了弗洛伊德精神分析學作爲他們藝術表現的思想資源和理論支撐。當時身爲《現代》雜誌主編的施蟄存，以引導文壇新潮流爲自己的使命，一心要探索一條現代小說創作的新蹊徑。在急於創新求變的心態下，正盛行於中國的弗洛伊德的精神分析學和英國心理學家藹理斯的性心理學自然引起了他的注意。他曾多次表示，他的「大多數小說都偏於心理分析，受 Freud 和 H.Ellis 的影響爲多。」他的「小說不過是應用了一些 Freudism 的心理小說而已。」〔註3〕當時直接引發他用精神分析學理論來創作的是被稱爲弗洛伊德的「雙影人」的奧地利心理分析小說家顯尼志勒。施蟄存在翻譯他的小說時，對其中心理分析這種「新興」的方法產生了極大的興趣。不僅使他「心嚮往之，加緊對這類小說的涉獵和勘察，不但翻譯這些小說，還努力將心理分析移植到自己的作品中去。」〔註4〕就是在這種情況下，施蟄存創作了《鳩摩羅什》《將軍底頭》《石秀》等心理分析小說。

徐訏 1931 年在北京大學心理學系學習時就接受了弗洛伊德的精神分析學說。他認爲：「現代的文藝、繪畫、音樂、戲劇、電影，無論什麼派別或標榜什麼，都是或多或少間接直接的受著弗洛伊德主義的影響。」〔註5〕後來，他甚至將弗洛伊德與達爾文、馬克思和巴甫洛夫相提並論。「達爾文第一個從生物學上認識了人，馬克思第一個從社會中認識了人，巴甫洛夫第一個從生理學上認識了人，弗洛伊德第一個從心理學上認識了人。」〔註6〕他強調：「弗洛伊德學說之偉大就在他奠定了對於人性的分析與研究的基礎」。「……影響於文學藝術的也就是人性的追究與發掘。」〔註7〕毋庸置疑，徐訏在小說創作中就是熟稔地使用精神分析學這一能燭照和探測人類心靈深處的理論工具對人性進行著深入的追究與發掘。使他寫出了《婚事》《精神病患者的悲歌》《巫蘭的噩運》等典型的精神分析小說。

雖然施蟄存和徐訏均以精神分析學爲他們創作的思想資源和理論支撐，

〔註3〕　施蟄存：《我的創作生活之歷程》，《十年創作集》，上海：華東師範大學出版社 1996 年版，第 804 頁。
〔註4〕　施蟄存：《關於「現代派」一席談》，載《文匯報》1983 年 10 月 18 日。
〔註5〕　徐訏：《個人的覺醒與民主自由》，臺灣傳記文學出版社 1979 年版，第 102 頁。
〔註6〕　徐訏：《場邊文學》，香港：上海印書館 1971 年版，第 196 頁。
〔註7〕　徐訏：《回到個人主義儀與自由主義》，香港：文風印刷公司 1957 年版，第 103 頁。

但是，由於兩人的個性氣質、審美取向、創作意圖及藝術表現方式等的不同，
又使他們的小說呈現出絕然不同的藝術特色和精神風貌。如施蟄存的小說淡
化情節而注重對人物潛意識心理的分析和挖掘，注重表達個體在歷史和現實
生活中的情緒體驗。而徐訏則注重編織奇幻迷人的美麗故事，注重懸念的設
置和情調的渲染；施蟄存顛覆一切英雄和偶像，他筆下的人物多爲世俗化的
人格殘缺或變態的男性。而徐訏則追求完美，他筆下的人物多爲超凡脫俗流
光溢彩的女性等。本文我們僅就兩人在審美取向和藝術表現方式上的不同選
擇來進行比較分析。

## 三

施蟄存和徐訏在對人性的理解和表現上存在著不同的價值取向和取捨標
準。人性的複雜性和多面性使不同的人站在不同的角度對它有不同的理解和
解釋。其實，人性的本質應該表現爲人的個體的本我欲求與社會群體的文明
規範之間的矛盾統一。社會的文明規範是人類在長時間的碰撞衝突中建立起
來的。其本質目的就是爲了自身及群體的生存與發展，使之不至像野獸一樣
弱肉強食而導致滅絕。社會的文明規範對個體的本我欲求是一種限制，但同
時又是一種保護。二者之間是矛盾的，但又是統一的。極端地強調一面而貶
抑另一面就會破壞二者的平衡和統一，造成嚴重的後果。如西方中世紀的嚴
酷的神權統治，我國封建時代的「存天理，滅人欲」以及「十年浩劫」時的
「狠鬥私字一閃念」式的文化專制主義，否定個體的人的價值和尊嚴，對人
性進行了粗暴的踐踏。不瞭解社會文明規範的本質意義和目的是對人自身的
終極關懷。反之，片面強調個人的貪欲而蔑視社會的道德規範，打著人性的
幌子而專門兜售和表現什麼「身體寫作」與「床上工夫」之類的玩意兒，同
樣會造成物欲橫流的社會惡果。弗洛伊德的精神分析理論雖然強調性本能對
人的支配作用，但他並不否認理智和意識對本能和無意識的反作用。事實上，
正是這種作用和反作用構成了人的心理活動的過程。榮格在討論弗洛伊德的
戀母情結時指出：「『如果戀母情結眞是決定一切的，那麼至少在 50 萬年前人
類即已窒息於亂倫之中了。』也就是說，人類要使自身向著「人」的方向發
展，就必須在自身之中產生出一種抗體，才能對原生質進行有效的抑制」。〔註

---

〔註 8〕方維保：《愛的黃金分割——對三部中國文學作品的精神分析學研究》，《阜陽
師院學報》，1994 年第 1 期。

8〕實際上，社會文明規範的建立和遵守是產生這種對原生質抑制的抗體的前提條件。弗氏的精神分析理論衝破了長期以來在人性問題上的神性和理性的統治，使人的本能欲望在人性中具有了存在的合理性。這對所有的作家認識和分析人的深層的複雜內心世界的啟迪作用都是毋庸置疑的，但是，作家們在運用這一理論時是「崇欲抑理」，還是「崇理抑欲」？卻因作家的創作意圖的不同及個人對人和社會的不同理解和追求而因人而異。施蟄存和徐訏在崇理還是崇欲的問題上也做了不同的選擇。

施蟄存繼承了破除傳統禮教的五四批判精神，要剝去歷史的偽飾而還其本眞的面目，要重估一切價值而翻歷史的成案。要用自然人性的展現這把利劍來刺穿和顛覆歷史上被人們披上了崇高的道德外衣的精神偶像。所以他偏重於「崇欲抑理」，即用弗氏理論中本我的無意識對人的行爲的驅動作用來顛覆和解構以往理性的綱常禮教、宗教信仰等既成的道德傳統。在他的筆下，鳩摩羅什這一被人尊崇的高僧還原成了世俗的甚至是病態和變態的人格分裂者；歷史名將花驚定的愛國情緒和民族情感即他的「忠」「孝」思想在本我愛欲的重拳下不堪一擊；俠肝義膽的英雄好漢石秀成了因性壓抑而性變態的色情狂和殺人狂；《阿襤公主》中的大理總管段功不顧國家之恨和夫妻之情貪戀於絕色的阿襤公主而喪生；《梅雨之夕》《在巴黎大戲院》等以現代人爲主人公的作品，也無不誇大潛意識中的性欲作用。前者的主人公在一個梅雨的黃昏邂逅一個不相識的少女就想入非非地做了一場「白日夢」；後者則寫主人公去吸吮女子手帕中的汗涕來獲得快感的變態心理等。

徐訏則是一個浪漫氣質很濃的作家，他總是在小說裏建構他理想的愛的世界。他說：「我是一個企慕於美，企慕於眞，企慕於善的人。在藝術和人生上我有同樣的企慕」。「基督教的信條是信是望是愛，我不喜歡基督教，但我愛這個信條」。〔註 9〕他運用弗氏精神分析理論創作小說，是爲了深挖人性的根基從而更深入地探索和表現它的豐富性和複雜性。他認爲抓住了人性，就是抓住了藝術創作和表現的根本。「因爲人性是不變的，文藝是由人所創造的，而人的概念中，就有一個共同的『性質』這就是人性。這『人性』是撇除了人和一切生物共同的性質外，人的範疇中共有的另一種性質，它超越了一切人種、風俗、習慣、傳統的界限。我們之有一個可以共同溝通思想感情的活動，而這活動之有彼此完全相同之處，便是有人性的緣故。」「文學的本

〔註 9〕徐訏：《風蕭蕭·後記》，春風文藝出版社 1988 年版。

質還是人性，文學要表現人的思想感情或感覺。人的最基本的喜怒哀樂的來源，分析到最後則是兩種本能，一種是維護個性，一種是延緩種族，前者是『食』，後者是『性』。〔註10〕由於徐訏運用弗氏理論是為了建構他的愛的道德理想而不是對現有道德理性的批判，所以他在創作中表現為「崇理抑欲」。在他的小說中，雖然他表現人的非理性的本我和獸欲，但最終他要給無意識找到歸宿，用理性的人格力量或道德宗教意識來戰勝或昇華本我的要求和獸性的欲念。不管人的行為和心理多麼怪異和神秘，都能通過理性的分析找出原因，對其認識、把握並引導著人們向所希望的方向發展。《精神病患者的悲歌》雖然寫主人公的潛意識的本我和他們的精神的變態，但最終海蘭為了成全「我」和白蒂的愛而結束了自己寶貴的生命。而海蘭的神聖的愛也淨化了白蒂和「我」的心靈。白蒂進修道院皈依了上帝，「我」也決心在精神病院服務，把愛獻給人類。《婚事》的主人公們雖然不是「大團圓」式的「有情人終成眷屬」，但各自都找到了自己的歸宿而彼此間保持著真誠的友誼。《巫蘭的噩運》中的男女主人公為他們對本我的一時的放縱而悔恨莫及，陷入了深深的懺悔之中。《殺機》中的兩個朋友因爭奪女友的愛被潛意識的嫉妒驅使而產生了謀殺對方的「殺機」。事後兩個朋友都深深地反省自己，都以皈依宗教來拯救他們的靈魂。作者藉故事中人物之口對人性做了剖析：「我覺得我們人性的成分只是神性與獸性，有的神性多，有的獸性多。但是，是人，就不會完全是神性，也不會完全是獸性的，不過如果我們不知道尊貴神性崇揚神性，獸性隨時會伸出來的。這就是說先天上我們可能有人是六分神性四分獸性，有人是三分神性七分獸性，但是後天上如果我們一直尊貴神性，崇揚神性，我們的神性就會發揚，獸性就會隱沒。所謂宗教的修煉，想就是要發揚神性。」此外，《秘密》《結婚的理由》《舊神》等作品，也都是從剖析和探測人的變態心理的角度來挖掘人的潛意識深處的隱秘世界的，但最終無不是用理性的人格力量、人類愛和宗教意識來戰勝或昇華人的本能的欲望。

## 四

就藝術表現方式來說，雖然施蟄存和徐訏均按照弗洛伊德的理論安排小說的情節、人物的命運，描寫人物的心理，刻畫人物的性格等，但由於二人在運用精神分析理論創作時，一個偏重對這一理論進行形象化的闡釋，一個

〔註10〕徐訏：《徐訏全集‧後記》，臺灣正中書局 1980 年版。

則側重對這一理論進行創造性的想像，形成精神分析小說的兩種不同的藝術表現模式。

　　施蟄存偏重對精神分析理論的闡釋，即按照精神分析理論來分析在特定的環境下人物應該有怎樣的心理活動，是在什麼樣的心理推動下決定了人物的行動。偏重於對人物的本我與超我的衝突的雙重人格的深入剖析與展現，從而挖掘人的心靈深處最隱秘的靈魂。他在《將軍底頭·自序》中表明：「《鳩摩羅什》是寫道和愛的衝突，《將軍底頭》卻寫種族和愛的衝突了。至於《石秀》一篇，我只是用力在描寫一種性欲心理》」。其實他所有的心理分析小說，都是表現社會文明規範和人類本能欲望的衝突，具體表現爲自我人格的本我和超我的衝突。《鳩摩羅什》的情節類似於法朗士的《泰綺斯》，都是表現人的宗教信仰和本能愛欲的衝突的。《泰綺斯》的主人公巴弗奴斯是一個虔誠的基督徒，但他總感覺到女演員泰綺斯的誘惑。他離群索居到沙漠中去苦修並每天早晚無情地鞭打自己，用基督的理性來征服自己的情感。然而最終卻是本我的情感戰勝了基督，他回到了泰綺斯的身邊表達了愛意。《鳩摩羅什》也是寫人在宗教信仰與本能欲望之間的靈魂的痛苦掙扎。歷史上的鳩摩羅什是被尊崇爲中國佛教史上的三大翻譯家之一的後秦高僧。而施蟄存則按照弗洛伊德的理論來重新解釋歷史。在他的筆下，鳩摩羅什是一個一面念佛說經一面卻又經不住誘惑縱情淫樂的人格分裂者。先是娶了漂亮的表妹爲妻。妻子死後他認爲可以潛修正果了。然而難以排遣的性壓抑又使他難以抗拒放浪的妓女孟嬌娘的誘惑，娶了貌似亡妻的宮女，甚至接受了賜給的十餘個妓女，過著「日間講經典，夜間與宮女妓女睡覺」的極端荒唐的生活。「非但已經不是一個僧人，竟是一個最最卑下的凡人了」。與《泰綺斯》相比，前者著重表現巴弗奴斯的情與理、靈與肉的激烈衝突，後者則重在表現多重人格分裂的痛苦。《將軍底頭》和《石秀》也是典型的用弗洛伊德理論來重新解釋歷史上的人物和事件的心理分析小說。前者描寫種族或說忠、孝與性愛的衝突，後者則寫的是友情信義與性愛的衝突。歷史記載中的花驚定是個戰功卓著的將軍。作者卻解構了他英雄的一面而把他還原爲具有七情六欲的凡人。作品寫花驚定這個有著吐蕃血統的將軍奉命去征討屢屢進犯大唐邊境的吐蕃軍隊。在進軍途中，他就陷入了是「替大唐盡忠而努力殺退祖國的鄉人呢」，還是「奉著祖父底靈魂，來歸還到祖國底大野底懷抱裏」的矛盾之中。即在忠孝不能兩全的情況下花將軍處於是「盡忠」還是「盡孝」的選擇上的兩難處境。「忠」

「孝」都屬於綱常禮教的社會意識層面，作者寫他的「盡忠」還是「盡孝」的矛盾是在為表現他的無意識本我的強大而作鋪墊。他對企圖非禮民女的部下不惜砍頭示眾，而自己見到那美麗的漢族少女也「驟然感覺了一次細胞的震動」。他感到了那個被他正法的「騎兵的首級正在發著嘲諷似的獰笑」。但這卻無法阻止他對那美麗少女的愛戀，就是用國家責任與民族大義也無法驅散他心中這種愛戀。他表示：「即使砍了首級，也一定還要來纏擾著姑娘」。在激烈的戰鬥中，他卻想像著那美麗的姑娘在他的懷中受著保護。在被吐蕃將領砍下了首級後，沒了頭的花將軍實踐了他的諾言，依然跑回到「他所繫念的少女」身邊，聽到少女漠然的調侃才使他感到一陣空虛倒地身亡。在作者筆下，忠、孝、榮譽、地位、愛國情緒、民族情感等等，與本我的愛欲相比都黯然失色。將軍不是因失去了頭而死，而是因失去了愛而死。即因支撐他生命的性欲本能追求的落空而死。《石秀》更是「一篇心理分析上非常深刻的作品，與弗洛伊德主義的解釋處處可以合拍。」〔註11〕作者對《水滸傳》中石秀殺嫂一章按照弗洛伊德的理論進行了重新的改寫和闡釋。把原書中重友情，講義氣的石秀寫成一個在友情、信義與性愛的衝突中，由於性本能無法得到滿足而產生了嚴重的性變態心理的色情狂和殺人狂。他對潘巧雲想入非非，但當潘巧雲引誘他時他又因顧及與楊雄的兄弟之情而逃離。而本能的欲望又折磨得他到勾欄裏去找妓女作為潘巧雲的替代品來發泄。當他知道了裴如海與潘巧雲的姦情後，難以抑制的嫉妒戴著正義的面具驅使他誅殺了裴和尚，然後又唆使楊雄殺了潘巧雲和迎兒。他的變態的性欲心理使他對潘巧雲由「因為愛她，所以想睡她」發展為「因為愛她，所以要殺她」。傳統的俠肝義膽的英雄好漢在弗氏理論的解釋下完全成了一個變態的色情狂和殺人狂。

徐訏認為：「文學不是記憶或回憶而是想像」。〔註12〕他在運用弗氏精神分析理論進行創作的時候，不是偏重用這一理論對人物的本我與超我的衝突做深入細緻的剖析和闡釋，而多是按照這種理論模式來建構想像的世界，想像人物將會有怎樣的行為和命運。用一系列看來似乎偶然而又神秘的情節，編織成誘人的故事，使人們在讀完這個故事後發現這些偶然與神秘的情節並非無根據的幻想，而都是符合精神分析理論框架的設定和想像。《婚事》，表

〔註11〕 書評：《將軍底頭》，載《現代》第 1 卷第 5 期，1932 年 9 月 1 日。
〔註12〕 徐訏：《風蕭蕭‧後記》，春風文藝出版社 1988 年版。

面寫的是一個體面的有教養的家庭的一件怪異離奇的謀殺案，實則是一個典型地用精神分析學中的變態心理的理論來結構和想像的故事。主人公楊秀常自小形成了對弟妹謙讓慈愛的道德人格，即他的超我，由於這種超我的支配，他叫妻子多照顧自己臥病的弟弟。但他自私的本我卻在潛意識中懷疑自己的妻子而嫉妒和仇恨自己的弟弟。這種本我的能量發泄作用受到了來自超我的反能量發泄作用的嚴厲壓抑，所以他決不承認甚至根本意識不到這種懷疑和嫉妒，並且這種情緒以「反向作用」〔註13〕的形式表現爲對弟弟的超乎尋常的關心，而實際上這是他的自我爲了把他對弟弟的仇恨和敵意掩藏於無意識之中的一種面紗。後終因本我的驅使夢見妻子和弟弟的不軌行爲而殺死了妻子。面對殺妻的事實，自我體驗到了來自超我的良心的強烈的罪惡感和羞恥感，產生了無法承受的道德性焦慮，爲了消除或減輕這種焦慮，他力圖把導致焦慮的原因投射於外界，把道德性焦慮變成客觀性焦慮，所以他先是荒謬地稱他的雙手就是「兇手」，後來又把殺妻的罪責投射到他的「錯亂的神經」來解脫他殺妻的悔恨。當醫生騙他說爲他除掉了錯亂的神經後，他的道德性焦慮消除，恢復了正常。這一變態、殺妻、發病及治癒的過程，完全符合精神分析學的理論，尤其是誘聽病人的囈語分析發病原因和癥結從而制訂治療方案的過程就是一部形象的「夢的解析」。《精神病患者的悲歌》則是一個在精神分析理論基礎上想像出來的怪誕離奇的三角戀愛故事。小說以「我」作爲精神病學專家的助手住進梯司郎家爲他治療其獨女白蒂小姐的精神失常症爲表面線索，以「我」與白蒂小姐及他的女僕海蘭的感情糾葛爲趣味線索，而眞正主宰這一切的內在線索卻是白蒂小姐內心世界的矛盾衝突歷程。白蒂的精神失常和行爲怪誕完全是一種下意識的青春活力的發泄。她住在一個古堡式的家中，一切都要嚴格地遵守所謂上流社會的虛僞的禮節，這使她的本我受到嚴重的壓抑。她只能到下等酒窟中去解脫和宣泄，而這種宣泄方式與她的教養和她家族的高貴的姓氏是決不相容的，於是她的整個生活失去平衡而產生精神變異。雖然她潛意識裏愛著「我」，但由於她的高貴和凌人的自傲，她羞於承認這個事實，她慚愧於征服一個使女的情人。作品中負有醫治別人

---

〔註13〕「反向作用」認爲人的每種本能都可能以兩種方式引起焦慮：或直接施加壓
　　　　力於自我，或假乎超我間接地壓迫自我。在這種情況下，自我便會集中注意
　　　　力於該本能的對立面，以避免攻擊性衝突。……這種以對立面來掩藏某種本
　　　　能於無意識之中的機制，叫做「反向作用」（reaction formation）。見《弗洛伊
　　　　德心理學入門》，〔美〕C.S.霍爾著，商務印書館1986年版，第81頁。

精神病症的使命的「我」的心理其實也是不正常的。「我」表面上愛的是海蘭，而潛意識中愛的卻是白蒂，由於白蒂的優越地位和高貴自傲而使這愛昇華為婢僕愛主的心理。整部小說的內在邏輯結構非常符合由精神分析學而發展來的「意義治療學」理論。按照「意義治療學」的觀點：現代人的變態行為主要由於人「求意志的意志」受挫所致，治療的方法是尋找失去的生命的意義，主要通過愛的心靈的交流使人意識到自身對生命的責任。作品就是用海蘭和「我」對白蒂的雙重愛使白蒂最終認識到自身對生命的責任和對海蘭的責任，從而使精神恢復了正常。〔註 14〕《巫蘭的噩運》則寫年已半百的「我」培植了一種特別珍愛的紅豆巫蘭，因為這種巫蘭的花瓣裏的兩顆紅點總是叫「我」聯想亡妻頸下和陰處的兩點紅痣。「我」的兒子學森帶女友幗音從香港來臺觀光。「我」發現幗音的長相和神采很像亡妻，特別是在游泳時發現她頸下也有一顆紅痣。「我」開始做與幗音在一起的荒誕的夢。而幗音也突然決定留在臺灣尋機去美國。學森獨自回了香港。很快，「我」和幗音莫名其妙地陷入愛河。就在決定正式結婚時，學森趕來在日月潭結束了自己的生命。幗音受到嚴重刺激而精神失常。這篇有亂倫情結的故事也處處合於精神分析理論。兒子愛上舉止相貌都像他年輕時的母親的幗音是一種戀母情結；而從小喪父的幗音總把學森看成孩子而對他的父親則一見鍾情可以解釋為戀父情結；「我」的愛幗音則很大程度上是把她作為亡妻的替代品。兒子戀愛失敗使他感到自己受了愚弄，而愚弄自己的竟是自己最愛的父親和戀人，這使他感到人生的荒誕，感到自己對父親和幗音再也沒有責任和意義了，從而否定了自身存在的價值而自殺；對幗音來說，學森的死無異於超我給她在本我驅動下的自我一當頭棒喝，使她處於道德焦慮的嚴重壓抑下而精神失常。《爐火》中也有類似的情節結構。不再多論。可以看出，雖然施蟄存和徐訏均運用弗洛伊德理論來創作心理分析小說，但施蟄存大多是對人物人格分裂的深入剖析和展現。他對人物心理的分析過程就是對精神分析理論的形象化闡釋和套用。徐訏則是按照精神分析的理論模式來建構想像的世界。用精神分析理論的框架來設定和想像一系列看來似乎偶然而又神秘的情節，編織成誘人的故事。一個偏重於對這一理論的當下性闡釋；一個則偏重於依照這一理論框架進行創造性的想像。形成心理分析小說的兩種不同的藝術表現模式。

---

〔註 14〕 參見孔範今、潘學清：《論後期現代派》，見《中國現代文學補遺書系・小說卷四》，明天出版社 1990 年版，第 487～488 頁。

# 五

　　弗洛伊德的精神分析學對我國現代小說的藝術創新確實起了一定的促進作用。在郭沫若和魯迅首先嘗試使用弗氏的理論進行小說創作之後，郁達夫、葉靈鳳等許多現代作家都不同程度地把這種理論融於自己的創作之中。而真正從立意、構思到描寫都嫻熟地運用弗氏理論，寫出現代意義上的心理分析小說的是施蟄存和徐訏。施蟄存繼承了破除傳統禮教的五四批判精神，要剝掉歷史的偽飾而還其本真的面目，重估一切價值而翻歷史的成案。用自然人性的展現這把利劍來刺穿和顛覆歷史上被人們披上了崇高的道德外衣的精神偶像。所以他「崇欲抑理」，用弗氏理論中的非理性的本我對人的行為的驅動作用來顛覆和解構以往理性的綱常禮教、宗教信仰等既成的道德傳統。而徐訏運用弗氏理論是為了建構他的愛的道德理想而不是對現有道德理性的批判，所以他在創作中表現為「崇理抑欲」。雖然他也表現人物的無意識的本我和獸欲，但最終他要給無意識找到歸宿，用理性的人格力量或道德宗教意識來戰勝或昇華本我的要求和獸性的欲念。在藝術表現方式上，施蟄存偏重對精神分析理論進行形象化的闡釋，即按照精神分析理論來分析在特定的環境下人物應該有怎樣的心理活動。偏重於對人物雙重人格──本我與超我的衝突的深入剖析與展現；而徐訏則偏重對這一理論進行創造性的想像。他不注重在人物刻畫時用這一理論對人物心理進行深入的挖掘和闡釋，而多是按照這一理論模式來建構想像的世界。把一系列看來似乎偶然而又神秘的情節，編織成符合這一理論框架的誘人的故事。

　　比較而論，施蟄存開闢的創作的新蹊徑就是力圖對現有的小說觀念和藝術手法的創新和突破。他的「崇欲抑理」，主要以弗氏心理分析學為理論依據，主動吸收和借鑒心理分析、意識流、蒙太奇等各種西方現代派的藝術表現手法，用審醜的眼光深挖並表現人的本我的潛意識中的複雜情感，把以往小說的注重描寫行為層面的人進而深入到注重描寫心理層面的人，由現實的真實進入到靈魂的真實。他使現代精神分析小說臻於成熟並把這種理論在小說創作中用到極至。但由於過分誇大了人物無意識本我的決定作用，刻意地套用弗氏的精神分析理論，使他的小說在顯示出一定的心理真實的同時也在一定程度上失去了歷史的真實。雖然作品中人物心理的深入挖掘折射出了一定的人性深度，但由於缺乏對人的終極意義的哲學層面的理性思考和扣問，因此，無論對人性的表現還是對歷史與現實的思考都沒有達到優秀作品所應有的深

度和力度。徐訏的「崇理抑欲」則是：「唱著原罪意識的悲歌，在博愛的神曲伴奏下，帶著達觀的人生哲學思辨，最終皈依了精神本體——上帝。……將愛情故事布置於『原罪』、塵世拯救、懺悔、博愛、神人合一等『聖經』環境中，從哲學意義上探討了抽象與具體、彼岸與此岸、無限與有限等辯證問題，顯示出達觀、清遠的人生哲學思想。那種讓人們在『上帝的話語』中領悟形而上之『道』的理性思辨，使徐訏小說顯示出基督教文化與哲學思想交織、交融的獨有魅力。」〔註 15〕但是，他是在想像的雲端裏建造著他的抽象的永恒的愛和美的海市蜃樓。他筆下的人物都是他的愛和美的理念的象徵或符號。因此他作品中的人物缺乏真正的個性或典型性。他的小說可以怡人心性但卻缺乏對人的心靈的震撼力量。

---

〔註 15〕 王冰：《論徐訏小說的宗教意識與哲學意蘊》，《廣東廣播電視大學學報》，2003年第 3 期。

# 十八、腳踏海峽兩岸的新文學作家張我軍
## ——在紀念臺灣作家張我軍誕辰110週年文學座談會的發言

　　各位領導、各位專家下午好！今天能夠在這裡和新朋舊友一起暢談研討為臺灣和大陸新文學做出貢獻的臺灣作家張我軍先生感到非常高興。特別是在會上見到了何標先生，更是有些激動。何先生為我寫《張我軍評傳》提供了大量的一手資料，在寫作期間曾與何先生多次寫信或通電話請教核實有關史料以及討論在寫作中遇到的問題，但與何先生卻從未謀面，今天終於能夠當面向何先生表達謝意，感到高興而激動。

　　張我軍先生是一個在中國現代文學史上應該佔有一席地位的值得紀念的新文學作家，他在臺灣新文學的倡導和初創方面所起的作用和做出的貢獻是無人可以替代的，他在大陸新文學發展過程中日本文學翻譯方面所做出的貢獻也是值得重視和尊重的。遺憾的是，就目前來看，無論是臺灣還是大陸，文學界對張我軍在新文學發展史上的意義都認識不夠到位。去年我隨河北作家代表團訪問臺灣，在臺南參觀了臺灣文學館並在臺灣文學館與臺灣作家舉行了兩岸文學研討會。參觀當中我就感到張我軍在臺灣文學界沒有受到應有的重視。臺灣文學館中對賴和設有專門的展室，而只把張我軍作為一般性作家進行簡單地介紹。其實張我軍與賴和同是臺灣新文學的開創者和奠基人，其在臺灣文學史上的地位不應該有如此大的懸殊。特別是一些有「臺獨」傾向的人有意地貶低和抹殺張我軍對臺灣新文學的創建和發展所做出的巨大貢獻，甚至不承認張我軍是臺灣作家。在大陸文學界，由於一直存在重創作輕

理論和翻譯的傾向，所以在一般中國現代文學史中也沒有張我軍的位置。這顯然是文學史編撰所存在的缺失或偏頗。

考察張我軍一生的文學活動，起碼在臺灣新文學的倡導、初創、文藝理論的建設及大陸的日本文學翻譯幾個方面是做出了貢獻的。

第一，他是臺灣新文學的首倡者和開拓者。他率先把新文學運動引到臺灣，被稱爲「臺灣傳播新文學的急先鋒」。1924 年 4 月，張我軍有感於「議會設置請願運動」屢次受挫，世界各地新道德、新思想、新制度都在萌芽，而臺灣社會仍是死水一潭，於是號召臺灣青年以「團結、毅力、犧牲」爲武器，改造臺灣的舊制度、舊道德，認爲「與其要坐以待斃，不若死於改造運動」。因此寫下《致臺灣青年的一封信》發表在《臺灣青年》上，嚴厲抨擊臺灣的那些詩翁、詩伯，痛批古文的弊害，以主動進攻的姿態，向臺灣的舊文化、舊道德、舊文學宣戰，爲臺灣新文學運動揭開序幕，成爲引發臺灣文學界「新舊文學論戰」的直接導火索。雖然在張我軍發表該文之前已經有多篇文章對臺灣新文學的性質及走向進行了討論，或介紹祖國大陸的新文學發展情況，或提倡語文改革，如黃呈聰的《論普及白話文的新使命》、黃朝琴的《漢文改革論》、許乃昌的《中國新文學運動的過去現在將來》等等。但是這些文章更多的是探索新文學的諸多問題，而對於原本作爲臺灣文壇主流的舊文學則多持迴避的態度。直到張我軍這封信的公開發表，才開始了對舊詩人與時代嚴重脫節、阻礙社會發展這一現象的批判。因此，臺灣文壇自張我軍始，才眞正揭開了同舊文學公開對陣的序幕。在這一點上，張我軍的《致臺灣青年的一封信》，與胡適的《文學改良芻議》，具有同樣的歷史意義和特出貢獻。此後，張我軍又接連發表了《糟糕的臺灣文學界》、《爲臺灣的文學界一哭》、《請合力拆下這座敗草叢中的破舊殿堂》、《揭破悶葫蘆》等對當時烏煙瘴氣的臺灣文壇進行揭露和批判的文章。批評當時充斥在臺灣文壇的大量的迎合日本殖民者、麻痺臺灣人民的意志的烏煙瘴氣的吟風弄月的擊缽吟與應酬詩。呼籲臺灣文學界仿傚大陸文學界，合力拆下臺灣文學這座敗草叢中的舊文學殿堂，重建合乎現代人住的新文學殿堂。臺灣文壇的新舊文學的論戰，推動了臺灣新文學的創立和發展，也使臺灣的舊文學逐漸退出歷史舞臺。張我軍是「眞正把五四文學革命的精神帶給臺灣」的第一人。他雖自稱爲臺灣新文學運動的「導路小卒」，然而事實上，正是張我軍炮轟舊文學的幾篇文章，炸開了臺灣舊文壇的一片死寂，帶給臺灣文學生機勃勃的新氣象；繼而，又是以

張我軍為首的新文學倡導者們，借鑒大陸新文學經驗，回擊舊文人的攻擊，在論戰中擴大了新文學的影響，並促進了臺灣民眾對國語的學習和研究；還是張我軍，孜孜於臺灣文學理論的建設和大陸新文學優秀作品的引介，為臺灣新文學的發展提供理論支撐和學習的摹本。因此，就臺灣新文學的發生與發展而言，張我軍應居首功。

第二，就創作上來講，張我軍的詩集《亂都之戀》是臺灣新文學史上第一部白話詩集，1925年出版於臺灣。從整個中國現代文學史的意義來看，《亂都之戀》這部詩集如果和同一時期大陸出版的一些新詩集相比，她並不顯得非常突出或優秀，但是就臺灣新詩及整個新文學的創建和發展來說，她卻起著舉足輕重的開創的作用。其意義有如胡適的《嘗試集》在大陸新詩發展史上所起的開風氣之先的作用。大陸開展文學革命和倡導新文學到1925年已經進行了8、9年了，新文學已基本上取代了舊文學，然而當時在日本殖民統治下的臺灣，文壇上還是一壇死水。舊式文人固守古典文學的壁壘，沉溺於吟詩作對，酬唱賞玩之中，擊缽吟大行其道。在這種情況下，張我軍第一個高舉大陸新文學的火把照亮了臺灣文學界，以大陸新文學理論為武器批判「糟糕的臺灣文學界」，倡導創建臺灣的新文學。並且身體力行，既有理論的倡導，又有實際的創作。他的《亂都之戀》是臺灣新詩創作的最早的實績，為臺灣新詩創作起了引路和奠基的作用，是臺灣新詩發展的第一塊基石。他用通俗易懂的國語創作的小說《買彩票》（1926年）、《白太太的哀史》（1927年）、《誘惑》（1929年），給其它臺灣作家如鄭登山、繪聲、廖漢臣、朱點人等以很大的影響，與以賴和、郭秋生等為代表的臺灣語文流派，以楊雲萍等人為代表的帶有日本味道的白話文流派一起構成了臺灣文學草創期小說語言的三大流派。

第三，就臺灣新文學的理論建設方面，張我軍也有獨特的貢獻。首先，他明確為臺灣文學定位，給臺灣新文學的發展指明方向。在《請合力拆下這座敗草叢中的破舊殿堂》中張我軍提出「臺灣的文學乃是中國文學的一支流。本流發生了什麼影響、變遷，則支流也自然而然的隨之而影響、變遷」。這種「本流」和「支流」的提法現在看來有欠準確和恰當，應該說大陸文學和臺灣文學同屬中國文學，都是中國文學的一部分。但是，張我軍的提法，在當時的歷史條件下，有著確認民族身份認同與回歸的歷史意義。因為當時日治下的臺灣，日本統治者妄圖通過各種殖民政策，割斷臺灣同胞與祖國的心理

皈依，以認同日本的殖民統治。張我軍明確定位了臺灣文學的文化歸屬，從認同祖國的尋根意識上確定了臺灣新文學的本質屬性，並爲地處海島邊陲的臺灣新文學的發展指明了方向。爲了使臺灣文學的發展跟上大陸的步伐，張我軍連連撰文，親自引介大陸新文學理論主張和優秀作品。可以說，是張我軍這條紐帶，維繫著日據時期兩岸新文學的交流；是張我軍，在臺灣與大陸的新文學之間架起了一座「交涉的橋梁」。

其次，張我軍提出了文學的「全球化」主張。他在《糟糕的臺灣文學界》一文中明確指出：「現在的時代，無論什麼都以世界爲目標，如政治、如外交、如經濟等等都是世界的，文學也不能除外，所以現代的文學，已漸趨於一致，而世界的文學的成立，也就在眼前了。然而，還在打鼾酣睡的臺灣的文學，卻要永被棄於世界的文壇之外了。」他認識到了「世界文學」的形成「就在眼前」，而臺灣文學又是世界文學所不可或缺的組成部分，因此張我軍認爲臺灣文學的發展方向應該是以世界爲目標。於是，在大量引介祖國大陸的文學理論及文學創作之外，他還積極介紹近二百年間的歐洲文藝思潮的變遷以及各時期文藝思潮的特色與缺陷，開拓臺灣文學家的視野，使臺灣文學家放眼世界文藝的大環境，以取長補短，爲我所用，追趕先進的世界文藝思潮，成就臺灣特色的文學品格，以使臺灣文學屹立於世界文學藝術之林。張我軍是把臺灣文學放到世界文學發展的現代化進程中去思考問題，他這種「全球化」意識在當時是非常難能可貴的。張我軍這種始於自強，放眼世界的文藝觀，在當時是極具魄力和膽識的，其民族認同心理也是合乎歷史發展潮流的；是一個有責任心和使命感的文學家，對於本土文化的歸屬和發展所作出的極負責任的闡述和具有遠見卓識的預測。

再有，張我軍提出了文學的進化史觀。他在《請合力拆下這座敗草叢中的破舊殿堂》一文中指出：「文學是時代的反應，所以時代有變遷、有進化，則文學也因之而變遷、而進化。」在《詩體的解放》一文中指出：「我們若用歷史進化的眼光來看中國詩的變遷，便可以看出自三百篇到現在，詩的進化沒有一回不是跟著詩體的進化來的。」接著他論述了中國詩體的四次解放，並得出結論說：「這種解放似乎很激烈，但其實是自然趨勢。自然趨勢逐漸實現，不用有意的鼓吹去促進他，那便是自然進化。自然趨勢有時被人類的習慣性、守舊性所阻礙，到了該實現的時候而不實現，必須用有意的鼓吹去促進它的實現那便是革命了。」在《隨感錄・糟糕的臺灣文人》一文中再次指

出：「歷史告訴我們說，我們今日的文明是自古變遷進化而成的，倘沒有變遷進化，如何有今日之文明？生物學者告訴我們說，人猿同祖。你揚古抑今，情願守古的人，那麼你何不如猿類用四蹄在地上匍行？」此外，張我軍提倡新文學要順應時代潮流、符合現實需要，也是文學進化史觀的表現。很明顯，張我軍的文學進化史觀，源於胡適的文學進化論。他曾自言：「我是欲介紹中國文學革命的意義的」，所以「大半是引用他人之語，而不是我自己的創造的」。其「文學是時代的反應，所以時代有變遷、有進化，則文學也因之而變遷、而進化」的思想，實際上是胡適在《文學改良芻議》中指出：「文學者，隨時代而變遷者也。一時代有一時代之文學」的拷貝。但是張我軍對胡適的思想作了發展，他明確地指出文學是時代的反映這一本質。對文學這一本質意義的積極肯定，說明張我軍的文學觀已經朦朧地顯示出寫實主義的傾向。他在闡述文學進化過程時，重點放在對中國詩體四次解放的闡釋，這結合了臺灣文學的實際，因為臺灣的舊文學只有舊詩，而不像大陸有豐富的文學樣式，如小說、散文、戲劇等文類，講詩的進化過程，對臺灣文學更具針對性。

　　此外，在改造臺灣語言及文學的內容與形式的關係問題上，張我軍也提出了富於建設性的意見。就改造臺灣語言問題，張我軍在《新文學運動的意義》一文中指出：「我們主張以後全用白話文做文學的器具，我所說的白話文就是中國的國語文。」「何以要用白話文做文學的器具呢？」張我軍同意胡適的看法：「中國的文字凡是有一些價值、有一些兒生命的，都是白話的或是近於白話的。」關於「臺灣語言的改造」，張我軍主張以「國語」為標準來改造臺灣語言。他說「我們的新文學運動有帶著改造臺灣語言的使命。我們欲把我們的土話改成合乎文字的合理的語言。我們欲把臺灣的話統一於中國語，再換句話說，是用我們現在所用的話改成與中國語合致的」。所以，「國語」是其唯一的標準和依據。再說，臺灣話是漢民族語言中的一種方言——閩方言的分支，或者是客家話方言，書面語言就是用的整個漢民族的書面語言——漢字，主要的差別只在語音，所以，以國語改造臺灣話是完全可能的。這樣，「我們的文化就得以不與中國文化分斷，白話文學的基礎又能確立，臺灣的語言又能改造成合理的」。就文學的內容與形式的關係問題，張我軍主要著眼於詩歌來進行討論。他認為舊詩人「一味的在技巧上弄工夫，甚至造出許多的形式來束縛說話的自由。他們因為太看重了技巧和形式，所以把內容疏忽去，即使不全疏忽去，也把內容看得比技巧和形式低。」於是，「流弊所致」，

寫出來的都是些「有形無骨，似是而非」的擊缽吟一類的詩。在內容方面，他強調詩要有「徹底的人生觀以示人」，有「眞摯的感情以動人」。在《絕無僅有的擊缽吟的意義》一文中，他指出：「詩，和其它一切文學作品的好壞，不是在字句聲調之間，乃是在有沒有徹底的人生觀和眞摯的感情。……沒有好的內容，只在技巧上弄工夫，這樣弄出來的作品，若工夫愈老練，則作品也隨之而愈壞。」認爲內容是詩的第一要義。在《詩體的解放》一文中，他提出「詩是以感情爲性命的，感情差不多就是詩的全部。」在形式方面，張我軍認爲除了好的內容，再加上「洗煉的表現的工夫——技巧」，就是「再好沒有的了」。就文學的內容和形式這兩方面來看，張我軍雖強調內容，但也不輕視形式。如果說內容是文學的靈魂，那麼形式就是使靈魂得以展現的軀殼。他曾在《絕無僅有的擊缽吟的意義》一文中，形象地說明了內容與形式之間的依存關係：「好的內容如美人，技巧如脂粉、如美麗的衣裳。美人雖淡妝素服，亦自有其美觀。然若加以適當的脂粉和美麗的衣裳，則愈顯得其美。……文學有內容而更有技巧，其作品便愈加上動人的魔力。」在《詩體的解放》中，他將這種對詩的理念濃縮爲簡明扼要的公式：「高潮的感情＋醇直的表現＝緊迫的節奏＝詩」而後解釋說：「感情若只在心裏高潮而沒有把它表現——醇直的表現——出來，還不成爲詩。所以有了高潮的感情更醇直地把它表現出來，便自然而然的有緊迫的節奏，便是詩了。」總體而言，張我軍強調思想感情和人生觀對詩的重要性，是出於與舊詩戰鬥之需要，「以打破擊缽吟唯形式主義的弊端，擊中擊缽吟沒有感情之病竈」。他突出內容的決定性作用，強調思想情感是文學之所以爲文學的根本性的因素。這種文學內容和形式的「高下之分」，已然異於胡適「八不主義」的「一視同仁」了。雖然，張我軍還不能有一套系統的詩學理論，但在新舊文學交替之初，能夠揭示某些具有本質的特徵，這「在同期的臺灣作家中尚屬第一人」，是相當具有建樹性的貢獻的。張我軍的這些新詩理論雖然主要是承自胡適，但他結合臺灣文壇的具體情況作了進一步的發揮，因此比胡適走得更遠一些。雖然他的文學理論多是緣自大陸新文學運動既有的成績，但其對臺灣新文學運動的導路之功，卻是其它人所不能替代的。

第四，在日本文學翻譯方面的貢獻。

早在擔任《臺灣民報》編輯期間張我軍就翻譯刊載了安部磯雄《貞操是「全靈的」之愛》（發表於《臺灣民報》60 號並附譯者附言）、武者小路實篤

的《愛欲》（發表於《臺灣民報》94～95 號，並附譯者附言）山川均的《弱少民族的悲哀》（發表於《臺灣民報》105 至 115 號，並附譯者附言）等 7 篇日文作品。1929 年張我軍北京師範大學畢業留校任日語教師。此後張我軍開始勤奮地翻譯日語文章和著作。其譯作數量多而涉獵廣。自 1929 年至抗日戰爭爆發之前，僅文學類譯著就有有島武郎的《生活與文學》（譯著，1929 年 6 月北新書局）、立淺次郎的《煩悶與自由》（譯著，1929 年 9 月北新書局）、宮島新三郎著《現代日本文學評論》（譯著，1930 年 12 月上海開明書店）、葉山嘉樹小說集《賣淫婦》（譯著，1930 年 12 月北新書局）、千島龜雄等的《現代世界文學大綱》（上篇）（譯著，神州國光社）、夏目漱石的《文學論》（譯著，周作人做序 1931 年 11 月神州國光社）、清野季吉的《政治與文藝》（譯著，1934 年 5 月北京《文史》雙月刊創刊號）等。夏目漱石的文學理論著作《文學論》，是張我軍在翻譯方面的成名之作。夏目漱石是日本昭和初期兼備文人、學者兩種氣質的文學泰斗，在國內外享有盛譽。他的《文學論》代表了他學術上的成就。周作人對張我軍這部譯著予以了充分的肯定並爲其寫了序言。北京淪陷後，張我軍繼續了他的翻譯工作。張我軍認爲瞭解一個國家必須要瞭解這個國家的文化，要對付日本必須對日本有一個徹底的瞭解。在《日本文化的再認識》一文中，他寫道：「事實上我國一般大眾，就是想要認識日本文化也無從認識。所接觸的，除了商品以外就是飛機、大炮和軍艦而已，難怪乎前面所說的皮毛的日本文化觀會橫行於中國一般大眾之間也」。一句「除了商品以外就是飛機、大炮和軍艦而已」，其對侵略者怒不可遏的義憤之情已經力透紙背。秉承著自己一貫的關於中日文化交流的思想，抱著讓國人瞭解日本並最終戰勝日本的目標，張我軍這一時期的實際譯介工作也取得了十分豐碩的成果。他的譯介工作幾乎貫穿了整個淪陷時期。1937 年，張我軍翻譯了佐藤弘的《黃河之風土的性格》、志賀直哉的小說《母親的死和新的母親》以及久松潛一的《日本的風土與文學》。1938 年，張我軍翻譯發表了和遷哲郎的《中宮寺的觀音》和岡崎義惠的《中世的文學》。1939 年，張我軍翻譯發表了家永三郎《日本思想史上否定之理論的發達》（上）、芥川龍之介的小說《鼻》、谷川徹的《日本語和日本精神》以及青木正兒的《從西湖三塔說到雷鋒塔》等。進入 40 年代後，張我軍先後翻譯了島崎藤村的小說《常青樹》、《秋風之歌》、《淒風》、《分配》、《燈光》；德田秋聲的小說《勳章》、《洗澡桶》、《懸案》；武者小路實篤的長篇小說《黎明》等。可謂譯著頗豐。爲中國讀者借鑒和瞭

解日本文學做出了貢獻。縱觀張我軍在這一時期的譯介活動，他排除了外在的社會、時代環境的不良影響，自由地馳騁在文學譯介的領域，取得了令人驚歎的成績，實現了不正常年代里正常的中日文化交流。

　　以上我們從臺灣新文學的倡導、初創、文藝理論的建設及日本文學翻譯幾個方面回顧了張我軍的文學活動和文學成就，可以說，張我軍對新文學的貢獻是多方面的。他是首倡臺灣新文學的先驅者，也是臺灣新文學的奠基人之一。他提出「臺灣的文學乃是中國文學的一支流。」給臺灣新文學的發展指明了路徑。他的日本文學翻譯豐富了整個中國翻譯文學的園地。所以，張我軍對臺灣新文學的發展做出了突出的貢獻，在整個中國新文學發展史上也應該有張我軍的一席之地。近些年一些有「臺獨」傾向的人有意地貶低和抹殺張我軍對臺灣新文學的創建和發展所做出的巨大貢獻，甚至不承認張我軍是臺灣作家。因此，還歷史的本來面目，確立張我軍在臺灣新文學史上的地位，不僅有文學史的意義，而且有促進兩岸統一的政治意義。

# 後　記

　　臺灣花木蘭出版社正在出版「民國文化與文學研究文叢」，2016 年輯爲「人民共和國文化與文學」，叢書主編李怡先生於 2015 年 12 月來函邀我爲本輯撰寫一集。承蒙李先生看得起，可是我手頭沒有這方面的專題性稿件，又自知愚拙且瑣事纏身，很難在短時間內趕寫出一部系統完整的書稿，所以只好實話實說婉言辭謝。但李先生回信鼓勵說可以編一冊專題性的論文集，只要能夠按照文化與文學的大方向提煉一個書名，爭取將章節編成一個較有系統感的文集就可以。主編如此變通若再回絕自己都覺得是有些不識抬舉了，於是硬著頭皮翻檢近年來發表或撰寫的學術論文，挑選出主題相近或相關的篇章，勉強湊成「文學創作與批評」、「文學史寫作與文藝思潮」、「經典作家作品研究」三輯交差。很快出版社就寄來了本書編排好的校樣稿，在核校過程中發現，因本書所收的均是獨立成篇的文章，有時在不同的文章中會涉及到同一個問題，所以通讀全書有些地方會有重複之弊，但爲了保持每篇文章的完整，明知是弊也不便刪除了。特先在此向讀者諸君致以歉意。此外，因本書所收文章多發表於不同類型的期刊，其體式和格式很不一致，給出版社的編排帶來了不少的麻煩，這裏特向爲本書的出版付出了大量的勞動和心血的臺灣花木蘭出版社的編輯諸君致以誠摯的謝意。

　　本書編選匆忙，錯訛之處想必不少。懇望讀者批評指正。

田建民
2016 年 4 月 10 日于河北大學寓所